U0358581

高等职业教育"互联网+"创新型系列教材

工业互联网技术与应用

主　编　刘　昊　张玉萍
副主编　单振辉　贾若伦　潘　军
参　编　徐冠宇　郭虎锋　张鑫垚　范宏令
主　审　左晓英　姜　琳

机 械 工 业 出 版 社

本书以工业互联网基础建设为切入点，以计算机网络技术为基础，深入剖析了工业互联网中的内、外网基础架构建设所需的网络、安全等知识点，按照工业互联网基础架构将本书内容分解为工业互联网简介、基础架构规划、通信网络规划、通信协议选择、组建企业内部网络、路由规划、广域网接入规划、工业赋能、工业互联网安全管理等9个工作任务。

每个工作任务以预设的工作成果为导向，并配有"工作任务单"作为阶段性的任务成果考核，提升学以致用、解决工作中重点及难点问题的能力。每个工作任务均以"任务场景"预设的工作问题作为知识导引；通过"任务解析"引出任务建设中所需解决的重点及难点问题；在"能力储备"模块进行知识点的剖析，夯实基础；在"能力拓展"模块进行知识点的深入解析，以拓展视野。

本书适合作为高职院校计算机相关专业的教材。

为方便教学，本书有电子课件、模拟试卷及答案、任务视频等教学资源，凡选用本书作为授课教材的老师，均可通过电话（010-88379564）或QQ（3045474130）咨询。

图书在版编目（CIP）数据

工业互联网技术与应用/刘昊，张玉萍主编. —北京：机械工业出版社，2021.8（2023.8重印）

高等职业教育"互联网+"创新型系列教材

ISBN 978-7-111-69015-3

Ⅰ.①工… Ⅱ.①刘… ②张… Ⅲ.①互联网络-应用-工业发展-高等职业教育-教材 Ⅳ.①F403－39

中国版本图书馆CIP数据核字（2021）第172291号

机械工业出版社（北京市百万庄大街22号 邮政编码100037）

策划编辑：曲世海 责任编辑：曲世海 侯 颖

责任校对：张 力 封面设计：马精明

责任印制：郜 敏

三河市国英印务有限公司印刷

2023年8月第1版第5次印刷

184mm×260mm · 13.25印张 · 318千字

标准书号：ISBN 978-7-111-69015-3

定价：49.80元

电话服务 网络服务

客服电话：010-88361066 机 工 官 网：www.cmpbook.com

010-88379833 机 工 官 博：weibo.com/cmp1952

010-68326294 金 书 网：www.golden-book.com

封底无防伪标均为盗版 机工教育服务网：www.cmpedu.com

前　言

目前，新一轮的科技革命和产业变革正在重构全球科技的版图，重塑全球经济的结构。随着5G、物联网、边缘计算、云计算、大数据、人工智能等新一代信息技术与工业互联网的加速融合，人类历史上的"第四次工业革命"已经到来。

我国工业互联网的发展与美国以及欧洲基本保持同步，正面临着领先全球的战略机遇。我国的制造业正加快向数字化、网络化、智能化等方向发展，工业互联网快速向工业赋能，推动我国的工业由"智能"制造向"智慧"制造转变，推动着产业的深刻变革。

工业互联网的内涵是以计算机网络为基础架构，将5G、物联网、边缘计算、云计算、大数据、人工智能等新一代信息技术与工业化融合，促进工业系统、高级计算、数据分析、感应技术以及互联网相融合，是"互联网+工业"的产物。

本书采用"以成果为导向，基于工作过程，结合案例式教学、模块组合、任务驱动"的方式进行编写，并配有工作手册，做到了企业环境与教学环境一体化，实现了教学环境与企业环境对接。

全书由刘昊、张玉萍主编，左晓英、姜琳主审。刘昊编写工作任务1，单振辉编写工作任务2，张玉萍编写工作任务3，潘军编写工作任务4，徐冠宇编写工作任务5，郭虎锋编写工作任务6，张鑫垚编写工作任务7，范宏令编写工作任务8，贾若伦编写工作任务9。

本书在编写过程中，得到了黑龙江交通职业技术学院、黑龙江生物科技职业学院、保定职业技术学院、哈尔滨信息工程学院、河南交通职业技术学院、国家工业信息安全发展研究中心、全国职业院校"工单制"教学联盟、黑龙江省人工智能学会、华为技术有限公司、哈尔滨新天翼电子有限公司等单位的大力支持，它们为本书提供了设计方案、开发文档、工程管理文档等，在此深表感谢！

由于编者水平有限，加之时间仓促，书中难免有疏漏与不妥之处，恳请广大读者批评指正。

编　者

二维码索引

序号	二维码	页码	序号	二维码	页码
1		2	10		24
2		5	11		25
3		8	12		30
4		11	13		34
5		13	14		39
6		15	15		40
7		17	16		43
8		20	17		44
9		22	18		45

（续）

序号	二维码	页码	序号	二维码	页码
19		49	28		80
20		53	29		82
21		55	30		83
22		65	31		85
23		72	32		89
24		73	33		93
25		75	34		97
26		77	35		107
27		78	36		109

（续）

序号	二维码	页码	序号	二维码	页码
37		113	40		126
38		120	41		132
39		122	42		134

目 录

工作任务1

绘制工业互联网知识图谱

1. 任务简介

某工业企业的人力资源部邀请信息部的工程师对新员工开展工业互联网的基础知识培训，并要求新员工在培训结束后，结合"工作任务单1"提交工业互联网的知识图谱以及相应的文档。

2. 任务目的

1) 知识目标：掌握工业互联网的内涵、特征、发展史及技术体系结构，能够了解工业互联网的发展、演变及技术体系结构的相关知识。

2) 能力目标：结合工业互联网的相关知识，能够掌握工业互联网工作场景中技术图谱的制作，图谱应包含知识点、特点、实现方式等内容，强化对工业互联网的基本认知。

3) 素质目标：通过本任务的学习，提高团队合作、沟通协调等能力，强化逻辑思维、主动学习等能力，深化对服务对象岗位应用的理解能力，提高知识的更新能力。

3. 任务成果

提交工业互联网图谱的工作任务单。

4. 实施方案

建议授课教师模拟某工业企业信息部的工程师对新员工开展工业互联网基础培训的工作场景，通过真实的"任务场景"使学生能够了解任务的应用场景；通过"任务解析"引出任务中的基本知识点；通过"能力储备"使学生掌握这些应知应会的基本知识点；"能力拓展"则是针对部分能力较强的学生而设立的，由授课教师自行掌握。

5. 所需学时

建议 12 学时，由授课教师按照教学进度自行掌握。

子任务1 工业互联网的内涵与特征

1.1.1 任务场景

某工业企业的人力资源部邀请信息部的工程师对新员工开展工业互联网的基础知识培训。在培训过程中，工程师列举了我国工业互联网发展的时间节点：

1) 2016 年 8 月，工业互联网产业联盟（AII）发布了《工业互联网体系架构（版本1.0)》，提出了中国特色的工业互联网体系由网络、平台、安全三大体系构成。

2）2019 年 10 月，工业互联网产业联盟与 5G 应用产业方阵联合发布了《5G 与工业互联网融合应用发展白皮书》，提出了将 5G 与工业互联网相融合。

3）2020 年 3 月，中共中央政治局常务委员会召开会议提出，加快 5G 网络、数据中心等新型基础设施建设进度。新基建包括 5G 基础建设、特高压、城际高速铁路和城市轨道交通、新能源汽车充电桩、大数据中心、人工智能、工业互联网等七大领域。据相关部门预测，新基建总投资额约 34 万亿元，工业互联网再一次走进人们的视野。

4）2020 年 4 月，工业互联网产业联盟发布了《工业互联网体系架构（版本 2.0）》，进一步推动了新一代信息技术与工业互联网相融合。

5）2020 年 8 月，国务院国有资产监督管理委员会印发《关于加快推进国有企业数字化转型工作的通知》，进一步明确了新一代信息技术与制造业深度融合，打造数字经济新优势等决策部署，加快了工业互联网的建设步伐。

通过对这些时间节点的分析，工程师提出了工业互联网的内涵与特征。

1.1.2 任务解析

工业互联网是全球工业系统与高级计算分析、感应技术以及互联网连接融合的结果，通过智能机器之间的连接最终实现人机连接，结合软件和大数据分析，重构全球工业生产关系、激发生产力，让世界更美好、更快速、更安全、更清洁且更经济。

工业互联网的本质是以计算机网络为基础架构，结合云计算、大数据、物联网等新一代信息技术，通过开放的、全球化的网络通信平台，把工业生产过程中涉及的人、设备、数据等要素紧密地连接起来，共享工业生产流程中的各种资源，使其数字化、网络化、自动化、智能化，从而实现工业化的智能制造，实现效率的提升和成本的降低。

1.1.3 能力储备

2012 年，由美国通用电气公司（GE）正式提出工业互联网概念以来，工业互联网在全球范围内，进行着人与机器、机器与机器的新一轮技术革命，从而引发了第四次工业革命。随着互联网、物联网、云计算、大数据、人工智能等新一代信息技术不断的发展以及与产业的融合，工业互联网技术在美、德、中三大主要制造业国家内，依据各自产业技术优势，沿着不同的演进路径迅速发展。

新一代信息技术应用，使工业互联网呈现更为多样的工业系统智能化，其内涵日渐丰富，促进了创新型生产关系不断产生、重构了人类的生活场景，以其全面互连与定制化为共性特点，形成了制造范式，深刻影响着研发、生产和服务等各个环节。

1. 工业互联网的内涵

工业互联网的本质就是通过开放的、全球化的通信网络平台，把人（员工、供应商、客户）、数据（工厂、仓库、产品）和机器（设备、生产线）紧密地连接起来，共享工业生产流程中的各生产资源要素，使其数字化、网络化、自动化、智能化，从而实现效率的提升和成本的降低，如图 1-1 所示。

工业互联网不仅连接人、数据、智能资产、设备等参与对象，而且融合了远程控制和大数据分析等算法模型，同时针对传统工业

图 1-1　工业互联网的本质

设备制造业提供增值服务的完整体系。

工业互联网的内涵核心是"工业"和"互联网"。"工业"是基本对象，是指工业所涉及的各类人、机、物、信息、数据资源与工业能力；"互联网"是关键手段，是综合利用物联网、信息通信、云计算、大数据等信息技术，推动各类工业资源的开放接入，形成新型制造模式与产业生态。

可以从构成要素、核心技术和产业应用三个层面去了解工业互联网的内涵。

(1) 构成要素　工业互联网是机器、数据、人等生产要素的有机融合。

1) 机器：在工业生产中，各种机器设备通过传感器、嵌入式控制器和应用系统与网络相连接，构建形成基于"云—网—端"的新型复杂体系结构。

2) 数据：随着生产的推进，数据在体系结构内源源不断地产生和流动，通过采集、传输、分析和处理，实现向信息资产的转换和商业化应用。

3) 人：既包括企业内部的产业工人、管理者和远程协同的研究人员等生产参与者，也包括企业之外的消费者、供应商、销售商等相关利益者，这些人彼此间建立网络连接并频繁交互，完成设计、操作、维护以及高质量的服务。

(2) 核心技术　从核心技术角度看，工业互联网的核心驱动力是工业大数据。这些数据经历了产生、收集、传输、分析、整合、管理、决策等阶段，需要集成应用各类技术和各类软硬件，完成感知、识别、远近距离通信、数据挖掘、分布式处理、智能算法、系统集成、平台应用等连续性任务，实现了数据价值的技术集成，主要表现在以下几方面：

1) 原始生产数据是来源于工业生产线中的设备、机器、产品等多方面的数据，包括设备的运行数据、生产环境数据等，多由 PLC（可编程逻辑控制器）进行采集产生。

2) 生产管理数据是指传统信息管理系统中产生的数据，如 CAD（计算机辅助设计系统）、CRM（客户关系管理系统）和 MES（制造企业生产过程执行系统）等。

3) 外部数据是指来源于工厂外部的数据，主要包括来自互联网的市场、环境、客户、政府、合作伙伴等的信息和数据。

(3) 产业应用　工业互联网构建了庞大而复杂的网络制造生态系统，为企业提供了全面的感知、移动应用、云端资源和大数据分析，实现各类制造要素和资源的信息交互，以及数据集成，释放数据价值，主要表现在以下几方面：

1) 工业互联网的信息交互，有效地驱动了企业在技术研发、开发制造、组织管理、生产经营等方面开展全方位的创新，实现产业间的融合与产业生态的协同发展。

2) 工业互联网的生态系统为企业发展智能制造，构筑了先进的组织形态，为社会化大协作生产搭建了深度互联的信息网络。

3) 工业互联网的数据集成以及数据价值，可以为其他行业智慧应用、智慧服务等基础平台提供支撑。

2. 工业互联网的特征

工业互联网是信息技术（Information Technology，IT）、通信技术（Communication Technology，CT）与操作技术（Operation Technology，OT）的全面融合和升级，它既是一张网络，也是一个平台，更是一个系统，实现了工业生产过程所有要素的泛在连接和整合。工业互联网按照其组成结构，分为企业外网和企业内网。

1）企业外网：即互联网，用户和合作伙伴通过互联网实现与企业之间互联互通。

2）企业内网：企业内网从整体上看，呈现"两层三级"结构。"两层"为 OT 网络和 IT 网络，"三级"为现场级、车间级、企业级，每层之间由通信网络相连接，实现互联互通。

工业互联网结构如图 1-2 所示。

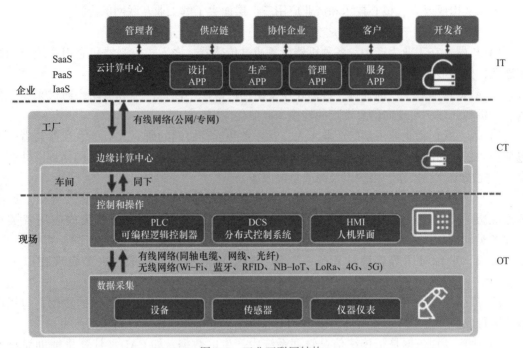

图 1-2　工业互联网结构

其中：

1）OT 在底层，负责数据采集和动作执行，类似于四肢。

2）CT 连接所有节点，负责数据传输，类似于血管和神经。

3）IT 在上层，负责数据运算和分析，类似于大脑。

4）数据是双向流动的，类似于血液，通过血管流向各终端。

大脑（IT）通过神经系统（CT）向终端（OT）下达各种指令，从而形成了一个整体。三者关系如图 1-3 所示。

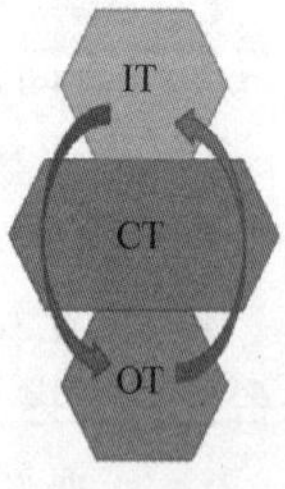

基于上述结构和关系，可以得出工业互联网的特征如下：

1）工业互联网是基于工业生产中所涉及的生产者、管理者、供应商、客户、设备、原材料、生产工艺及流程、产品、生产环境等生产要素，进行互连互通而形成的综合集成与应用。

2）大数据是工业互联网的核心驱动力，为工业互联网提供智慧赋能。工业互联网时代对海量工业数据的挖掘与应用已成为企业的核心竞争力，使企业不再是单纯依靠设备技术和应用技术，而是通过传感器收集数据，经过数据挖掘与分析，将提取到的有用信息反馈到相应的部门，以此为依据进行工艺流程调整、资源优化等管理行为，为企业提供新的核心驱动力。

图 1-3　IT、CT
与 OT 的关系

3）工业互联网具有商业模式和管理的创新能力，进而实现商业价值的创新。企业利用工业互联网重塑商业模式，进一步创造新的商业模式，来颠覆原有的市场格局，这种情况使更多通过跨界的方式进入原有行业的颠覆者出现。

4）工业互联网促进业态更新和新生态形成，具有更大的商业价值。当前互联网已经不仅仅是一个行业，而是成为第三次产业革命的推手，"互联网＋"成为时代发展的主流驱动力，促使业态更新，形成新生态。

3. 工业互联网技术体系结构

工业互联网作为一种新的产业应用价值链，以互联网为基础融合了新一代信息技术和工业系统，是"工业化"与"信息化"相融合的产物，同时也为工业智能化的发展提供了核心驱动力。

在信息技术与工业技术的双重推动下，工业互联网的技术体系已基本形成，包括总体技术、基础技术以及应用技术等系统化的工程技术体系，如图1-4所示。

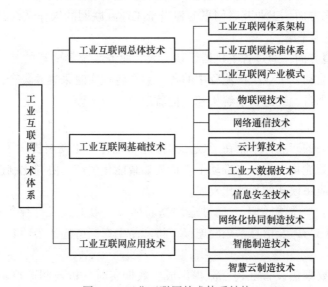

图1-4　工业互联网技术体系结构

这些技术体系之间的关系可以这样理解：以产业模式为基础，标准化的生产、工艺、加工、仓储等标准体系是规则，信息化建设（物联网、网络通信）就像血管与神经，云计算就像"超级大脑"，工业大数据是知识与技能的储备；信息安全就是工业互联网的防护服，防止工业互联网"裸奔"，依靠工业互联网应用技术（协同制造、智能制造、智慧云制造）形成产业链、行业链、利益链，而这些体系就构成了工业互联网的技术体系，其中：

1）工业互联网总体技术主要是指在以工业互联网作为系统工程开展研发与实施过程中涉及的整体性技术，是工业互联网的"顶层设计"。该技术体系包括：工业互联网的体系架构、由各类标准规范构成的标准体系、产业模式等。

2）工业互联网基础技术主要指基于工业技术和互联网技术为工业互联网总体技术支撑、搭建与应用实施工业互联网的各类相关的信息技术，包括：物联网技术、网络通信技术、云计算技术、工业大数据技术以及信息安全技术。其中，物联网技术、云计算技术、工业大数据技术以及信息安全等，均以网络通信技术为基础，是网络通信技术的延伸。

3）工业互联网应用技术主要指基于工业互联网而开展的"智能制造"各类模式及应用，从层次上包括智能制造技术、网络化协同制造技术以及智慧云制造技术等。

综上所述，工业互联网的技术体系是从工业智能化发展的角度出发，面向各生产要素的全面互连互通，形成了以数据为核心驱动力的工业智能化。

4. 工业互联网平台

工业互联网平台是采集、汇聚、分析和服务于海量工业数据的核心载体，是连接设备、软件、工厂、产品、人等工业全要素的重要枢纽，发挥着资源整合、各生产要素连接的重要作用，成为撬动"工业化"与"信息化"融合的关键支点。

工业互联网平台有着类似于操作系统的关键作用，从"云—网—端"的角度来看，工业互联网平台以"云"为核心、通过"网"的泛在连接，实现海量的"端"汇聚集成与优化配置。相对于传统模式，其在技术架构和数据价值上均有大幅提升：

1）在技术架构方面，工业互联网平台相当于工业互联网的操作系统，由于云计算的融入，使得 IT 部署更为平滑。

2）在数据价值方面，通过各类机器设备、人、业务系统等要素的互连互通，促进数据跨系统、端到端的流动，工业生产流程中的各类数据将被实时采集并集合，在生产实践中积累的经验被上传到平台，经过数学解析和重构后形成知识图谱。

5. 工业互联网的产业模式

工业互联网相关的产业体系正在形成，为生产系统智能化发展提供了新思维和新引擎，推动了商业系统的智能化发展，也推动了包括诸如智能化生产、协同化制造、个性化定制与服务化延伸等产业应用模式的智能化发展。

（1）智能化生产　智能化生产通过运用物联网、大数据及云计算等技术，实现设备、产品、生产线、车间与人及信息系统的连接，将产品生产制造的各个环节、各生产要素都纳入到智能网络中。

智能化生产需要聚焦设备互连、流程集成、数据实时分析与制造控制等关键环节中产品、技术和服务的创新应用。

1）设备互连是运用传感器、嵌入式终端等设备和信息通信技术，实现生产设备之间、产品与设备之间、物理系统与互联网平台之间的互连。

2）流程集成是指将产品和设备数据、生产过程数据、经营管理数据在一个智能控制系统中集成，以实现企业内部所有生产环节和运营环节的无缝连接，保证信息流、资金流、物流在各层次、各环节、各部门之间的畅通。

3）数据实时分析与制造控制主要包括生产工艺优化、生产流程再造、智能化生产调度、设备预测性维护、产品生命周期和生产环境管控等。

综上所述，智能化生产通过数据的采集、集成、分析与交互，实现生产过程的自动化控制、智能化管理和定制化生产，最大限度地促进了传统制造业提高生产效率，促进了部门之间、生产各环节之间的有效沟通与衔接，加快了资金流、物流和信息流的顺畅流动。

（2）协同化制造　协同化制造的本质是通过互联网将企业内部的 IT 系统与 OT 系统相连接，使得数据在不同工厂之间、企业与供应链上下游企业之间以及跨供应链间共享，从而将串行工作变为并行工作，实现供应链内部及供应链之间的企业产品设计、制造、管理和商务等全产业链协同，实现资源共享，提高制造效率。

协同化制造的优势在于打破企业的物理和组织边界，企业由原来设计、生产、销售"一条龙"的纵深型生产模式，转为扁平化、分散形态的生产模式，这种模式贯穿产品的设计、制造和销售各个环节。主要应用模式如下：

1）协同设计：又称众包设计，是充分利用社会创新资源，通过开放的网络平台，实现研发设计由企业内部集中控制向企业外部分散控制的转变。

2）云制造：基于"云计算"理念，在工业设计与制造领域，实现资源与需求的最合理、最高效的匹配，形成制造服务的制造资源与能力的整合，使得制造服务云化、资源池化，可为用户提供各种在线服务，如在线租用、在线交易，以及制造服务信息的发布、遴选、搜索、评价等。

3）供应链协同可以通过以下几方面实现：

① 通过组织层面的协同，明确供应链上各企业的分工与责任，实现优势互补和资源整合。

② 通过业务流程层面的协同，打破企业界限。

③ 通过流程重组层面更好地满足客户需求。

④ 通过信息层面的协同，实现供应链各成员企业运营数据、市场数据的共享，提高对用户需求的响应速度。

（3）个性化定制　个性化定制是指用户为了实现自己的个性化需求，直接参与生产过程的生产模式，主要包括：大规模个性化定制、模块化定制和远程定制。

1）大规模个性化定制：是指把个性化产品定制生产转化为批量生产的生产方式，需要有智能化的信息管理系统和生产执行系统支持，用户需求可以在设计、制造资源组织、生产排程等各个环节得到快速、高效的响应。

2）模块化定制：是指将复杂的产品设计和生产进行多模块的简单化分解，再由分解后的各个模块集成生产的生产模式。通过将个性化定制产品中具备相似结构、相近尺寸的部件进行统一，形成有独立功能结构、通用接口的细分模块，再通过模块的变量组合便可产生个性化产品。

3）远程定制：是指基于互联网和智能设备，远程完成产品的异地下单、设计、建模、分布式制造等各项活动的生产模式。

（4）服务化延伸　基于工业互联网的服务型制造则是运用物联网、互联网、大数据等技术为产品制造提供在线、实时、远程和智能服务，通过打通上下游供应链的资金流、物流和信息流，实现包括供应链金融服务与高效物流服务在内的商业生态营。

互联网与工业的不断深入融合催生出多种技术、多种业态融合的生态服务系统，分为简单模式和高级模式。

1）简单模式是从制造产品为主向提供服务为主的转型，如制造外包、交钥匙工程、融资租赁服务等。

2）高级模式是依托物联网、互联网、大数据等技术实现在线、实时、远程和智能服务的升级等。

1.1.4 能力拓展

1. 工业互联网的影响力

工业互联网利用新一代信息技术，满足制造业发展中亟须提升效率、优化资产和运营的迫切需求，促进全产业链、全价值链的资源整合与优化，形成新型业务模式，改变工业的生产模式，为产品设计、制造、管理等方面提供关键的数据辅助服务。

工业互联网的影响渗透到了制造业的各维度，概括起来有交互智能化、产品个性化、制造服务化、组织分散化和网络生态化五个方面。

（1）交互智能化　信息智能化交互技术将成为未来工业互联网发展的重要模式，智能交互带来产品和制造过程的智能化变革，主要表现在以下几方面：

1）从数据层面上看，智能平台以数据为核心驱动力，采用数据流、软件、硬件等不同层级的智能交互技术。

2）从设备层面上看，大范围的使用智能设备和网络采集数据，并将分析后的反馈数据存储于设备中。

3）从软件层面上看，大范围的使用大数据分析技术，开展海量数据挖掘，将生产过程数据进行可视化处理，用于决策判断。

综上所述，交互智能化解决方案的特点如下：

1）以企业的工业数据为中心，形成对生产过程管理软件的数据支持，达到对底层设备资源的优化使用。

2）通过智能协同技术，以智能化交互产品为"血管"和"神经"，使得数据在人、设备和软件等要素之间流动，对不同专业背景的人员实现跨时空的整合。

3）数据的流动可以让更多利益相关人员参与到生产与管理过程中，可对产品功能实现智能化、远程化管控。

（2）产品个性化　在工业互联网时代，用户对产品的需求呈现出多样化的特征，并且在不断地发展变化，这使得创新的作用主要体现在客户共创和快速迭代两个方面。

1）客户共创的含义是企业通过采集客户使用产品所产生的数据，可以分析出产品的运行状况、客户的使用习惯以及故障出现的频次和地点等，进而指导升级企业智能设备和提升产品的功能。

2）在工业互联网时代，快速迭代可以使产品快速升级。企业通过深入分析数据，能够从中了解和掌握客户的潜在需求，精确找准客户的定位，有助于企业对产品的设计改型，不断对产品进行更新迭代。

（3）制造服务化　由于市场上竞争愈发激烈，产品不仅要满足客户的需求，还要通过产品的最终价值来吸引客户，主要表现在以下几方面：

1）在工业产品的全生命周期中，由于工业互联网和软件技术的介入，可以提升产品的增值服务价值，优化客户的价值，并创造新的商业价值。

2）企业的赢利模式将不再是依靠设备和产品，而是依靠服务，企业出售的产品和设备也将被服务所替代。

（4）组织分散化　组织分散化主要表现在以下几方面：

1）在工业互联网时代，创客的兴起使传统工作和协同的方式发生了革命性变化。

2）生产方式由大规模集中生产转向分布式生产，中小企业获得广阔的发展空间，个体制造正在借助互联网崛起。

3）工业互联网积累了以往无法匹敌的产业供应链，开源硬件正在逐步形成，在质量控制和成本管控上也积累了丰富的经验。

（5）网络生态化 网络生态化主要表现在以下几方面：

1）工业互联网通过系统结构的搭建和资源的整合，形成面向不同行业、不同企业的产业链整合。

2）跨时空、跨地域、跨行业的产业布局和融合创新，最终实现社会资源的高效利用。

3）新型生态系统的发展更依赖于深度设计和资源开发，而这些资源在互联网上以适合的生态加以分布。

4）未来这些资源分布在行业云端，就可以为其他设计者共享，设计者可以根据不同的产品、开源的模型对其进行改造后，实现产品的创新。

2. 工业互联网引发的产业变革

工业互联网在建立后，可以衍生出一种新型的"工业互联网产业模式"，其本质就是机器、数据、人三要素融合，推动制造范式变革所呈现的外部动态特征，为企业带来创新发展机遇和巨大的商业价值。其引发的产业变革主要体现在以下几方面：

1）从设备接入端来看，实现数据的"智能化"。工业互联网上所连接的机器设备，通过使用传感器来采集海量数据，覆盖了生产过程中的人、机、料等各要素以及生产流程中的数据流转。这些数据通过"智能化"的挖掘，用于技术、生产、商业模式等领域，可以实现某种意义上的创新。

2）从技术应用方法来看，实时工业互联网所连接的云端大数据分析软件颠覆了传统工业设备基于巡检和事后响应处置等单一的管理模式，将传统统计方法的"历史数据收集技术"过程中数据、分析和决策三者分离格局转变为企业用户、设备生产商、服务提供商共生的联合体，工业互联网将传统方法与新技术两者紧密结合在一起，重构了产业模式。

3）人工智能技术的融入为工业互联网赋能。作为核心驱动力的数据，为工业互联网提供了基础支撑和全新视角，结合人工智能，可以使工业互联网学会"思考"，再结合不同行业以及特定领域的专业知识、信息与发展趋势，实现"智能"工业向"智慧"工业的逐步演进。

4）工业互联网的服务是通过"O2O"模式（即离线商务模式，是指线上营销购买带动线下经营和线下消费）实现跨界服务。工业互联网将传统方法与新一代信息技术紧密结合在一起，利用它们所获得的实时数据和先进的信息技术分析能力，进行特定行业的高级数据分析，开展跨界的制造服务，这些服务给制造业生态圈中的成员带来各自所需的巨大效益。

3. 工业互联网的产业模式层级

工业互联网衍生出新的产品、服务和不同的商业模式，引发全球产业链的变革，对传统设备制造业进行了全新定义，衍生的产业模式由以下三个层面组成：

1）基本层，即原有产业的优化升级模式，实现从"1"到"10"的量级转化，将数据化、互联网、软件分析等新方法运用到现有工业产品的设计、制造、销售、运行、维护及更换体系中，在一定程度上对过程进行优化，从而促进经济效益的提升。

2）增强层，即跨界融合，充分发挥 1 + 1 > 2 的资源效益提升。高端设备制造商与互联网相连，新的产品、服务以及商业模式就可能随之出现。伴随着工业互联网产生的新技术，可以把工业互联网公司定义为一种基于互联网的，专门从某种类别产品、设备及服务制造的商业公司。在互联网介入工业领域后，工业企业可对设计、制造、维护等各环节进行智能管理和资源汇聚，催生新的商业模式。

3）创新层，称之为从"0"到"1"的模式革新，该模式突破公司、行业的原有角色，进行产品、服务、商业模式的革新，带动产业链的升级改造甚至是产业模式的创新。例如，运用平台、网络和数据的开放等方式，将第三方创新者引入互联网，创造出全新的服务和商业模式，定义出一种创新型工业互联网的概念。

4. 工业互联网的标准化

工业互联网是基于标准化的工业生产与信息技术相融合的产物。标准化是在经济、技术、科学和管理等社会实践中，对重复性的事物和概念，通过制定、发布和实施标准达到统一，以获得最佳秩序和社会效益。标准化的优势在于：

1）标准化为科学管理奠定了基础，是组织现代化生产的重要手段和必要条件。

2）标准化是科研、生产、使用三者之间的桥梁，有利于合理发展产品种类，组织专业化生产，促进经济全面发展，提高经济效益。

3）随着科学技术的发展，生产的社会化程度越来越高，分工越来越细，标准化是企业实现科学管理和现代化管理的基础，是提高产品质量的技术保证。

4）标准化有利于避免重复劳动、重复建设、缩短设计周期，可使生产在科学的和有秩序的基础上进行，使资源得到合理利用，是节约能源和节约原材料的有效途径。

5）标准化是推广新材料、新技术、新科研成果的桥梁，有利于消除贸易障碍、促进国际贸易发展，有利于整合和引导社会资源，激活科技要素，推动自主创新与开放创新。

子任务2 工业互联网的演变

1.2.1 任务场景

2012 年以来，美国政府将重塑先进制造业核心竞争力上升为国家战略，美国政府、企业及相关组织先后发布了《先进制造业国家战略计划》《高端制造合作伙伴》等一系列纲领性政策文件，旨在推动建立本土创新产业链的形成，借助新型信息技术和自动化技术，促进及增强本国企业研发活动和制造技术方面的创新与升级。

2013 年 4 月，德国在汉诺威工业博览会上发布《实施"工业 4.0"战略建议书》，正式将工业 4.0 作为强化国家优势的战略选择。

2015 年，我国政府工作报告提出"互联网 +"和《中国制造 2025》战略，进一步丰富了工业互联网的概念。工信部在对《中国制造 2025》战略实施的阐述中指出，工业互联网是新一轮工业革命和产业变革的重点发展行业，其应用及发展可以从智能制造以及将互联网引入企业、行业中这两个方面切入，最终达到融合发展。

通过任务场景的描述，你如何理解工业互联网的演变？

1.2.2　任务解析

作为当今世界上制造业三大主体的中、美、德，几乎在相同时间提出工业互联网战略，无论美国的"工业互联网"、德国的"工业4.0"，还是"中国制造2025"，其核心都是通过数字化的转型，提高制造业的水平。虽然在具体做法和关注点上有区别，但其整体目标是一致的，都是在平台上将人、机器、设备的信息进行有效的结合，并且通过工业生产力和信息生产力的融合，最终促进生产力创新，推进工业革命的发展进程。

工业互联网是"两化融合"的必然产物，即信息化和工业化的高层次的深度结合，以信息化带动工业化、以工业化促进信息化，走新型工业化道路，两化融合的核心就是信息化支撑，追求可持续发展模式。

1.2.3　能力储备

1. 历史沿革

（1）工业互联网的起源　全球制造业在经历了蒸汽时代、电气时代和信息时代三个历史阶段后，当前正向着网络化和智能化时代迈进，以数字化、网络化、智能化为本质特征的第四次工业革命正在兴起。

早在2000年，美国的沙利文公司在一份报告中开创性地提出了"工业互联网"的概念，其定义为复杂物理机器、网络化传感器及软件等要素集成的新系统，这个含义和今天被大众熟知的互联网并没有本质的冲突，只是它的内涵更丰富了。

2012年11月26日，美国通用电气公司（GE）出版了《工业互联网：打破智慧与机器的边界》一书，正式提出"工业互联网"的概念，书中指出工业互联网的目的是提高工业生产效率，提升产品和服务的市场竞争力。

2014年3月，GE联合AT&T、Cisco、Intel和IBM等公司，在美国波士顿发起成立了工业互联网联盟（Industrial Internet Consortium，IIC），其宗旨是为了推进工业互联网技术的发展、应用和推广，特别是在技术、标准、产业化等方面制定前瞻性策略。

截至2017年初，该联盟已吸收了来自33个国家和地区的270多名会员，而工业互联网所主导的技术变革也如火如荼，成为美国"制造业回归"的中流砥柱。

（2）工业互联网的成长　随着全球工业互联网的加速发展，新一轮科技革命和产业变革正孕育兴起，发展工业互联网已成为各国抢占全球产业竞争新制高点、重塑工业体系的共同选择，成为全球主要国家、产业界和领先企业战略布局的共同方向，主要动向如下：

1）世界主要发达国家采取了一系列重大举措推动制造业转型升级。例如，德国依托雄厚的自动化基础推进工业4.0的应用；美国在实施先进制造战略的同时，大力发展工业互联网。

2）法、日、韩、瑞典等国也纷纷推出制造业振兴计划，将工业互联网作为先进制造战略的重要组成部分。

3）一些发展中国家则凭借更低的人力和资源成本，加快对外开放和结构调整的步伐，积极承接劳动密集型产业和资本转移。

进入2015年，云计算、物联网、大数据、人工智能等新一代信息技术开始与经济社会各领域深入融合，互联网从消费互联网向工业互联网转变，并迅速转化为生产力，从生活到生产，从下游到上游，从外围到内部，从媒体、娱乐、商贸等服务业延伸到关乎国计民生的工业和农业，互联网也从浅层次的工具产品深化为重塑服务模式、变革生产方式的基础设施和创新要素，传统产业的产品和服务正被互联网深刻改变。工业互联网发展趋势如图 1-5 所示。

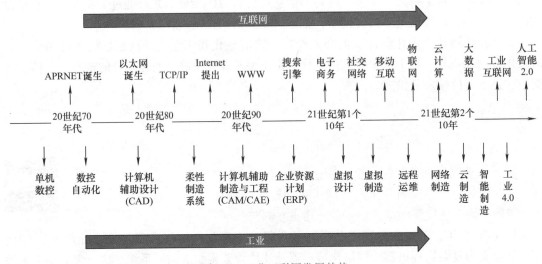

图 1-5　工业互联网发展趋势

（3）工业互联网的演变　随着技术的成熟和企业信息化水平的不断提升，以互联网为代表的新一代信息技术加速向制造业渗透、融合，推动了机器、车间、工厂、信息系统、人乃至产业链与价值链各环节的全面深度互连，为制造业注入信息化的基因，借助互联网的优势资源，培育出柔性制造、网络制造、绿色制造、服务制造等新模式和新业态，主要表现如下：

1）基于互联网平台的跨界竞争模式，正在加速从服务业向制造业演化。

2）通过提高工业知识复用水平，构筑工业知识创造、传播和应用新体系。

3）集中力量提升中高端供给能力和生产力布局调控能力，促进制造业数字化、网络化和智能化。

4）随着技术的成熟和企业信息化水平的不断提升，互联网开始由"消费型"领域拓展到"生产型"领域，围绕用户和企业的各种互联网应用开始出现。

（4）工业互联网的产业布局　工业互联网作为新一代信息技术与制造业深度融合的产物，其前提是构建一张打通制造业信息孤岛、支撑工业大数据安全有序流动的"高速信息网"，通过对人、机、物的全面互连，构建起全要素、全产业链、全价值链、全面连接的新型生产制造和服务体系。

工业互联网是数字化转型的实现途径，是实现新旧动能转换的关键力量，其跨界融合的特征也必然带来一系列新的技术创新，这不仅有力地支撑了大规模个性化定制、开放式协同制造、服务型制造等新模式和新业态的深度应用和全面普及，还将促进商业运营逻辑、企业管理方式、生产制造模式乃至工业体系的全面优化，驱动工业制造产生质的飞跃。

2. 工业互联网的现状

为抢抓新一轮科技革命和产业变革的重大历史机遇，世界主要国家和地区加强制造业数字化转型和战略布局，以美、德、中为首的制造业三大主体国积极行动，正孕育形成产业发展新格局，在工业互联网领域形成了三足鼎立的态势。

(1) 美国的工业互联网 "工业互联网"的概念最早由通美国用电气公司（GE）于2012年提出，随后美国五家行业龙头企业（GE、IBM、Cisco、Intel 和 AT&T）联手组建了工业互联网联盟（IIC），并将这一概念大力推广开来。

GE 的工业互联网核心理念是"以信息技术为核心、以工业为辅助、以商业为目标"，通过工业互联网平台把设备、生产线、工厂、供应商、产品和客户紧密地连接融合起来，帮助制造业拉长产业链，形成跨设备、跨系统、跨厂区、跨地区的互连互通，从而提高效率，推动整个制造服务体系的智能化，还有利于推动制造业融通发展，实现制造业和服务业之间的跨越发展，使工业经济各种要素资源能够高效共享。

伴随着这样的发展，以下三种元素逐渐融合，充分体现出 GE 的工业互联网精髓。

1）智能机器：以崭新的方法将现实世界中的机器、设备、团队和网络通过先进的传感器、控制器和软件应用程序连接起来。

2）高级分析：使用基于物理的分析法、预测算法、自动化和材料科学、电气工程及其他关键学科的深厚专业知识来理解机器与大型系统的运作方式。

3）工作人员：建立员工之间的实时连接，连接各种工作场所的人员，以支持更为智能的设计、操作、维护以及高质量的服务与安全保障。

将这些元素融合起来，重点突出信息技术在工业领域中的作用，为企业与经济体提供新的机遇，其优势如下：

1）传统的统计方法采用历史数据收集技术，这种方式通常将数据、分析和决策分隔开来。随着工业互联网所连接的云端大数据分析软件的融入，实时数据处理的规模得以大幅度提升，高频率的实时数据为系统操作提供全新模式，促进生产成本的下降以及工作能力的大幅度提高。

2）机器分析则为分析流程开辟新维度，各种物理方式、行业特定领域的专业知识、信息流的自动化与预测能力相互结合，可与现有的"大数据"工具联手合作。

3）工业互联网将涵盖传统方式与新的混合方式，通过先进的特定行业分析，充分利用历史与实时数据。

(2) 德国的工业互联网 德国政府提出"工业4.0"战略，并在2013年4月的汉诺威工业博览会上正式推出，其目的是为了提高德国工业的竞争力，在新一轮工业革命中占领先机。该战略已经得到德国科研机构和产业界的广泛认同，并迅速成为德国的另一个标签，并在全球范围内引发了新一轮的工业转型竞赛。

"工业4.0"研究项目由德国联邦教研部与联邦经济技术部联手资助，在德国工程院、弗劳恩霍夫协会、西门子公司等德国学术界和产业界的建议和推动下形成，并已上升为国家级战略。

自2013年4月在汉诺威工业博览会上正式推出"工业4.0"概念以来，其目标是"以工业为核心，信息技术为辅助"，建立一个高度灵活的个性化和数字化的产品与服务的生产模式。该生产模式由集中控制式向分散式增强型控制的基本模式转变，在这种模式中，传统的行业界限将消失，并会产生各种新的活动领域和合作形式，创造新价值的过程正在发生改变，产业链分工将被重组。

德国学术界和产业界认为，"工业4.0"概念即是以智能制造为主导的第四次工业革命，该战略旨在通过充分利用信息通信技术和网络空间虚拟系统——信息物理系统（Cyber-Physical System，CPS）相结合的手段，将制造业向智能化转型。"工业4.0"为德国提供了一个机会，使其进一步巩固其作为生产制造基地、生产设备供应商和IT业务解决方案供应商的地位。

"工业4.0"重点突出生产制造业为主、信息技术为辅的产业模式。项目主要分为三大主题：

1）智能工厂：重点研究智能化生产系统及过程，以及网络化分布式生产设施的实现。简单地说，就是利用机器人代替人的工作。

2）智能生产：主要涉及整个企业的生产物流管理、人机互动以及3D技术在工业生产过程中的应用等。该计划将特别注重吸引中小企业参与，力图使中小企业成为新一代智能化生产技术的使用者和受益者，同时也成为先进工业生产技术的创造者和供应者。

3）智能物流：主要通过互联网、物联网、物流网来整合物流资源，充分发挥现有物流资源供应方的效率，而需求方则能够快速获得服务匹配，得到物流支持。

（3）我国的工业互联网 2008年，我国成立了工业和信息化部（简称工信部）。工信部成立后，在相关的会议中提出了"两化融合"的改革方案，即工业化和信息化融合发展。经过不断地发展和完善，"两化融合"逐渐形成了具有中国特色的工业互联网。目前，我国的工业互联网发展与美国以及欧洲基本保持同步，正面临着千载难逢的战略机遇。

我国的工业互联网主要在技术、产品、业务、产业这四个方面进行"两化融合"，即技术融合、产品融合、业务融合、产业融合。

1）技术融合是指工业技术与信息技术融合，产生新的技术，推动技术创新。例如，汽车制造技术和电子技术融合产生的汽车电子技术，工业和计算机控制技术融合产生的工业控制技术。

2）产品融合是指信息技术渗透到产品中，增加产品的技术含量。例如，普通机床加上数控系统之后就变成了数控机床，传统家电采用了人工智能技术之后就变成了智能家电，普通飞机模型增加控制芯片之后就成了遥控飞机等。信息技术含量的提高使产品的附加值大大提高。

3）业务融合是指将信息技术应用到企业研发设计、生产制造、经营管理、市场营销等各个环节，推动企业业务创新和管理升级。例如信息技术的应用提高了生产自动化和智能化程度，使生产效率大大提高。

4）产业融合是指两化融合可以催生出的新产业，形成一些新兴业态，如工业电子、工业软件、工业信息服务业等。其中，工业电子包括机械电子、汽车电子、船舶电子、航空电子等；工业软件包括工业设计软件、工业控制软件等；工业信息服务业包括工业企业的B2B电子商务、工业原材料或产品大宗交易、工业企业信息化咨询等。

我国的工业互联网主要涉及制造环节中的信息系统集成、工业网络互连、工业云服务、工业互联网安全等方面。

1）信息系统集成：以海尔、三一重工等为代表的制造企业以智能制造为主攻方向，通过建立智能工厂，正在实现向数字化、网络化和智能化的转型，但一些关键芯片和核心软件环节依然依赖国外产品。

2）工业网络互连：网络互连包含工厂内部网络和工厂外部网络。

① 我国在工厂外部网络方面已经具有全球最大的互联网基础设施。

② 在工厂内部网络方面，EPA（用于工业控制现场设备间的通信）、WAPI（工业无线标准体系）等自主知识产权技术被纳入网络互连国际标准，形成了较好的技术基础。

③ 此外，我国已建成基于IPv6的标识解析体系，实现资源管理、信息互通、设备设施互连。

3）工业云服务：以浪潮、航天集团、金蝶为代表的工业云服务已经具有一定的基础，出现了一批高水平的服务企业及自主研发的云平台解决方案，在云计算、大数据、数据仓库等产品方面有所积累。

4）工业互联网安全：目前，业界对工业互联网安全的研究及产业支持还处于起步阶段。

综上所述，我国工业互联网的步伐不断加快，随着以阿里、腾讯、百度为代表的人工智能企业的融入，在激发"双创"活力、培育新模式和新业态、推进供给侧结构性改革等方面已初显成效。在这个过程中，工业互联网作为智能工业的超级引擎，将会创造新的生产力、构建新的生产关系和重塑新的生产体系。

3. 工业互联网的未来发展趋势

工业互联网作为新工业革命的基础设施，正在引领工业的未来，未来的发展趋势会在产业基础的重构、生产力的创新、生产关系的变革和工业体系的重塑等几方面产生重大变革。

（1）产业基础的重构　制造业转型升级的最终目的是通过数字化、网络化实现"智慧"制造，工业互联网在产业变革中的作用正在由浅层次的工具产品升级为重塑产业的基础设施和创新的要素。

产业基础重构需要从软件定义、数据驱动、平台支撑、服务增值和智能主导等几个方面进行。

1）软件定义：这是新工业革命的重要标志，通过软件定义来推动技术进步和产业发展已在业内逐渐达成共识，同时也是工业互联网的一个重要特征。软件定义工业知识和机理可以获得比传统工业软件提供的可视化分析或简单指标分析更为显著的智能化效果。

未来制造业将由软件支撑和定义，软件是设备的软零件、软部件，并最终发展成软装备，它不仅定义产品的结构和功能，而且定义企业的生产流程和生产方式。

2）数据驱动：这是新一代信息技术的关键，也是新工业革命的创新变革源泉。在制造行业，数据是企业研发、采购、生产和销售几乎所有经营活动不可或缺的信息，是最宝贵的资源。

通过工业数据全周期的应用，可以驱动工业系统的决策部署，实现机器弹性控制、运营管理优化、生产协同组织与商业模式创新，进而实现工业智能化发展。工业大数据的及时性、完整性和开发利用水平，以及数据流、物质流和资金流协同集成能力，决定着制造资源的优化配置效率，引领着生产方式和产业模式的变革。

3）平台支撑：互联网的发展为工业互联网平台的研发提供了前所未有的契机。伴随新一代信息通信技术和制造业的融合发展，以工业互联网平台为核心的产业竞争正从消费领域向制造领域拓展。该平台向下连接和汇聚海量的工业资源，向上承接和提供各种智能化的应用服务，同时进一步实现智能化的服务增值，以满足制造企业的智能化转型升级需求。

4）服务增值：新工业革命中的互联网、新一代信息等核心技术在第二产业出现和萌芽，在第三产业发展壮大，第三产业极具代表的服务理念和服务导向根植其中，这在新工业革命对制造业的变革中也有深刻体现。从卖产品到卖服务，从提供标准服务到提供增值服务的转变趋势，已从第三产业迅速拓展到了第二产业。

5）智能主导：新一代信息通信技术的融合发展正将制造业带入一个超级复杂的智能时代。智能的本质是以数据在闭环系统中的自动流动，实现各要素资源配置的优化，其核心是以信息流优化物质世界的资源配置效率。

综上所述，随着工业互联网的广泛应用，工业知识创造、积累、共享、传播和复用体系从过去单一学科和单一领域走向跨学科、跨领域，产业基础重构的基础是以平台为支撑，软件定义、数据驱动做输入，以智能化为主导，最终实现服务增值。

（2）生产力的创新　工业生产依托互联网，连接产业链和价值链，促进各单元、各环节间的重组与优化，产生更多创新应用模式和理念，驱动制造业的转型升级。工业互联网在数据和软件的作用下，实现生产力的创新。

工业互联网将软件作为一种工具，能够把海量的数据转化为信息、知识，最终升级为科学决策，不断提高制造资源的配置效率，实现对设计、制造和服务全过程的智能化统筹，为跨设备、跨系统和跨企业的高级分析决策和控制提供手段。

生产力的创新主要体现在以下几方面：

1）生产组织服务化：在工业互联网时代，按需生产、大规模个性化定制将成为常态，市场的个性化需求被企业实时掌握，柔性自适应的生产线将被广泛使用。

2）制造能力软件化：基于智能生产的系统框架，融入人工智能，通过特征提取的方式形成复杂系统模型并在工业软件中固化；同时，企业的生产运营和决策将更多依靠基于工业大数据分析的软件化解决方案进行优化。

3）线上能力聚焦：工业互联网平台把制造企业、供应商和消费者连接在一起，在互联网的聚焦和普惠效应下，使得终端能力聚焦，主要表现在以下几方面：

① 通过数据的挖掘利用和软件化的配置定义，推动了设备、生产线、制造企业的集成优化。

② 打破了限制制造业发展的瓶颈，释放了研发能力、制造能力和市场资源。

③ 从供应商、生产者到消费者的充分对接，实现了跨界、跨地区的企业间的能力聚集、优势互补和资源共享。

④ 智能化生产系统的应用，促进了生产组织在生产过程中相互联动，共同提升企业核心竞争力。

综上所述，通过工业互联网的数据挖掘，整合了产业链上下游，打通了生产与消费的中间环节，实现了生产工艺、生产载体、生产组织、生产方式的重构，促进了生产力的提升，实现了生产力质的飞跃。

（3）生产关系的变革　云计算、大数据、移动互联网等新一代信息技术的发展，赋予了协同制造新的内涵和应用，使得协同制造转变为协同"智"造，其本质就是智能协同的生产关系，主要表现在以下几方面：

1）智能协同将借助工业互联网，发展企业间协同合作的新模式，促进降低资源获取成本，大幅度延伸了资源利用范围。

2）智能协同未来的趋势是打破封闭疆界，加速产业协同的转变，促进产业整体竞争力的提升。

3）智能协同将贯穿产品的设计、制造和销售的各个环节，主要应用于协同设计、云制造和供应链协同等新型的生产关系。

综上所述，工业互联网推动生产关系的变革，可以建立互惠互利的企业间协作关系，实现研发、设计、生产和销售等各种资源的重组，其本质是对企业生产过程各环节的解耦重组，突破空间对企业生产经营范围和方式的约束，实现企业间的协同和各种社会资源的共享与集成，高速度、高质量、低成本地为市场提供所需的产品和服务。

（4）工业体系的重塑　在工业互联网时代，工业体系主流发展趋势是产业组织形态由大企业主导型和供应链主导型向产业生态主导型转变，生产体系更加扁平、灵活，企业之间横向联系更加广泛，技术、产品和业务等产业要素实现优势互补，主要表现在以下几方面：

1）制造业通过工业互联网能够有更大的生产灵活性，使小批量生产和定制生产成为可能，从而以更大的灵活性对市场的变化做出反应，实现更高的生产效率。

2）工业互联网平台可以汇聚产业链上下游企业，打通生产者与消费者之间的联系，企业可以快速感知用户需求的变化，并通过产业链上下游共享生产数据，匹配生产节奏，从而达到降低零件库存、提升资金周转率、降低资源浪费、提高整体生产效率的目的，实现用户以及产业链的上下连通。

3）企业之间的价值链实现端到端的集成，整体组织形式由大规模生产向分布式生产转化，企业间建立灵活有效、互惠互利的动态协作关系，实现研发、设计、生产和销售等各种资源的重组，提高企业的市场快速反应和竞争能力。

4）企业通过在产品上添加智能模块，实现产品的联网与运行数据的采集，并利用大数据分析提供多样化的智能服务，加速服务延伸的拓展，有效延伸产业价值链，扩展利润空间。

综上所述，工业互联网促进了工业体系的重塑，可以使企业间建立灵活有效、互惠互利的动态协作关系，实现研发、设计、生产和销售等各种资源的重组，提高企业的市场快速反应和竞争能力。工业体系重塑的趋势是对企业生产过程中各环节的解耦重组、对企业与用户关系的打通整合，以及对制造与服务模式的创新变革，这也是工业互联网的发展趋势。

1.2.4　能力拓展

进入21世纪以来，我国在互联网方面取得了长足的进步，成为具有全球影响力的网络大国，建成了全球规模最大的宽带网络基础设施，形成了互联网领域较为完整的产业体系，并形成了全球最大的互联网市场。我国互联网产业具备跨越发展、跨界拓展的条件。

从我国自身的发展来看，随着经济发展进入新常态，增长速度、经济结构和发展动力都在发生重大变化，制造业发展站到了新的历史起点上。目前，大力发展工业互联网，对推动互联网和实体经济深度融合、大力发展数字经济，以及建设制造强国和网络强国具有的重大意义如下：

1）通过网络连接和数据互通，服务环节由单点数字化向全面集成演进，工业互联网为建设制造强国提供了关键支撑，实现了"以数据为核心驱动力"的"智能"制造转型，进而促进制造业开放创新，逐步推动"智能"制造向"智慧"制造转型升级。

2）工业互联网为建设网络强国提供了重要机遇，极大地开拓了网络空间的边界，加速工业数字经济的发展，拓展了网络经济的发展空间。

3）工业互联网为经济转型升级提供了新动力，促进各个领域由自动化向网络化、智能化的发展，加速新旧动能接续转换，支撑实体经济全面转型升级，助力打造现代化经济体系。

近年来，我国工业互联网发展态势良好，工业互联网、5G、大数据中心等基础设施日益成为新型基础设施的重要组成部分，这些高科技领域，既是基础设施，又是新兴产业，既有巨大的投资需求，又能撬动庞大的消费市场，乘数效应、边际效应显著。

自 2017 年《国务院关于深化"互联网＋先进制造业"发展工业互联网的指导意见》发布以来，工业和信息化部会同相关部门深入实施工业互联网创新发展战略，取得了积极进展。目前我国工业互联网的现状如下：

1）随着新型基础设施建设的推进，在"5G＋工业互联网""IPv6 标识解析体系"以及大数据中心的建设规模扩张等有利因素的刺激下，工业互联网网络覆盖范围进一步扩张。

2）工业互联网与实体经济的融合持续深化，已经覆盖机械、钢铁、石化、采矿、能源、交通、医疗等在内的 30 余个国民经济重点行业。

3）在国家政策的引导下，工业互联网产业新生态快速壮大，北京、长三角、粤港澳大湾区已成为全国工业互联网发展基地，东北老工业基地和中西部地区则注重结合本地优势产业，积极探索各具特色的发展路径。

4）构建了多部门协同、各负其责、企业主体、政府监管的安全管理体系，通过监督检查和威胁信息通报等举措，企业的安全责任意识进一步增强，工业互联网安全保障能力显著提升。

为了加快我国工业互联网建设步伐，2020 年 3 月 20 日，工信部办公厅发布《关于推动工业互联网加快发展的通知》，旨在落实中央关于推动工业互联网加快发展的决策部署，统筹发展与产业布局，推动工业互联网在更广范围、更深程度、更高水平上融合创新，培植壮大经济发展新动能，实现高质量的发展。

"架构是灵魂、网络是基础、平台是核心、标准是法则、安全是保障"已成为工业互联网发展的普遍共识。新业态下的工业互联网建设范围以新型基础设施建设为主，主要包括工业互联网内外网、标识解析体系、工业互联网平台、安全态势感知平台、工业互联网大数据中心等。

1）工业互联网外网建设：2020 年起，工业和信息化部将进一步推动基础电信企业加快高质量外网建设，力争实现覆盖全国所有地市，支撑网络化协同、远程调度控制等新业务、新应用。工业互联网外网是推动工业互联网更广范围创新发展的关键网络基础设施。

2）工业互联网内网建设：工业互联网内网深入到车间、产线、设备，是实现人、机、物、料、环等生产要素全面互连的关键基础和必要条件。进一步将 5G、边缘计算、时间敏

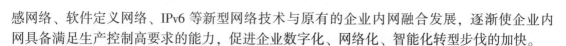

感网络、软件定义网络、IPv6等新型网络技术与原有的企业内网融合发展，逐渐使企业内网具备满足生产控制高要求的能力，促进企业数字化、网络化、智能化转型步伐的加快。

3）标识解析体系：标识解析是跨系统、跨企业、跨地域实现数据共享的基础，应用创新日益活跃，进一步推进标识解析二级节点建设、标识规模化创新应用，以及智能芯片的研发，推动工业互联网标识产品和应用的规模化、标准化和低成本化。

4）平台与新技术：当前，工业互联网平台与新技术的融合应用日益深入，覆盖场景日趋广泛，推动"平台+5G""平台+人工智能""平台+VR（虚拟现实技术）/AR（增强现实技术）""平台+区块链"和"平台+数字孪生"等新技术的融入与结合，实现低成本、高可靠数据共享利用。

5）工业互联网的发展与安全：安全是发展的前提，发展是安全的保障。随着我国工业互联网发展进入实践深耕阶段，应大力建立健全法制体系、企业分级安全管理制度、安全技术监测体系、安全工作机制以及加强安全技术产品创新等工作，促进网络安全技术、产品和解决方案的创新与突破。

子任务3　工业互联网技术架构

1.3.1　任务场景

2020年3月20日，工信部办公厅发布《关于推动工业互联网加快发展的通知》（以下简称通知），旨在落实中央关于推动工业互联网加快发展的决策部署。同年4月，中国工业互联网产业联盟发布了《工业互联网体系架构（版本2.0）》。

某生产企业积极响应国家号召，准备投资将原有的企业内网升级成为工业互联网中的节点之一，以适应未来工业全方位、深层次、革命性的发展需要。

建设范围参考《工业互联网体系架构（版本1.0）》，将原有的工业网络、平台、安全三大功能体系升级为《工业互联网体系架构（版本2.0）》的体系架构，进一步实现与5G、边缘计算、区块链、工业人工智能、数字孪生等新一代信息技术的融合。

1.3.2　任务解析

工业互联网作为一种新的产业应用价值链，以计算机网络和互联网为基础，融合了新一代信息技术和工业系统，为工业智能化发展提供了核心的综合信息资源设施。

在中国工业互联网产业联盟发布的《工业互联网体系架构（版本1.0）》中定义了网络、平台、安全三大功能体系及相应的技术，"架构是灵魂、网络是基础、平台是核心、标准是法则、安全是保障"已成为工业互联网发展的普遍共识。在技术体系中，重点阐述了云计算、大数据、物联网、人工智能等新一代信息技术可以快速提升人类获取、处理、分析数据的能力，以及制造技术和信息技术的融合强化了工业互联网的赋能作用。

《工业互联网体系架构（版本2.0）》白皮书在技术体系中重点阐述了以5G、边缘计算、区块链、工业人工智能、数字孪生等为代表的新一代信息技术与工业领域的深度融合，在通信、标识解析技术、数据计算能力、安全技术保障能力等范围内发挥的作用。

新一代信息技术在工业互联网时代的作用如下：

1）构建了数据闭环优化的基础支撑体系，使绝大部分工业互联网系统可以基于统一的方法论和技术组合构建。

2）打通了互联网领域与制造领域技术创新的边界，统一的技术基础使互联网中的通用技术创新可以快速渗透到工业互联网中。

1.3.3 能力储备

工业互联网引发了第四次工业革命已成为不争的事实，德国发布工业4.0参考架构、美国工业互联网联盟也发布了美国的工业互联网参考架构，都希望以此推动相关标准的制定与应用实践，促进工业互联网的发展。通过分析并借鉴美、德两国的工业互联网参考架构，我国工业互联网产业联盟也提出了搭建我国的工业互联网体系架构，为推进工业互联网研究、综合标准化与试点示范等工作提供参考。

无论从何种角度去搭建工业互联网的技术架构，都不可否认的是技术架构是工业互联网的"灵魂"。

1. 德国工业4.0参考架构

德国"工业4.0平台"以工业制造为出发点来搭建"工业4.0参考架构"，它以工业化为基础，面向工业标准的智能制造，以制造系统为主要框架，将信息物理系统（Cyber-Physical System，CPS）功能映射到工业系统和工业价值链两个维度，突出了数据对工业领域的优化功能，实现工业生产要素的"端到端集成"，使得工业4.0覆盖了智能工厂、智能生产、智能物流三大主题。

何谓CPS？国际宇航科学院的魏毅寅院士给出的定义：CPS是通过先进的传感、通信、计算与控制技术，基于数据与模型，驱动信息世界与物理世界的双向交互与反馈闭环，使得信息进程、物理进程的二元世界中涉及的人、机、物、环境、信息等要素能够自主智能地进行感知、连接、分析、决策、控制、执行等动作，进而实现在给定的目标及时空约束下集成优化运行的一类系统。

CPS的目标是使物理系统具有计算、通信、精确控制、远程协作和自治能力，它通过工业互联网组成各种自治控制系统和信息服务系统，完成物理空间与虚拟空间的有机协调，强调系统对物理世界的感知、反馈和控制作用。

德国工业4.0参考架构如图1-6所示。

基于CPS的工业4.0技术特点如下：

1）CPS的核心是以数据和模型为驱动：通过传感器、标识解析、采集板卡等感知前端来获取物理数据，用于构建虚拟仿真的模型以及驱动物理执行部件或单元。

2）CPS影响并产生工业资源，包括模型、知识产权、商业价值，突出了工业生产要素之间依托数据系统紧密耦合，通过各生产要素的"数字孪生"，实现工业生产要素的"端到端集成"。

3）CPS实现工业系统的纵向与横向集成，共同构成了完整的工业系统：工业系统的纵向集成是指企业内部生产线、车间的生产流程；而横向集成是指与产品相关的企业之间的业务流程，主要体现在服务接入、资源调度、数据处理、分析决策等经营活动，这些经营活动的业务流程通过CPS实现与企业内部的生产流程的对接，充分体现了以企业协同为核心的横向集成。

综上所述，德国工业4.0参考架构是"以工业为核心、信息技术为辅助"，提出面向工

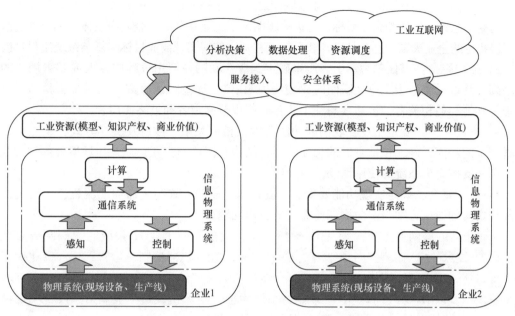

图1-6　德国工业4.0参考架构

业标准的智能制造参考架构，以标准化的工业制造系统为主要框架，将"信息物理系统"功能映射到工业制造系统和工业价值实现体系，突出了数据对工业领域的优化功能，强调以现有工业制造为主、IT技术为辅，实现现有工业标准与IT技术的对接。

2. 美国的工业互联网参考架构

美国工业互联网联盟（IIC）是由GE、IBM、Cisco、Intel、AT&T五家企业于2014年发起成立的产业联盟，于2015年6月发布了"工业互联网参考架构"，该架构成为指导企业开发部署工业互联网解决方案的指导框架。

"工业互联网参考架构"的构建思路是"以信息技术为核心，以工业为辅助，以商业为目标"形成系统架构，从工业互联网要实现的商业目标出发，明确工业互联网运行和操作的主要任务，进而确定工业互联网的核心功能、关键系统模块及相互关系，为智能制造提供信息感知、传输、分析、反馈、控制支撑等智能化服务。为推动工业互联网的建设，将工业互联网分为商业视角、使用视角、功能视角和实现视角四个层级，如图1-7所示。

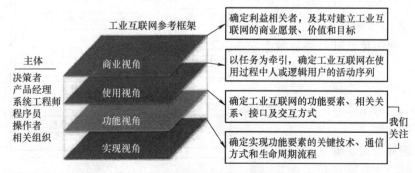

图1-7　美国的工业互联网参考架构

1）商业视角：在企业中建立工业互联网之后，用来确定利益相关者，及其对建立工业互联网的商业愿景、价值和企业目标。它进一步明确了工业互联网以企业为主体，如何通过映射来连接特定的企业决策者、产品经理和系统工程师，如何实现商业目标与复杂系统流程对接。

2）使用视角：以任务为牵引，用来确定工业互联网在使用过程中，人或逻辑用户的活动序列，其本质类似于工业互联网的"使用说明书"。这些问题通常涉及系统工程师、产品经理和其他利益相关者，包括参与到工业互联网规范制定者和最终使用者。

3）功能视角：确定工业互联网的功能要素、相关关系、接口及交互方式，聚焦于工业互联网里的功能元件，包括它们的相互关系、结构、接口与交互，以及与环境外部的相互作用，用来支撑整个系统的使用活动。

4）实现视角：确定实现功能要素的关键技术、通信方式和生命周期流程，主要关注功能部件之间的通信方案与生命周期所需要的技术问题。

美国工业互联网参考架构是从 IT 角度出发，提出面向工业 IT 系统的智能制造参考架构，以 IT 技术的应用模块为主要框架，将 IT 技术驱动的机器控制、运营管理和商业优化作为主要目标，突出了数据从感知、集成、分析与决策反馈的流动闭环，强调了在工业互联网体系建设中，以 IT 技术为主导、工业制造系统为辅，IT 系统改造工业制造系统，实现物理实体与 IT 系统的交互，以及基于数据分析的深层次优化。

3. 我国的工业互联网技术架构

目前，我国的工业互联网发展与美国以及德国基本保持同步，正面临着千载难逢的战略机遇。在工业和信息化部的指导下，工业互联网产业联盟（AII）启动了工业互联网体系架构研究，在总结国内外发展实践的基础上，于 2016 年 8 月颁布了《工业互联网体系架构（版本 1.0）》。该报告旨在推动业界对工业互联网达成广泛共识，以体系架构为牵引，为联盟各项工作以及我国工业互联网的技术创新、标准制定、试验验证、应用实践等活动提供参考和引导，共同推动工业互联网的健康、快速发展。

参照《工业互联网体系架构（版本 1.0）》中的规划及技术体系，可将我国的工业互联网技术架构划分为网络体系架构、平台体系架构和安全体系架构，三个体系各自独立又相互影响，如图 1-8 所示。

（1）工业互联网的网络体系架构随着智能制造的发展，工厂内部数字化、网络化、智能化及其与外部数据交换的需求逐步增加，工业互联网的网络体系架构包含网络互连体系、地址与标识解析体系、应用支撑体系三个重要体系，如图 1-9 所示。

网络互连体系是工业互联网的基础核心，主要包括物联网以及实现互连互通的网络通信体系，重点是以工厂网络

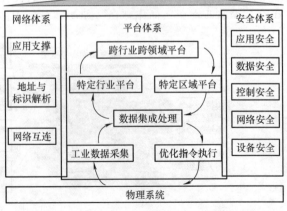

图 1-8　我国的工业互联网技术架构

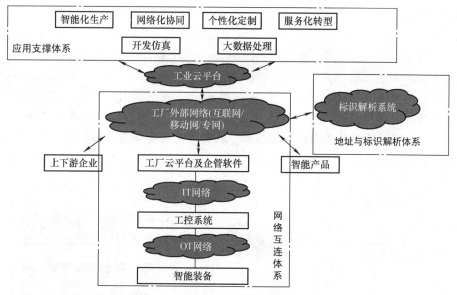

图1-9 工业互联网的网络体系架构

IP化改造为基础的工业网络体系，包括工厂内部网络和工厂外部网络两大网络。

1）工厂内部网络用于连接智能机器、工业控制系统、计算机、服务器等主体，包含工厂OT（工业生产与控制）网络和工厂IT网络。

① 工厂OT网络：其核心是物联网。物联网是基于互联网、传统电信网等信息承载体，让所有能行使独立功能的普通物体实现互连互通的网络，其应用领域主要包括运输和物流、工业制造、健康医疗、智能环境等，其关键技术有无线射频识别（RFID）和传感器等。

② 工厂IT网络：其核心是计算机网络。计算机网络是利用通信设备和线路将地理位置不同的、功能独立的多个计算机系统连接起来，以功能完善的网络软件实现网络的硬件、软件及资源共享和数据通信的系统，是计算机技术与通信技术相融合的产物，其关键技术有光通信/无线接入、数据传输、数据交换、网络服务、高性能计算、云计算等。

2）工厂外部网络用于连接企业上下游、企业与智能产品、企业与用户等主体，如路由系统、广域网接入系统等。

地址与标识解析体系即由标识、标识解析系统和网络地址资源等技术构成的关键基础资源体系。

1）工业互联网标识：用于识别产品、设备、原材料等物体的标识，类似于互联网域名。

2）工业互联网标识解析系统：用于将工业互联网标识翻译为该物体的地址或其对应信息服务器的地址，从而找到该物体或其相关信息，如DNS（域名解析系统）。

3）网络地址资源：用于标识节点在网络中的位置，实现资源共享与数据通信，通常使用IP地址，如IPv4地址、IPv6地址等。

应用支撑体系即工业互联网业务应用交互和支撑体系，包含产业云平台和企业云平台，及其提供的各种资源、各种网络操作系统，如Windows、Linux等，各种网络应用协议，如HTTP（超文本传输协议）、FTP（文件传输协议）、SMTP（电子邮件传输协议）和DHCP

（动态主机控制协议）等。

（2）工业互联网的平台体系架构　平台体系服务于工业数据，工业数据是指在工业领域信息化应用中所产生的数据，是工业互联网的核心驱动力，是工业"智能化"向工业"智慧化"发展的核心驱动力。

工业数据基于网络互连和大数据技术，贯穿于工业的设计、工艺、生产、管理、服务等各个环节，依托于平台体系进行定向流动，使工业系统具备描述、诊断、预测、决策、控制等智能化功能的模式和结果，从类型上主要分为内部数据、平台数据和外部数据，如图 1-10 所示。

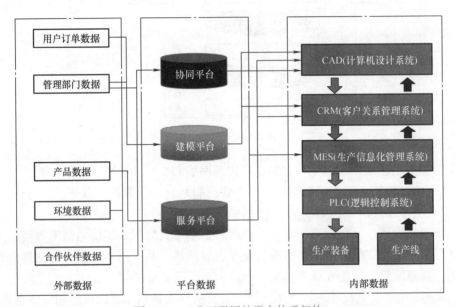

图 1-10　工业互联网的平台体系架构

工业大数据具有五大特征：

1）数据体量巨大：大量机器、设备的高频数据和互联网数据持续涌入，大型工业企业的数据集可达 PB 级甚至 EB 级。

2）数据分布广泛：分布于机器、设备、工业产品、管理系统、互联网等各个环节。

3）结构复杂：既有结构化和半结构化的传感数据，也有非结构化数据。

4）数据处理速度需求多样：生产现场级要求实现实时分析达到毫秒级，管理与决策应用需要支持这种交互式或批量数据分析的处理速度。

5）对数据分析的置信度要求较高：相关关系分析不足以支撑故障诊断、预测预警等工业应用，需要将物理模型与数据模型相结合，追踪挖掘因果关系。

（3）工业互联网安全体系架构　工业互联网的安全需求可从工业和互联网两个视角分析：

1）从工业视角看，安全的重点是保障智能化生产的连续性、可靠性，重点关注智能装备、工业控制设备及系统的安全。

2）从互联网视角看，安全主要保障工业互联网应用的安全运行以提供持续的服务能力，防止重要数据的泄露，重点关注工业应用安全、网络安全、工业数据安全以及智能产品的服务安全。

综上所述，构建工业互联网安全体系架构主要包括设备安全、控制安全、网络安全、应用安全和数据安全等几方面，如图1-11所示。

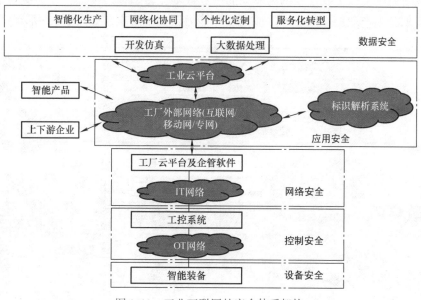

图1-11　工业互联网的安全体系架构

1）设备安全是指工业智能装备和智能产品的安全，包括芯片、嵌入式操作系统、相关应用软件以及功能等安全。

2）控制安全是指生产控制安全，包括控制协议、工控网络、控制软件等的安全。

3）网络安全是指工厂内有线网络和无线网络的安全，以及工厂外与用户、协作企业等实现互连的公共网络的安全。

4）应用安全是指支撑工业互联网业务运行的应用软件及平台的安全。

5）数据安全是指工厂内部重要的生产管理数据、生产操作数据以及工厂外部数据（如用户数据）等各类数据的安全。

1.3.4　拓展任务

2020年4月，工业互联网产业联盟在工业和信息化部的指导下，在继承版本1.0的核心理念、要素和功能体系的基础上，研究制定了《工业互联网体系架构（版本2.0）》（以下简称版本2.0），从业务视图、功能架构和实施框架三方面重新定义了工业互联网技术体系架构，如图1-12所示。

1. 业务视图

业务视图明确了企业应用工业互联网实现数字化转型的目标、方向、业务

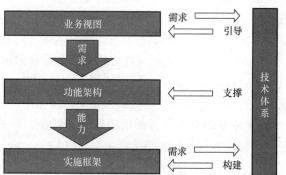

图1-12　工业互联网体系架构（版本2.0）

场景及相应的数字化能力，主要用于指导企业在商业层面明确工业互联网的定位和作用，指引企业提出的业务需求和数字化能力需求，充分满足后续功能架构设计的需求。

业务视图完成了以工业互联网为驱动的产业数字化转型顶层设计，按照覆盖范围，业务视图进一步划分为产业层、商业层、应用层和能力层四个层次，如图 1-13 所示。

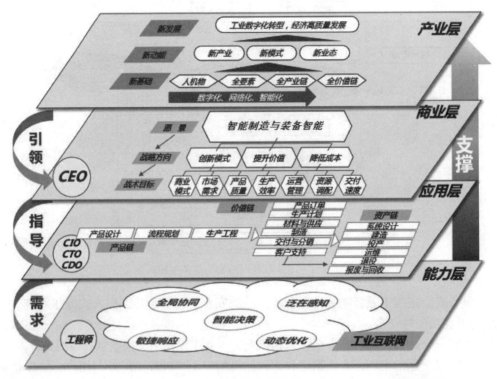

图 1-13　业务视图

（1）产业层　产业层主要定位于产业整体数字化转型的宏观视角，阐释了工业互联网在促进产业发展方面的主要目标、实现路径与支撑基础。从发展目标看，工业互联网通过将自身的创新活力深刻融入各行业、各领域，最终将有力推进工业数字化转型与经济高质量发展。

新基础显著提升了数据采集、集成管理与建模分析的水平，使各类生产经营决策更加精准和智能；同时，也使各类商业和生产活动形成网络化的组织架构，大幅提高资源配置效率。其优势在于：

1）促使一批以数据为核心的相关产品和解决方案的企业快速兴起与成长，为新业态的数字工业提供数据采集、网络传输、数据管理、建模分析、应用开发与安全保障等服务，促进工业智能化与装备智能化成为龙头的新型生产力。

2）创新与重构各行业新模式下的转型，形成智能化生产、网络化协同、个性化定制、服务化延伸等一系列新型生产关系。

3）促进数字化创新的"新业态"形成。

新型生产力、新型生产关系和新业态共同构成了产业高质量发展的新动能，同时也是工业互联网价值创造的关键路径。产业层架构如图 1-14 所示。

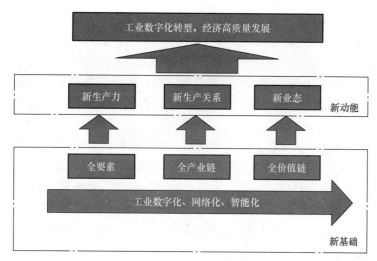

图 1-14　产业层架构

（2）商业层　商业层主要面向企业的 CEO（首席执行官）等高层决策者，用以明确企业如何依托工业互联网来构建数字化转型的竞争优势，形成以数据为核心驱动力的新型生产运营方式、资源组织方式与商业模式，以支撑企业不断成长壮大。

为实现上述目标愿景，企业可通过工业互联网，从提升价值、创新模式和降低成本三大战略方向进行努力。

1）在提升价值方面：工业互联网可以帮助企业更好对接客户，通过产品创新实现更高附加价值。

2）在创新模式方面：工业互联网促进企业创造新的业务模式，实现由产品创造价值转型为服务创造价值，进一步可升级为数据创造价值。

3）在降低成本方面：工业互联网通过数据驱动的智能，可以帮助企业在提高生产效率、降低生产消耗等一系列关键环节和场景发挥作用。

以上述三大战略方向为基础，可进一步分解和细化为商业模式、市场需求、产品质量、生产效率、运营管理、资源调配和交付速度等战术目标，助力企业提升生产效率、产品质量和运营管理，加快市场需求响应与交付速度，优化资源要素配置，强化商业模式创新，实现各类生产经营活动目标的提升与优化。商业层架构如图 1-15 所示。

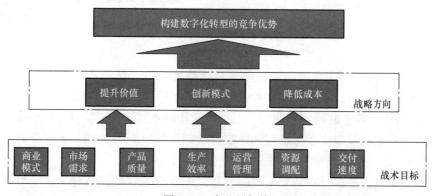

图 1-15　商业层架构

（3）应用层 应用层主要面向企业 CIO（首席信息官）、CTO（首席技术官）、CDO（首席数据官）等信息化主管与核心业务管理人员，帮助企业在工业互联网中开展各项生产经营业务与应用模式。

企业最为关注的核心业务是产品链、价值链、资产链等链条，也包括这三者所交汇的生产环节。工业互联网赋能三大链条的创新优化变革，推动企业业务层面数字化发展，主要表现在以下几方面：

1）产品链是指产品在从设计、流程规划到工艺规划的全生命周期过程中形成的相关要素之间的关系，如通过工业互联网实现协同办公，以及各类数据采集、远程共享等。

2）价值链是指产品在订单、计划、供应、生产、销售、服务等过程中各要素之间的关系，以及在某一要素开展深度数据分析优化的过程。例如，企业可通过工业互联网实现生产过程数据实时采集与连通、边缘计算、工业大数据分析等，提升产品质量，降低能耗，提升生产制造环节的价值。

3）资产链是指企业在产品生产过程中所涉及的生产设备之间互连形成的资产体系，如企业可以通过工业互联网构建面向边缘设备的全面互连，使其具有感知能力，优化设备维护周期，预测关键设备的故障，并进行远程在线维护，从而提高资产资源的可靠性和资产管理的经济效益。

应用层架构如图 1-16 所示。

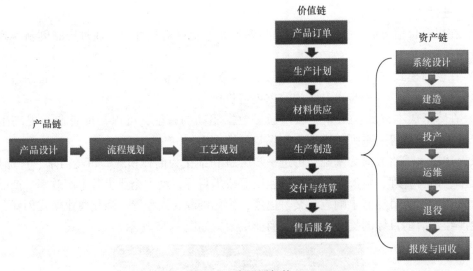

图 1-16　应用层架构

（4）能力层 能力层主要面向工程师等具体技术人员，帮助其定义企业所需的关键能力并开展实践。企业在数字化转型过程中需构建泛在感知、智能决策、敏捷响应、全局协同、动态优化五类工业互联网核心能力，以支撑企业在不同场景下的具体应用实践。

1）泛在感知能力是以广泛部署感知终端与数据采集设施为基础，实现全要素、全产业链、全价值链状态信息的全面深度实时监测的能力。

2）智能决策能力是以泛在感知形成的海量工业数据为基础，通过工业模型与数据科学的融合开展分析优化，并作用于设备、产线、企业等的能力。

28

3）敏捷响应能力是以实现信息数据的充分与高效集成为基础，打通企业内、企业间以及企业与客户之间的"任督二脉"，提升企业对市场变化和需求的响应速度和交付速度的能力。

4）全局协同能力是以泛在感知、全面连接与深度集成为基础，在企业内实现研发、生产、管理等不同业务的协同，探索企业运行效率最优的能力；在企业外实现各类生产资源和社会资源的协同，探索产业配置效率最优的能力。

5）动态优化能力是以对物理系统的精准描述与虚实联动为基础，建立数字孪生，在监控物理系统的同时，能够在线实时对物理系统的运行进行分析优化，使企业始终在最优状态运行的能力。

能力层架构如图 1-17 所示。

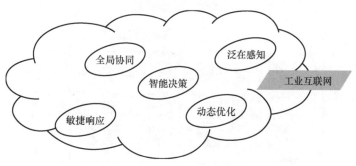

图 1-17　能力层架构

2. 功能架构

功能架构明确企业支撑业务实现所需的核心功能、基本原理和关键要素，主要用于指导企业构建工业互联网的支撑能力与核心功能，并为后续工业互联网实施框架的制定提供参考，可进一步细化为网络、平台、安全三大体系，图 1-18 描述了构建三大体系所需的功能要素与关系。

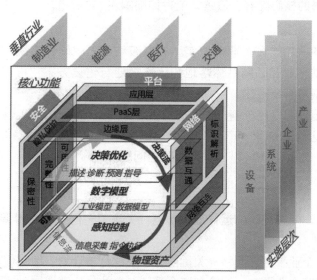

图 1-18　功能架构

29

工业互联网以数据为核心驱动力，数据源主要包含感知控制、数字模型、决策优化三个基本层次，以及一个由自下而上的信息流和自上而下的决策流构成的工业数字化应用优化闭环，其核心功能是基于数据驱动的物理系统与数字空间全面互连与深度协同，以及在此过程中的智能分析与决策优化。

工业互联网基于数据整合与分析，通过网络、平台、安全三大功能体系构建，全面打通设备资产、生产系统、管理系统和供应链条，实现 IT 与 OT 的融合和三大体系的贯通。功能架构的工作原理如图 1-19 所示。

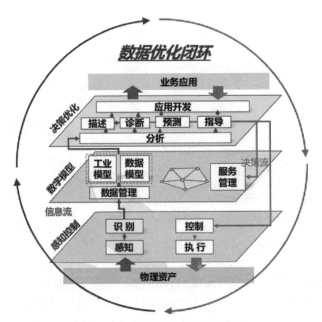

图 1-19　功能架构的工作原理

功能架构是本书的核心内容，后续章节再详细阐述。

3. 实施框架

实施框架描述各项功能在企业落地实施的层级结构、软硬件系统和部署方式，主要为企业提供工业互联网具体落地的统筹规划与建设方案，可进一步用于指导企业技术选型与系统搭建。

工业互联网实施框架以传统制造体系的层级划分为基础，适度考虑未来基于产业的协同组织，按"设备、边缘、企业、产业"四个层级纵深开展系统建设，指导企业整体部署，重点解决"在哪做""做什么"和"怎么做"的问题。

1）设备层对应工业设备、产品的运行和维护功能，关注设备底层的监控优化、故障诊断等应用。

2）边缘层对应车间或产线的运行维护功能，关注工艺配置、物料调度、能效管理、质量管控等应用。

3）企业层对应企业平台、网络等关键能力，关注订单计划、绩效优化等应用。

4）产业层对应跨企业平台、网络和安全系统，关注供应链协同、资源配置等应用。

此外，工业互联网实施框架还提出了各层级的网络、标识、平台、安全等扁平化的系统架构、部署方式以及不同系统之间的联系，重点明确工业互联网核心功能在制造系统各层级的纵深功能分布、系统设计与部署方式，以及通过网络、标识、平台、安全扁平化的四大实施系统的建设，指导企业实现工业互联网的应用部署。工业互联网实施框架如图1-20所示。

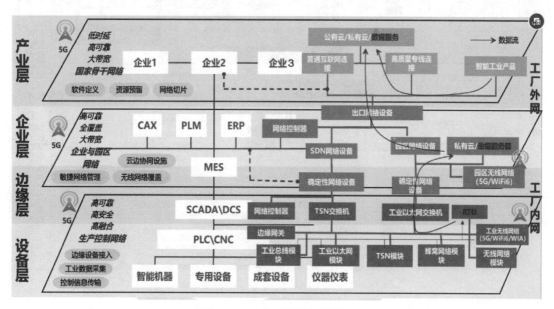

图1-20　工业互联网实施框架

其中，网络系统关注全要素、全系统、全产业链互连互通新型基础设施的构建；标识系统关注标识资源、标识解析系统等关键基础的构建；平台系统关注边缘系统、企业平台和产业平台交互协同的实现；安全系统关注安全管控、态势感知、防护能力等建设。

工业互联网的实施不是孤立的行为，需要上述四大系统实现互连互通、深度集成，在不同层级形成兼具差异性、关联性的部署方式，通过要素联动优化实现全局部署和纵横联动。另外需要注意的是，工业互联网的实施离不开智能装备、工业软件等基础产业的支撑，新一代信息技术的发展与传统制造产业的融合将增强工业互联网的核心能力。

4. 工业互联网技术体系

以人工智能、5G为代表的新技术加速融入工业互联网技术体系，不断地拓展工业互联网的能力内涵和作用边界，已远远超出了单一学科和工程的范围，属于跨领域、跨学科之间的技术融合，是功能实现或系统建设所需重点技术集合。

新时期工业互联网技术体系的核心是通过更大范围、更深层次的连接实现对工业系统的全面感知，并通过对获取的海量工业数据建模分析，提供智能化决策，其技术体系由制造技术、信息技术以及两大技术交织形成的融合技术组成。新时期的工业互联网技术体系如图1-21所示。

（1）制造技术　制造技术支撑构建了工业互联网的物理系统，以新材料、新工艺为基础，叠加工业视觉、测量、传感等感知技术，以及执行驱动、工业控制、监控采集等控制技术，面向运输、加工、检测、装配、物流等需求，构成了工业机器人、数控机床、增材制造（俗称3D打印）等智能装备技术，进而形成产线、车间、工厂等智能制造系统。

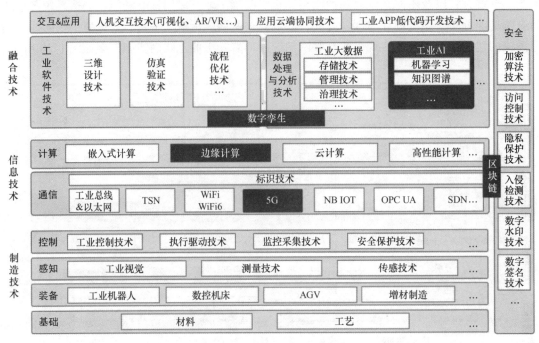

图 1-21　新时期的工业互联网技术体系

（2）信息技术　新一代信息技术的一部分直接作用于工业领域，构成了工业互联网的通信、计算、安全基础设施；另一部分基于工业需求进行二次开发，成为融合技术发展的基石，勾勒出工业互联网数字空间的美好愿景。

1）以 5G、TSN、SDN 等为代表的新一代通信技术构建了数据闭环优化的基础支撑体系，使绝大部分工业互联网系统可以基于统一的方法论和技术组合构建。

2）通过边缘计算、云计算、高性能计算等新一代计算技术打通了互联网领域与制造领域技术创新的边界，统一的技术基础使互联网中通用技术创新可以快速渗透到工业互联网中。

（3）融合技术　制造技术和信息技术都需要根据工业互联网中的新场景、新需求进行不同程度的调整，才能构建出完整、可用的技术体系，融合技术驱动了工业互联网物理系统与数字空间的全面互连与深度协同，主要表现在以下几方面：

1）融合技术构建出符合工业特点的数据采集、处理、分析体系，推动信息技术不断向工业核心环节渗透，满足海量工业数据存储、管理和治理需求。

2）基于工业人工智能技术形成更深度的数据洞察力，与工业知识整合共同构建数字孪生体系，支撑分析预测和决策反馈。

工作任务2

工业互联网基础架构的规划

1. 任务简介

某生产企业信息部的工程师对新员工开展工业互联网基础架构规划的基础培训，将工业互联网基础架构规划为 IT 网络、OT 网络、CT 网络等模块，本次工作任务重点是 IT 与 OT 网络的规划，并要求新员工在培训结束后，结合"工作任务单2"提交某生产企业的网络拓扑结构图以及相应的文档。

2. 任务目的

1）知识目标：掌握计算机网络、物联网等的相关知识，掌握计算机网络拓扑图的制作方法，拓扑图应包含拓扑结构、层次结构、实现方式等内容。

2）能力目标：结合计算机网络、物联网的相关知识，能够掌握计算机网络、物联网的工作场景，强化对计算机网络、物联网的基本认知。

3）素质目标：通过本任务的学习，提高团队合作、沟通协调等能力，强化逻辑思维、主动学习等能力，深化对服务对象岗位应用的理解能力，提高知识的更新能力。

3. 任务成果

提交该企业计算机网络拓扑图的工作任务。

4. 实施方案

建议授课教师模拟某生产企业信息部的工程师对新员工开展工业互联网节点规划的基础培训的工作场景，通过真实的"任务场景"使学生能够了解任务的应用场景；通过"任务解析"引出任务中的基本知识点；通过"能力储备"使学生掌握这些知识点应知应会的基本知识；"能力拓展"则是针对部分能力较强的学生而设立的，由授课教师自行掌握。

5. 所需学时

建议 8 学时，由授课教师按照教学进度自行掌握。

子任务1　计算机网络的规划

2.1.1　任务场景

某生产企业积极响应国家号召，为适应未来工业发展的需要，准备投资将原有的企业内网升级为工业互联网。项目建设参考《工业互联网体系架构（版本 1.0）》进行项目论证，以原有的计算机网络为基础，按照技术特性将网络划分为计算机网络（IT 网络）、物联网

（OT 网络）、云计算等项目模块，并为《工业互联网体系架构（版本 2.0)》的体系架构预留相应的接口，方便 5G、边缘计算等新一代信息技术的接入，实现工业互联网的建设需求。本子任务重点为规划 IT 网络。

2.1.2 任务解析

工业互联网的内涵核心是"工业"+"互联网"。"工业"是基本对象，是综合利用物联网实现操作技术（OT）的集成；"互联网"是关键手段，是综合利用数据通信、云计算、大数据等技术，实现信息技术（IT）与通信技术（CT）的集成。

工业互联网基础架构是计算机网络的延伸，工业互联网所涉及的云计算、边缘计算等技术也都是计算机网络技术的延伸，计算系统、数据平台是依靠计算机网络而部署的服务系统，而信息安全是为了保障计算机网络健康、有序的运行，区块链、工业人工智能、数字孪生等技术是大数据、云计算、边缘计算等技术相结合产生的信息技术。

构建工业互联网的目的是共享工业生产全流程的各种要素资源，使其数字化、网络化、自动化、智能化，从而实现工业化的智能制造，提升效率和降低成本。

2.1.3 能力储备

1. 计算机网络基础知识

（1）定义　计算机网络（Computer Network）简称网络，是利用通信设备和介质将不同地理位置的、功能独立的多个计算机连接起来，使用功能完善的网络软件，实现网络的硬件、软件及资源共享和数据通信的目的。简单来说，即连接两台或多台计算机进行通信的系统。网络中的计算机和通信设备，通常被称为节点。

计算机网络包含以下几个方面的含义：

1）从逻辑功能上看，计算机网络是以资源共享和数据通信为目的，用通信线路将多个计算机连接起来的计算机系统的集合。一个计算机网络的组成包括计算机、传输介质、通信设备、通信协议等要素。

2）从整体上来看，计算机网络就是把分布在不同地理区域的计算机与专门的外部设备用通信线路互连成一个规模大、功能强的系统，从而使众多的计算机可以方便地实现资源共享和数据通信的目的。简单来说，计算机网络就是由通信线路互相连接的、许多自主工作的计算机构成的集合体。

3）从用户角度看，存在着一个能为用户自动管理的网络操作系统，由它调用完成用户所调用的资源，而整个网络像一个大的计算机系统一样，对用户是透明的，延伸就是云计算的初级含义。

（2）计算机网络的构成　计算机网络技术本质上是计算机技术与通信技术相结合的产物，如图 2-1 所示，提供资源共享和数据通信两大基本功能。

为了完成这两个功能，它的组成从逻辑结构上可以分成两部分，即资源子网和通信子网，如图 2-2 所示。

1）通信子网是网络的内层，是网络的重要组成部分，负责为资源子网提供数据通信服务，如图 2-2 中的 CCP 为通信处理系统。通信子网由通信线路（即传输介质）、通信设备（如网络接口设备、通信控制处理机、网桥、路由器、交换机、网关、调制解调器和卫星地面接收站等）、网络通信协议和通信控制软件等要素构成。

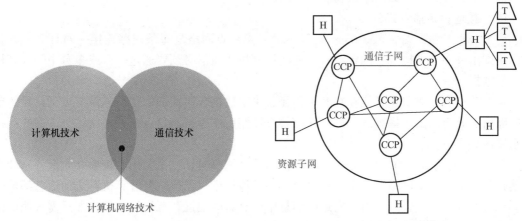

图 2-1　计算机网络技术本质　　　　　图 2-2　计算机网络逻辑结构

2）资源子网是网络的外层，建立在通信子网的基础上，是数据资源的生产者和拥有者，向网络用户提供各种网络资源和网络服务，如图 2-2 中的 H 为主计算机，T 为终端。资源子网拥有所有的共享资源及所有的数据，主要包括网络中所有的计算机、I/O 设备和终端、各种网络应用协议、网络软件和数据库等。

综上所述，通信子网与资源子网相互独立又相辅相成，没有通信子网，网络不能工作，而没有资源子网，通信子网的传输也失去了意义，两者合起来组成了计算机网络。

2. 计算机网络的分类

计算机网络的分类方法有很多，主要从地理范围、通信传播方式和拓扑结构三个方面对计算机网络进行分类。

（1）按地理范围分类

1）局域网（LAN）：传统上是指范围在 10km 内，由办公楼群或校园内的计算机相互连接所构成的计算机网络。局域网被广泛应用于连接校园、工厂以及单位的个人计算机或工作站，以利于个人计算机或工作站之间共享资源（如打印机）和数据通信。

随着应用需求的发展，局域网覆盖范围进一步扩大，又被赋予了新的内涵。目前的局域网最新定义为属于某个组织机构的私有网络，为该组织服务，而使用该网络用户的身份是该组织的成员，由该组织注册和授权使用的，如国家税务局使用的金税网。

2）城域网（MAN）：通常是分布范围介于局域网和广域网之间的一种高速网络，范围为 10 ~ 100km，主要覆盖某个城市范围内的公用网络。城域网满足城市范围内的大量企业、机关、学校等多个局域网互连的需求，其目的是在一个较大的地理区域内提供数据、声音和图像的传输。

3）广域网（WAN）：也称为远程网，通常的地理范围可达数百至数千千米，可覆盖一个国家或几个州，形成国际性的远程网络，是互联网的核心部分，其任务是实现远距离或超远距离的数据通信。

随着应用需求的发展，广域网范围基本上可以覆盖全球，即俗称的互联网。目前的互联网不属于某个组织机构、国家的公有网络，由无数个局域网、城域网所组成，而这些局域网、城域网，在互联网上通常被称为节点。使用互联网的用户身份是随机的，特别需要身份认定的网络服务除外，如网络购物所使用的网络。

（2）按通信传播方式分类

1）点对点网络（Point-to-Point Networks）：点对点网络是每条线路连接一对计算机，整个网络则由许多节点构成，两台没有直连的计算机要通信必须要通过一台或多台中间计算机来转发数据。

从源节点到目的节点可能存在多条路径，决定数据分组从通信子网的源节点到达目的节点的路由需要有路由选择算法，采用存储转发和路由选择机制是点对点式网络与广播式网络的重要区分之一。

2）广播式网络（Broadcast Networks）：广播式网络是用一个公用的传播介质把各个计算机连接起来的网络，网络上所有的计算机都共享该信道，任何一台计算机发送的信息都可以被其他所有计算机接收到，由于发送的信息中带有目的地址和源地址，接收方只需按地址接收即可。广播式网络适用于局域网。

（3）按拓扑结构分类　　"拓扑"这个名词源于几何学，网络拓扑结构指的是网络中各个节点相互连接的形式，同时也是用来反映网络中各实体的结构关系，是构建计算机网络的第一步，也是实现各种网络协议的基础。它对网络的性能、系统的可靠性与通信费用都有重大影响。

在选择网络拓扑结构时，应该考虑的主要因素有下列几点：

1）可靠性：尽可能提高可靠性，保证所有数据都能被准确接收，同时还要考虑系统的可维护性，使故障检测和故障隔离较为方便。

2）成本：组建网络时，需考虑适合的建设成本和运维成本。

3）灵活性：需要考虑系统在今后扩容或升级时，能方便地增加或删除节点。

4）响应时间和吞吐量：要为用户提供尽可能短的响应时间和最大的吞吐量。

常见的网络拓扑结构如下：

1）总线型拓扑：所有节点均采用一个公共传输介质，该公共传输介质即称为总线，一次只能有一个节点以广播的方式传输信号，接收方只需按地址接收即可。总线型拓扑结构如图 2-3 所示。

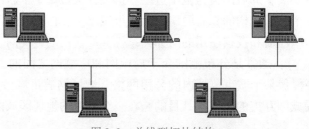

图 2-3　总线型拓扑结构

总线型拓扑结构的优点：所需要的电缆数量少；结构简单，无源工作，有较高的可靠性；易于扩充，增加或减少用户比较方便。

总线型拓扑结构的缺点：传输距离有限，通信范围受到限制；故障诊断和隔离较困难；类似于串联电路，因此某个节点出现故障就会引发全网瘫痪。

2）星形拓扑：各节点通过点到点通信链路连接到中央节点，中央节点往往是一个集线器或交换机，中央节点执行集中式通信控制策略，因此中央节点相当复杂，而各个站点的通信处理负担都很小。星形拓扑结构如图2-4所示。随着技术的发展，星形拓扑结构成为当今局域网的主流技术。

星形拓扑结构的优点如下：

① 控制简单：在星形网络中任何一节点只和中央节点相连接，因而介质访问控制方法很简单，从而访问协议也十分简单，易于网络的控制和管理。

② 故障诊断和隔离容易：星形拓扑结构类似于并联电路，因此，在星形网络中，单个节点的故障只影响该节点工作，不会影响全网工作。中央节点对连接线路可以逐一地隔离，方便进行故障检测和定位。

③ 方便服务：中央节点可方便地对各个站点提供服务和重新配置网络。

星形拓扑结构的缺点如下：

① 相对于总线型拓扑结构，星形拓扑结构连接电缆长度和安装工作量可观，运维工作量大。

② 中央节点的负担较重，易形成"瓶颈"，一旦中央节点发生故障就会造成全网瘫痪，因此，中央节点建设费用高。

3）环形拓扑：环形拓扑在某种程度上是总线型的变种，网络由节点和连接节点的链路组成一个闭合环，每个节点能够链接从一条链路传来的分组数据，并以同样的速率串行地把该数据沿环送到另一条链路上，这种活动链路可以是单向的，也可以是双向的，如图2-5所示。

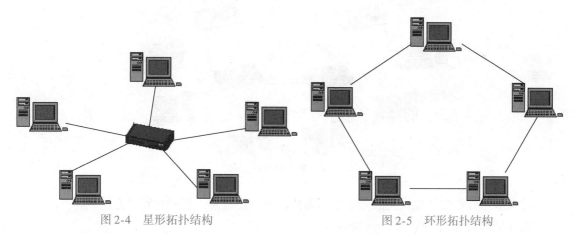

图2-4　星形拓扑结构　　　　　　　　图2-5　环形拓扑结构

环形拓扑结构的优点如下：

① 电缆长度短：环形拓扑网络所需的电缆长度和总线拓扑网络相似，但比星形拓扑网络要短很多。

② 可使用光纤：光纤的带宽容量大，十分适合环形拓扑的单方向传输。

环形拓扑结构的缺点如下：

① 同总线型拓扑结构一样，单节点的故障会引起全网瘫痪。

② 环上节点的加入和撤出过程较复杂。

③ 环形拓扑结构的介质访问控制协议都采用令牌传递的方式，在低负载时，信道利用率相对来说就比较低。

4）树形拓扑：可以看成是总线型和星形拓扑的扩展，形状像一棵树，顶端是树根，树根以下带分支，每个分支还可再带子分支，树根接收各站点发送的数据，然后再用广播的形式发送到全网。树形拓扑结构如图 2-6 所示。

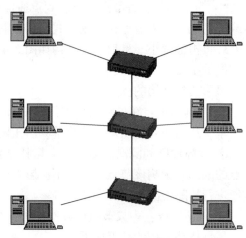

树形拓扑结构的优点：易于扩展，这种结构可以延伸出很多分支和子分支，这些新节点和新分支都能容易地加入内网；故障隔离较容易。

树形拓扑结构的缺点：与总线型拓扑类似，各个节点对根的依赖性太大，如果根发生故障，则全网不能正常工作。

图 2-6 树形拓扑结构

5）混合型拓扑：将环形和树形两种单一拓扑结构混合起来，取两者的优点构成的拓扑称为混合型拓扑结构，如图 2-7 所示。

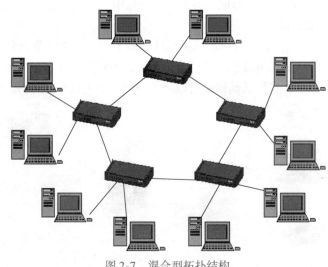

图 2-7 混合型拓扑结构

混合型拓扑结构的优点：故障诊断和隔离较为方便；易于扩展；安装方便。

混合型拓扑结构的缺点：需要选用带智能的集中器或交换机；像星形拓扑结构一样，集中器或交换机到各个站点的电缆安装长度会增加。

6）网形拓扑：这种结构在广域网中得到了广泛的应用，如图 2-8 所示。它的优点是不受瓶颈问题和失效问题的影响，由于节点之间有许多条路径相连，可以为数据流的传输选择适合的路由，从而绕过失效的部件或过忙的节点，可

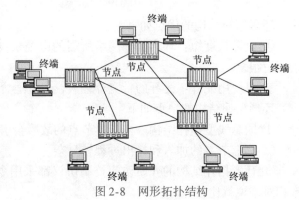

图 2-8 网形拓扑结构

靠性高。它的缺点是比较复杂，成本也比较高，能提供上述功能的网络协议也较复杂。

3. 计算机网络的演变

1946 年世界上第一台电子数字计算机 ENIAC 诞生时，计算机技术与通信技术并没有直接的联系。20 世纪 50 年代初，美国为了自身的安全，在美国本土北部和加拿大境内，建立了一个半自动地面防空系统，简称 SAGE 系统，译成中文叫作赛其系统。其工作机制如下：

1）在赛其系统中，美国在加拿大边境带设立了警戒雷达，在北美防空司令部的信息处理中心有数台大型数字电子计算机。

2）当警戒雷达发现目标时，会将目标的方位、距离和高度等信息通过雷达录取设备自动录取下来，并转换成二进制的数字信号。

3）信号通过数据通信设备将它传送到北美防空司令部的信息处理中心。

4）大型计算机自动地接收这些信息，并经过加工处理计算出飞机的飞行航向、飞行速度和飞行的瞬时位置，还可以判别出是否是入侵的敌机，并将这些信息迅速传到空军和高炮部队，使它们有足够的时间做战斗准备。

综上所述，这种以单台计算机为中心的联机终端系统称为面向终端联机网络，即"主机—终端"模式。该模式将计算机与通信设备结合使用在人类的历史上还是首次，因此也可以说是一种创新。没有计算机与通信技术相结合的尝试，也就不会有现在这样先进的计算机网络。

（1）以数据通信为主的第一代计算机网络　随着联机的终端数增多，面向终端联机网络存在两个明显的缺点如下：

1）在每个终端和主机之间都有一条专用的通信线路，线路的利用率比较低。

2）主机负担较重。

20 世纪 50 年代末，为了减轻承担数据处理的中心计算机（主机）的负担，在通信线路和中心计算机之间设置了一个前端处理机，专门负责中心计算机与终端之间的通信控制，中心计算机则专门负责数据处理，从而体现了通信控制和数据处理的分工，更好地发挥了中心计算机的数据处理能力，如图 2-9 所示。

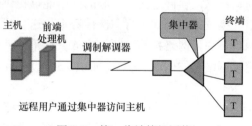

图 2-9　第一代计算机网络

典型案例是美国航空公司与 IBM 公司在 20 世纪 60 年代初投入使用的联机售票系统。此外，美国通用电气公司（GE）的信息服务系统是当时世界上最大的商用处理网络，其地理范围从美国本土延伸至欧洲、澳大利亚、日本，各终端设备连接到分布于世界上 23 个地点的 75 个远程集中器。

（2）以资源共享为主第二代计算机网络　从 20 世纪 60 年代中期开始，在计算机通信网的基础上，完成了计算机体系结构与协议的研究，可以将分散在不同地点的计算机通过通信设备互连在一起，相互共享资源，开创了"计算机-计算机"网络通信时代。

1969 年，美国国防部高级研究计划署开发并部署了世界上第一个以资源共享为主的计算机网络——ARPANET，标志着计算机网络的兴起。

以 ARPANET 为代表的第二代计算机网络具有以下特点：

1）采用分组交换的方法。

2）采用了层次结构的网络体系结构。

3）整个网络分为资源子网和通信子网。

（3）体系结构标准化的第三代计算机网络　计算机网络是非常复杂的系统，计算机与计算机之间相互通信涉及许多复杂的技术问题，为了实现计算机网络通信，采用了分层解决网络技术问题的方法。但是，由于一些大的计算机公司已经开展了计算机网络研究与产品开发工作，提出了各自的分层体系和网络协议，如 IBM 公司的 SNA、施乐公司的以太网、苹果公司的 AppleTalk 等，各网络之间很难实现互连。

1984 年，ISO 正式颁布了一个称为"开放系统互连基本参考模型"（OSI 模型），同期也出现了 TCP/IP。

TCP/IP 成为 ARPANET 上的标准协议，使得所有使用 TCP/IP 的计算机都能利用互连的网络相互通信，由此推进了第三代计算机网络——Internet（互联网）的诞生。

第三代计算机网络是开放式的国际标准化计算机网络，互联网在世界范围内得到了广泛应用，并向高速、智能的方向发展。这个阶段解决了计算机网络间互连标准化的问题，要求各个网络具有统一的网络体系结构，并遵循国际开发式标准，以实现"网与网互连，异构网互连"。

（4）以互联网为核心的第四代计算机网络　1993 年，美国政府公布了国家信息基础设施行动计划，即信息高速公路计划，并将其逐渐商用，计算机网络应用得到了迅猛发展，各种类型的网络全面互连，并向宽带化、高速化、智能化方向发展，形成了以互联网为核心的第四代计算机网络。

（5）以软件定义为核心的下一代网络技术　下一代网络技术最大的特点是以软件定义为核心，它提供包括电信业务在内的"三网合一"，三网指的是电信网、有线电视网和数据通信网。以软件定义为核心的网络能够提供包括语音、数据、视频等多种业务，采用基于分组交换技术的模式进行一次性数据传送，代表了网络技术的发展方向。

下一代网络技术包括：IPv6、光纤高速传输、交换与智能光网、宽带接入、SDN（软件定义网络）、3G 和后 3G（如 4G/5G）移动通信系统等技术。

2.1.4　能力拓展

2010 年之后，以互联网为根基的云计算，得到了快速的发展与普及，云计算以前所未有的工作方式与服务模式，彻底改变了传统的信息技术。

1. 云计算的定义

云计算内涵的核心是"云" +"计算资源"的组合："云"是网络、互联网、专用网络等的一种比喻说法，过去在网络拓扑图中往往用云来表示电信网，后来也用来表示互联网和底层基础设施；而"计算资源"指的是计算机资源的集合。

美国国家标准与技术研究院（NIST）定义：云计算（Cloud Computing）是一种按使用量付费的模式，这种模式提供可用的、便捷的、按需的网络访问，进入可配置的计算资源共享池（资源包括网络、服务器、存储、应用软件和服务），这些资源能够被快速提供，只需投入很少的管理工作，或与服务供应商进行很少的交互。

云计算其本质是提供一种服务模型，实质上是建立在计算机技术、通信技术、虚拟化技术、存储技术、集群技术等基础上的一个综合性的应用模式，是一种新型的 IT 服务模式，是计算机网络的延伸。通俗地理解云计算就是使用互联网上的虚拟机来进行特定的计算服务，而这种服务是需要付费的，付费多少取决于用户计算量所需耗费的 CPU、内存、存储等资源。

2. 云计算部署模式

云计算部署模式按应用层面和运营者分为私有云计算、公有云计算、混合云计算。其特点如下：

1）私有云计算：一般由一个组织来使用的云计算，同时由这个组织来运营，云的使用者均为该组织的内部成员，类似于计算机局域网的概念。

特点：私有云归某个组织所有，为该组织服务，使用者必须为该组织的成员，例如，某商业银行的金融云，由这家银行负责建设与运营，储户不能随便在网上注册，必须到柜台开户，方可享用该银行的金融服务，而且这个储户账号不能与另外一家银行共享使用。

2）公有云计算：一般由一个或几个组织运营的云计算，云的使用者可能是普通的大众，就如公用电话网一样，电信运营商去运营这个网络，也就是说，使用者和运营者是分开的实体，这就是公有云，类似于广域网的概念，例如阿里云、亚马逊云、腾讯云等。

特点：公有云归某个组织所有，为公众服务，使用者必须为该组织的授权用户，不一定是该组织的成员。例如电子邮箱，用户随便在网上注册，无须到柜台开户，即可使用。

3）混合云计算：它强调基础设施是由两种或更多的云来组成的，但对外呈现的是一个完整的实体。企业正常运营时，把重要数据保存在自己的私有云，把不重要的信息放到公有云，两种云组合形成一个整体，就是混合云。

特点：这种部署模式强调的是内部服务和外部服务相分离，内部具有审核机制等重要权限，外部服务需要提交相关信息，如阿里云，对外接受用户注册，但需要审核实名制或者相关的认证信息等进行身份绑定，对内需要相关的审核机制，可以统一地调度这些资源，这样就构成了一个混合云。

3. 云计算的服务模式

云计算的服务模式不断进化，但业内普遍接受将云计算按照服务的提供方式分为以下三大类：

（1）IaaS（Infrastructure as a Service，基础设施即服务）　IaaS 指的是把基础设施以服务形式提供给最终用户使用，即把厂商的由多台服务器组成的"云端"基础设施，作为计量服务提供给用户。它将内存、I/O 设备、存储和计算能力整合成一个虚拟的资源池为整个业界提供所需要的存储资源和虚拟化服务器等服务。IaaS 的优点是用户只需低成本硬件，按需租用相应计算能力和存储能力，大大降低了用户在硬件上的开销。

IaaS 是一种托管型硬件方式，用户付费使用厂商的硬件设施，包括计算、存储、网络和其他的计算资源，用户能够部署和运行任意软件，包括操作系统和应用程序。很多云计算服务提供商均提供该项服务，市场份额占有率高。例如 IDC 托管、虚拟机出租、网盘等。

（2）PaaS（Platform as a Service，平台即服务） PaaS 指的是把二次开发的平台以服务形式提供给最终用户使用，用户不需要管理或控制底层的云计算基础设施，但能控制和部署应用程序开发平台，是把开发环境作为一种服务来提供。这是一种分布式平台服务，厂商提供开发环境、服务器平台、硬件资源等服务给用户，用户在平台基础上定制开发自己的应用程序，并通过其服务器和互联网传递给其他用户。

PaaS 能够给企业或个人提供研发的中间件平台，提供应用程序开发、数据库、应用服务器、试验、托管及应用服务，如微软的 Visual Studio 开发平台。由于该项服务需要用户具有较强的开发能力，目前市场状况比较尴尬。

（3）SaaS（Software as a Service，软件即服务） SaaS 提供给消费者的服务是运行在云计算基础设施上的应用程序，SaaS 服务提供商将应用软件统一部署在自己的服务器上，用户根据需求通过互联网向厂商订购应用软件服务，服务提供商根据客户所定软件的数量、时间的长短等因素收费，并且通过浏览器向用户提供软件的模式。

这种服务模式的优势是，由服务提供商维护和管理软件、提供软件运行的硬件设施，用户只需拥有能够接入互联网的终端，即可随时随地使用软件。用户不再像传统模式那样花费大量资金在硬件、软件和维护上，只需要支出一定的租赁服务费用，通过互联网就可以享受到相应的硬件、软件和维护服务。对于小型企业来说，SaaS 是采用先进技术的最好途径，例如企业办公系统、客户关系管理（Customer Relationship Management，CRM）系统等。

子任务 2 物联网建设规划

2.2.1 任务场景

某生产企业积极响应国家号召，为适应未来工业发展的需要，准备投资将原有的企业内网升级为工业互联网。按照技术特性流程将网络划分为计算机网络（IT 网络）、物联网（OT 网络）、云计算等的项目模块。本次子任务的重点是规划 OT 网络。

为适应未来工业发展的需要，准备投资将原有的工业自控设备进行连网，项目建设参考《工业互联网体系架构（版本 1.0）》，按照工作流程将车间现场基础建设划分为 OT 网络、边缘计算系统等项目模块，为《工业互联网体系架构（版本 2.0）》的体系架构预留相应的接口，方便区块链、工业人工智能、数字孪生等新一代信息技术的接入，实现工业互联网的建设需求。

2.2.2 任务解析

OT 就是操作技术，可以把它理解为工厂车间里面的那些工业环境和设备，包括机械臂、传感器、仪器仪表、监控系统、控制系统等。在工业生产中，各种机器、设备组和设施通过传感器、嵌入式控制器和应用系统与网络连接，构建形成基于"云—网—端"的新型复杂体系架构。

OT 网络实质上就是物联网，即"万物相连的互联网"，是在互联网基础上延伸和扩展的网络。物联网是将各种信息传感设备与互联网结合起来而形成的一个巨大网络，实现在任何时间、任何地点的人、机、物、料等生产要素的互连互通。

边缘计算中的边缘是指物联网靠近用户侧的计算和存储资源，包括但不限于嵌入式系统；边缘计算则是利用这些资源在网络边缘为用户提供服务的技术，使各种应用可以在数据源附近处理数据。

2.2.3　能力储备

1. 物联网的基础知识

物联网（The Internet of Things，IoT）是通过射频识别器、红外感应器、全球定位系统、激光扫描器等信息传感设备，按约定的协议，把任何物品与互联网相连接，进行信息交换和通信，以实现对物品的智能化识别、定位、跟踪、监控和管理的一种网络，实现物与物、物与人的泛在连接，实现对物品和过程的智能化感知、识别和管理。

物联网在本质上由"物"＋"联网"组成。"物"泛指安装了控制元器件、能够被识别的物体；"联网"泛指基于互联网、传统电信网等通信基础设施的网络，通过"联网"使得这些"物"的信息得以被传输、被识别。

1）物：通过给物体增加或安装处理器、传感器、动作器等控制元器件，采集其声、光、热、电、力学、化学、生物、位置等各种需要的信息，使人们能够感知物体。

2）联网：智能终端通过传输介质实现互连互通，用户端通过"联网"，进行"物"的数据传输，由应用服务器进行汇总"物"的数据，查询"物"的数据。

互联网是人与人之间的信息交互，而物联网则是物与物、人与物之间的信息交互，其基本特征可概括为以下几方面：

1）整体感知：可以利用射频识别、二维码、智能传感器等感知设备获取物体的各类信息。

2）可靠传输：通过对互联网、无线网络的融合，将物体的信息实时、准确地传送出去，以便进行信息交流与分享。

3）智能处理：使用各种智能技术，对感知和传送到的数据、信息进行分析处理，实现监测与控制的智能化。

根据物联网的以上特征，结合信息科学的观点，围绕信息的流动过程，可以归纳出物联网的功能：

1）获取信息的功能：主要是信息的感知与识别。

① 信息的感知是指对事物属性状态及其变化方式的感知。

② 信息的识别指能把所感知到的事物状态用一定方式表示出来。

2）传送信息的功能：主要指信息发送、传输、接收等环节，最后把获取的事物状态信息及其变化的方式从时间（或空间）上的一点传送到另一点，这就是常说的通信过程。

3）处理信息的功能：是指信息的加工过程，利用已有的信息或感知的信息产生新的信息，实际是制定决策的过程。

4）施效信息的功能：指信息最终发挥效用的过程，比较重要的是通过调节对象事物的状态及其变换方式，始终使对象处于预先设计的状态。

2. 物联网关键技术

（1）射频识别技术 谈到物联网，就不得不提到物联网发展中备受关注的射频识别技术（Radio Frequency Identification，RFID）。RFID 是一种简单的无线识别系统，能够让事物"开口说话"，这就赋予了物联网一个可跟踪的特性，让人们可以随时掌握事物的准确信息。

1）RFID 的工作机制：RFID 是一种无线识别系统，同时也是一种通信技术，由一个询问器（或阅读器）和很多应答器（或标签）组成，如身份证识别。

① 标签由耦合元件及芯片组成，每个标签具有扩展词条唯一的电子编码，附着在物体上标识目标对象，它通过天线将射频信息传递给阅读器。

② 阅读器就是读取信息的设备，通过阅读器来读取标签信息。

RFID 技术可通过无线电信号识别特定目标并读/写相关数据，而无须识别系统与特定目标之间建立机械或光学接触，这种非接触识别特性使其在自动识别、物品物流管理有着广阔的应用前景。

2）RFID 的优势如下：

① RFID 的载体一般都要具有防水、防磁、耐高温等特点，保证射频识别技术在应用时具有稳定性。

② RFID 在实时更新资料、存储信息量、使用寿命、工作效率、密码保护、不易被伪造、安全性等方面都具有优势。

3）RFID 的不足如下：

① 成本高，RFID 电子标签相对于普通条码标签价格较高，为普通条码标签的几十倍，如果使用量大的话，就会造成成本太高，在很大程度上降低了市场使用 RFID 技术的积极性。

② RFID 电子标签信息较容易被非法读取和恶意篡改。

③ 技术标准不统一。

（2）传感器技术 传感器是一种检测装置，能感知到被测量的信息，并能将感知到的信息，按一定规律变换成为电信号或其他所需形式的信息输出，以满足信息的传输、处理、存储、显示、记录和控制等要求。

传感器的存在和发展，让物体有了触觉、味觉和嗅觉等感知能力，让物体慢慢变得有活力。通常根据其基本感知功能分为热敏元件、光敏元件、气敏元件、力敏元件、磁敏元件、湿敏元件、声敏元件、放射线敏感元件、色敏元件和味敏元件十大类。

传感器一般由敏感元件、转换元件、变换电路和辅助电源四部分组成，如图 2-10 所示。

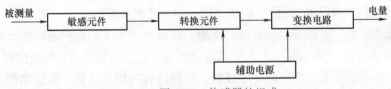

图 2-10　传感器的组成

传感器的工作过程如下：

1）敏感元件直接感知到相关测量信息，并输出与测量信息有关的物理量信号。

2）转换元件将敏感元件输出的物理量信号转换为电信号。

3）变换电路负责对转换元件输出的电信号进行放大调制。

4）转换元件和变换电路一般还需要辅助电源供电。

传感器的特点包括微型化、数字化、智能化、多功能化、系统化、网络化等，它是实现自动检测和自动控制的首要环节。

（3）嵌入式系统　嵌入式系统是一种专用的计算机系统，是集计算机软/硬件、传感器技术、集成电路技术、电子应用技术为一体的复杂技术，被带有数字接口的设备，如手表、微波炉、摄像机、汽车等广泛使用。大多数嵌入式系统都是由单独程序实现整个控制逻辑，少量的嵌入式系统还包含操作系统。

如果把物联网用人体做个简单比喻，传感器相当于人的眼睛、鼻子、皮肤等感知器官；通信网络就是人的神经系统，用来传递信息；嵌入式系统则是人的脑细胞，在接收到信息后要进行分类处理。

通常，绝大多数嵌入式系统是用户针对特定任务而定制的，类似于微型计算机系统，控制程序存储在 ROM 中的嵌入式处理器控制板中。嵌入式系统一般由下面几个模块组成：

1）以通用处理器为中心的协议处理模块，用于网络控制协议的处理。

2）以数字信号处理器（DSP）为中心的信号处理模块，用于调制、解调和数/模信号转换。

嵌入式系统的核心部件是各种类型的嵌入式处理器。据不完全统计，当前全世界嵌入式处理器的品种总量已经有 1000 多种，流行体系结构有 30 多种系列。由于嵌入式系统设计的差异性极大，因此选择是多样化的。

（4）体系架构　物联网典型的体系架构分为三层，自下而上分别是感知层、网络层和应用层。

1）感知层：实现物联网全面感知的核心能力，主要由 RFID 和各种传感器组成，是物联网中关键技术、标准化、产业化等方面亟须突破的部分。感知层关键在于具备更精确、更全面的感知能力，并解决低功耗、小型化和低成本问题。

2）网络层：以广泛覆盖的通信网络作为基础设施，主要由光/电等有线通信网、WIFI/移动通信等无线通信网组成，是物联网中标准化程度最高、产业化能力最强、最成熟的部分。网络层关键在于为物联网应用特征进行优化改造，形成数据高速传输的网络。

3）应用层：提供丰富的应用，将物联网技术与行业信息化需求相结合，实现泛在智能化的应用解决方案。应用层关键在于行业融合、信息资源的开发利用、低成本高质量的解决方案、信息安全的保障及有效的商业模式开发。

3. 物联网的演变

（1）起源　物联网最早可以追溯到 1990 年施乐公司的网络可乐贩售机。
1999 年，麻省理工学院自动识别实验室的负责人凯文·阿什顿在给宝洁公司高管的演示中提到了"物联网"，提出了结合物品编码、RFID 和互联网技术的解决方案。

（2）发展　2003 年，美国《技术评论》提出传感网络技术将是未来改变人们生活的十大技术之首。

2004 年，"物联网"这个术语开始出现在各种书名中，并在媒体上传播。

2005 年 11 月 17 日，在突尼斯举行的信息社会世界峰会（WSIS）上，国际电信联盟（ITU）发布《ITU 互联网报告 2005：物联网》，引用了"物联网"的概念。此时的物联网定义和范围已经发生了变化，覆盖范围有了较大的拓展，不再只是指基于 RFID 技术的物联网。

2007 年，第一部 iPhone 手机出现，它为公众提供了一种与世界和联网设备互动的全新方式。

（3）壮大　2008 年，第一届国际物联网大会在瑞士苏黎世举行，正是这一年，物联网设备数量首次超过了地球上人口的数量。

2009 年 2 月 24 日，IBM 大中华区公布了名为"智慧地球"的最新策略，此概念一经提出，即得到美国各界的高度关注，甚至有分析认为 IBM 公司的这一构想极有可能上升至美国的国家战略，并在世界范围内引起轰动。

2.2.4　能力拓展

物联网是实现行业数字化转型的重要手段，必将催生新的产业生态和商业模式。而借助于边缘计算可以提升物联网的智能化，促使物联网在各个垂直行业落地生根。

1. 边缘计算的基础知识

（1）定义　边缘计算中的边缘是指物联网靠近用户侧的计算和存储资源，包括但不限于嵌入式系统。边缘计算就是利用这些资源在网络边缘为用户提供服务的技术，使各种应用可以在数据源附近处理数据。

（2）优势　边缘计算是在高带宽、时间敏感型、物联网集成这个背景下发展起来的技术，其本意是涵盖那些"贴近用户与数据源的 IT 资源"，表现出与 IT 融合的一种趋势，特别适合具有低时延、高带宽、高可靠、海量连接、异构汇聚和本地安全隐私保护等特殊需求的应用场景。

（3）边缘计算架构　边缘计算是一种分布式计算的架构，将应用程序、数据资料与服务的运算，由网络中心节点推移至网络逻辑上的边缘节点来处理，将原本完全由中心节点处理的大型服务加以分解，切割成更小与更容易管理的部分，分散到边缘节点去处理。边缘计算架构如图 2-11 所示。

如果从仿生学的角度来理解边缘计算，可以做这样的类比，云计算相当于人的大脑，边缘计算相当于人的神经末端。当针刺到手时总是下意识的收手，然后大脑才会意识到针刺到了手，因为将手收回的过程是由神经末端直接处理的非条件反射。这种非条件反射加快人的反应速度，避免受到更大的

图 2-11　边缘计算架构

伤害，同时让大脑专注于处理高级智慧。我们不可能让云计算成为每个设备的"大脑"，而

边缘计算就是让设备拥有自己的"大脑"。

2. 边缘计算与 OT

边缘计算起源于传媒领域，是指在靠近物或数据源头的一侧，采用网络、计算、存储、应用核心能力为一体的开放平台，就近提供服务。其应用程序在边缘侧发起，产生更快的网络服务响应，满足行业在实时业务、应用智能、安全与隐私保护等方面的基本需求，主要表现在以下几方面：

1）边缘计算更加靠近用户，还可为用户提供更快的响应，将需求在边缘端解决，大大提升了处理效率，减轻了云端的负荷。

2）边缘计算处于物理实体和工业连接之间，或处于物理实体顶端，用于资料分析与知识的产生的计算模式，更接近于数据资料的来源，因此更适合由物联网所产生的大数据处理。

3）IT 与 OT 事实上也是在相互渗透的，自动化厂商都已经开始在延伸其产品中的 IT 能力，包括博世、西门子、通用电气公司等这些大的厂商在信息化、数字化软件平台方面的积极融入，也包括了像贝加莱、罗克韦尔等都在提供基础的 IoT 集成、Web 技术的融合方面的产品与技术。

3. 边缘计算的优势

相比云计算，边缘计算可以更好地支持移动计算与物联网应用。边缘计算具有以下明显的优点：

1）边缘计算部署在网络边缘来处理大量临时数据，从而极大地缓解了网络带宽与云计算的压力。

2）边缘计算在靠近数据生产者处做数据处理，不需要通过网络请求云计算中心的响应，大大减少了系统延迟，增强了响应的实时性。

3）保护隐私数据，提升数据安全性。物联网应用中数据的安全性一直是关键问题，边缘计算模型为这类敏感数据提供了较好的隐私保护机制：一方面，用户的源数据在上传至云数据库之前，首先利用近数据端的边缘节点直接对数据源进行了处理，以实现对一些敏感数据的保护与隔离；另一方面，边缘节点与云数据库之间建立功能接口，可以显著地降低隐私泄露的风险。

4. 边缘计算与智能制造

工业机器人是边缘计算促进 IT 和 OT 深度融合的典型产物，是实现智能制造的基础。近几年，工业机器人在我国市场呈现蓬勃发展的趋势。

工业机器人的应用领域主要集中在汽车制造、3C 行业、物流、金属加工、塑料和化工等行业，机器人可以在工作环境恶劣，以及对自动化/执行精度和安全程度要求非常高的工作场景中完成搬运和上下料、装配和拆卸、焊接等。

工业机器人需要具备应对复杂的现场环境，并结合当前工作流程进行综合分析和判断的能力，以及与其他机器人协作完成复杂工作任务的能力。这些都需要机器人配备智能控制器以执行复杂的计算任务，而对于工厂中成百上千台机器人的应用场景，如果每台机器人都配备复杂的智能控制器，这将增加机器人的成本。此时，如果采用边缘技术，把工业机器人的智能控制器功能集中部署在生产车间的边缘节点，在保证时延的情况下还能实现集中控制，完成机器人之间的联动协同，可以大大降低工业机器人的开发、部署和维护成本。

工作任务3

工业互联网通信网络的规划

1. 任务简介

某生产企业信息部的工程师对新员工开展工业互联网基础架构规划的基础培训，将工业互联网基础架构规划为 IT 网络、OT 网络、CT 网络等模块，本次工作任务的重点是 CT 网络的规划。

信息部工程师对企业内部的通信网络进行测试，为项目扩容提供相关支持。测试结束后，结合"工作任务单 3"提交该公司光传输流程规划的文档。

2. 任务目的

1）知识目标：掌握通信相关的基本概念、分类、多路复用等基础知识。

2）能力目标：结合通信网络的相关知识，能够掌握光传输的工作场景，强化对光传输网的基本认知。

3）素质目标：通过本任务的学习，提高团队合作、沟通协调等能力，强化逻辑思维、主动学习等能力，深化对服务对象岗位应用的理解能力，提高知识的更新能力。

3. 任务成果

提交对该企业光传输流程规划的工作任务单。

4. 实施方案

建议授课教师模拟某生产企业信息部的工程师对通信网进行测试为工作场景，通过真实的"任务场景"使学生能够了解任务的应用场景；通过"任务解析"引出任务中的基本知识点；"能力储备"使学生掌握应知应会的基本知识；"能力拓展"则是针对部分能力较强的学生而设立的，由授课教师自行掌握。

5. 所需学时

建议 8 学时，由授课教师按照教学进度自行掌握。

子任务 1　选择数据通信

3.1.1　任务场景

某生产企业信息部工程师对企业内部的通信系统进行测试，测试的过程中，需要对现有的通信系统进行评估，通信系统测试所涉及的各项参数、通信的传输方式、交换技术、传输介质等要素，都作为通信系统评估及选择数据通信的依据。

3.1.2　任务解析

通信是指人与人或人与自然之间，通过某种行为或媒介进行的信息交流与传递，广义上指需要信息的双方或多方在不违背各自意愿的情况下采用任意方法、任意媒介，将信息从某一方准确、安全地传送到另一方，其目的是传输消息。

随着电波的出现，通信又被赋予了新的含义，称为现代通信技术。在各种各样的通信方式中，利用"电"来传递消息的通信方法称为电信（Telecommunication）。这种通信方法具有迅速、准确、可靠等特点，且几乎不受时间、地点、空间、距离的限制，因而得到了飞速发展和广泛应用。

数据通信是通信技术和计算机技术相结合而产生的一种新的通信方式。在两地间传输信息必须有传输信道，根据传输媒介的不同，分为有线数据通信与无线数据通信。两者是通过传输信道将数据终端与计算机联结起来的，从而使不同地点的数据终端之间实现软、硬件和信息资源的共享。

3.1.3　能力储备

数据通信起源于 20 世纪 50 年代末，是把数据的处理和传输合为一体，其本质是将信息通过计算机的处理，实现信息的数字化，再通过传输介质与通信设备进行传输，实现人与计算机、计算机与计算机之间的通信。这样不仅使各用户计算机的利用率大大提高，而且极大地扩展了计算机的应用范围，实现计算机软、硬件资源与数据资源的共享。

1. 基本概念

（1）信息　信息是人通过感知器官对现实世界事物存在方式或运动状态在主观意识中的某种感知与认知。

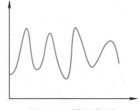

从哲学观点看，信息是一种带有普遍性的关系属性，是物质存在方式及其运动规律、特点的外在表现，是对客观世界发生变化的描述或报道。在现代通信中，信息是指通信双方约定的、特定的、专用的，需要通信系统传输和处理的对象。

（2）数据　数据是人对信息的某些属性规范化后的表现形式，文字、数字、图形和图像等在通信系统中传输时，通常采用传输编码进行传输。

（3）信号　信号是数据在通信过程中具体的物理表现形式。在通信系统中，一般使用电、光信号来传输数据。信号通常分为模拟信号和数字信号。

1）模拟信号是指信息参数在给定范围内表现为连续的信号，或在一段时间间隔内是连续的，代表信息的特征量可以在任意瞬间呈现为任意数值的信号，通常用连续变化的物理量来表达信息，如温度、湿度、压力、长度、电流、电压等。它在一定的时间范围内可以有无限多个不同的取值，用一系列连续变化的电磁波或电压信号来表示。模拟信号通常又称为连续信号，如图 3-1 所示。

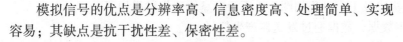

图 3-1　模拟信号

模拟信号的优点是分辨率高、信息密度高、处理简单、实现容易；其缺点是抗干扰性差、保密性差。

2）数字信号幅度的取值是离散的，幅值表示被限制，在有限个数值之内用一系列断续变化的电压脉冲或光脉冲来表示，如图 3-2 所示。

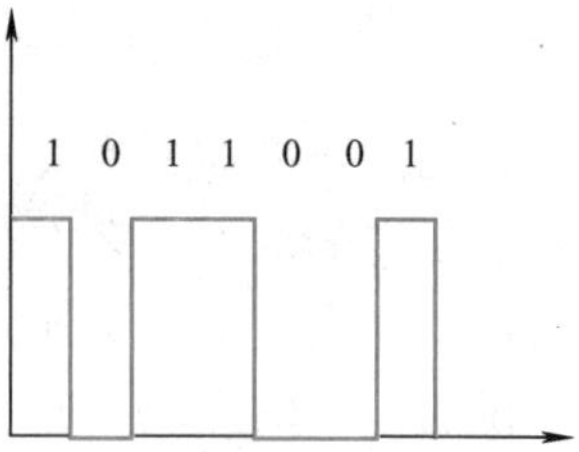

数字信号的优点是抗干扰能力强、保密性好，便于存储、处理和交换；其缺点是算法复杂，实现较为复杂。

下面通过具体例子来说明信息、数据、信号之间的关系。

人通过触觉感受客观世界的冷热变化，这就是信息；用温度这个概念来表示冷热变化，并通过摄氏度、华氏度等计量单位来量化温度，这样形成的记录就是数据；温度记录使用文字、语言等方式告知其他人，那么文字、语言就是信号。

图 3-2　数字信号

（4）信道　信道是传输信号的通道，在通信系统中，信道分为模拟信道和数字信道。

1）传输模拟信号的信道称为模拟信道。

2）数字信道是一种离散信道，它只能传送取离散值的数字信号。

在计算机网络中，信道分为物理信道和逻辑信道。

1）物理信道指用于传输数据信号的物理通路，它由传输介质与有关通信设备组成。

2）逻辑信道指在物理信道的基础上，发送与接收数据信号的双方通过中间节点所实现的逻辑通路。

（5）数据、信号与信道之间的关系　在通信过程中，结合实际需求，数据分为模拟数据、数字数据，信号通常按模拟信号或数字信号在信道上进行传输，而信道通常也分为模拟信道和数字信道。数据、信号与信道之间的传输关系如图 3-3 所示。

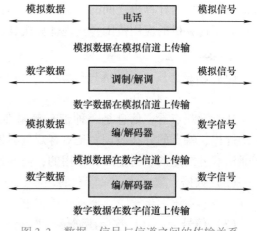

图 3-3　数据、信号与信道之间的传输关系

2. 数据通信系统

通信系统是用以完成信息传输过程的技术系统，而数据通信系统是通过数据电路将分布在远端的数据终端设备与计算机系统连接起来，实现数据传输、交换、存储和处理的系统。

（1）通信系统　通信系统一般由信源（包括发送端设备）、信宿（包括收接端设备）和信道（传输媒介）组成，信源、信宿和信道被称为通信的三要素。

1）通信中产生和发送信息的一端称为信源，是信息的发源地。

2）接收信息的一端称为信宿，是传输信息的归宿。

3）信道即传递信息的通道，是信源和信宿之间联系的纽带。

4）通信系统中外来的、影响通信的干扰信号称为噪声。

通信系统的本质是信息、数据、信号之间的转换、传递、接收的过程，可实现通信双方之间信息交换的目的。其构成及工作过程如图 3-4 所示。具体工作过程如下：

1）信息通过信源产生数据，数据通过发送器产生信号。

2）信号通过信道进行传输。

3）接收器负责解析信号还原数据。

4）信宿负责将数据还原为信息。

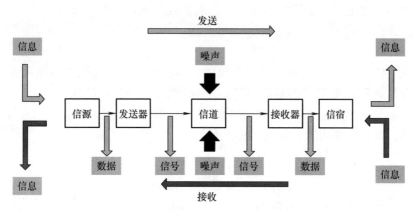

图 3-4 通信系统构成及工作过程

（2）数据通信系统的构成 数据通信系统是通过通信介质和传输设备完成计算机或数据终端之间的通信的系统。典型的数据通信系统主要由数据终端设备（DTE）、中央计算机系统、数据电路三个部分组成，如图 3-5 所示。

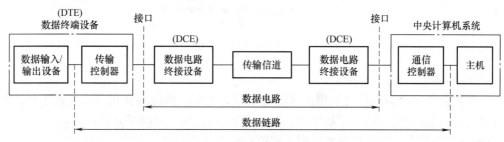

图 3-5 数据通信系统

1）数据终端设备（DTE）指产生数据的数据源或接收数据的数据宿，作用是完成数据的接收和发送，由数据输入/输出设备和传输控制器组成。

① 数据输入/输出设备是操作人员与终端之间的桥梁，它把人可以识别的信息变换成计算机可以处理的数据或者相反的过程。

② 传输控制器的作用是完成各种传输控制，如差错控制、终端的接续控制、确认控制、传输顺序控制和切断控制等。

2）数据电路位于数据终端设备和中央计算机系统之间，为数据通信提供一条传输通道，由数据电路终接设备（DCE）和传输信道组成。

① 数据电路终接设备是 DTE 与传输信道的接口设备。DCE 的主要作用是实现信号变换与编码/解码。当数据信号采用不同的传输方式时，DCE 的功能也有所不同，典型的 DCE 设备是调制解调器。在发送端，它将 DTE 发出的数据信号变换成适合信道传输要求的线路信号；在接收端进行相反的变换，将从信道上收到的线路信号还原成数据信号。

② 传输信道包括通信线路和通信设备。通信线路一般采用电缆、光缆、微波线路等；而通信设备可分为模拟通信设备和数字通信设备，从而使传输信道分为模拟传输信道和数字

传输信道。另外，传输信道中还包括交换网的连接或是专用线路的固定连接。

3）中央计算机系统处理从数据电路终接设备输入的数据信息，并将处理结果向相应数据终端设备输出，由主机、通信控制器（又称前置处理机）及外围设备组成。

① 主机又称中央处理机，由中央处理单元（CPU）、主存储器、输入/输出设备及其他外围设备组成，其功能是进行数据处理。

② 通信控制器是数据电路和计算机系统的接口，用于管理与数据终端相连接的所有通信线路，接收从远程 DTE 发来的数据信号，并向远程 DTE 发送数据信号。

数据通信系统的工作过程与通信系统的工作过程相比，信息、数据、信号等要素之间的转换更为具体，设备更为明晰，如图 3-6 所示。

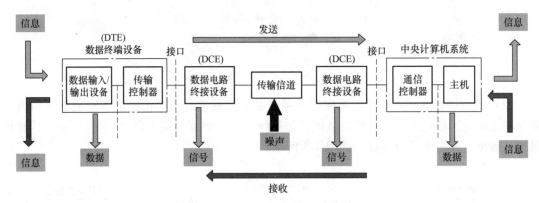

图 3-6　数据通信系统的工作过程

（3）模拟通信与数字通信

1）模拟通信：模拟通信是利用正弦波的幅度、频率、相位的变化，或者利用脉冲的幅度、宽度、位置的变化来模拟原始信号，以达到通信的目的，故称为模拟通信。

模拟通信的优点是直观且容易实现，但存在两个主要缺点：

① 保密性差，模拟通信尤其是微波通信和有线通信，很容易被窃听，只要收到模拟信号，就容易得到通信内容。

② 抗干扰能力弱，电信号在沿线路的传输过程中会受到外界的和通信系统内部的各种噪声干扰，噪声和信号混合后难以分开，从而使得通信质量下降。线路越长，噪声的积累也就越多。

2）数字通信：数字通信是用数字信号作为载体来传输消息，或者用数字信号对载波进行数字调制后再进行传输的通信方式。数字通信既可传输电报、数字数据等数字信号，也可传输经过数字化处理的语音和图像等模拟信号。数字通信的优点如下：

① 加强了通信的保密性，语音信号经模/数变换后，可以先进行加密处理，再进行传输，在接收端解密后再经数/模变换还原成模拟信号。

② 提高了抗干扰能力，尤其在中继时，数字信号可以再生，从而消除噪声的积累。

③ 可构建综合数字通信网，综合传递各种消息，使通信系统功能增强。

但数字通信也存在缺点，例如，占用频带较宽、技术要求复杂、进行模/数转换时会带来量化误差等。

3. 数据通信的评估指标

通信领域的学者一直在努力寻找提高数据传输速率的途径，这个问题很复杂，因为任何实际的信道都不是理想的，都不可能以任意高的速率进行传送。我们知道，数字通信的优点就是，虽然信号在信道上传输时会不可避免地产生失真，但在接收端只要从失真的波形中能够识别出原来的信号，那么这种失真对通信质量就没有影响。那么就需要对数据通信的质量进行评估，评估指标如下：

1）带宽：在模拟通信中也称为频宽，带宽用来标识传输信号所占有的频率宽度，这个宽度由传输信号的最高频率和最低频率决定，两者之差就是带宽值，因此又被称为信号带宽或者载频带宽，记为 W，单位为 Hz。

2）码元传输速率：在数字通信中，一个数字脉冲称为一个码元，码元传输速率也称为波特率，它表示单位时间内传输码元的数目，记为 B，单位是波特（Baud）。

定理一：在有限带宽、无噪声的理想低通信道中，最高码元传输速率与信道带宽之间的关系是 $B = 2W$，这就是著名的奈奎斯特准则。其中，B 的单位是波特（Baud），W 是理想低通信道的带宽，单位为 Hz。通俗理解为：理想低通信道中，带宽是 1Hz，最高码元传输速率是每秒 2 个码元。

例 3-1：线路带宽为 3000Hz，求线路的最高码元传输速率。

答：现已知 $W = 3000\text{Hz}$，则 $B = 2W = 2 \times 3000 = 6000$（Baud）。

3）数据传输速率：数据传输速率是单位时间内传送二进制比特的数量。它是衡量系统传输能力的主要指标，单位为 bit/s。数据传输速率常用的单位还有 kbit/s、Mbit/s、Gbit/s、Tbit/s，其中，1kbit/s = 1000bit/s，1Mbit/s = 1000kbit/s，1Gbit/s = 1000Mbit/s，1Tbit/s = 1000Gbit/s。

定理二：在有随机热噪声的信道上传输数据信号时，数据传输速率 C 与信道带宽 W、信噪比 S/N 的关系为 $C = W\log_2(1 + S/N)$。这就是著名的香农定律。其中，C 的单位为 bit/s，带宽 W 的单位为 Hz，S/N 是信号与噪声的功率之比，为无量纲单位。

S/N 通常情况下用 SNR 表示，SNR 使用 dB 作为计量单位，其含义为信号强度与噪声之间的关系，数值越大，抗干扰能力越强。S/N 与 SNR 之间的关系为 $SNR = 10\lg(S/N)$。

例 3-2：线路带宽为 3000Hz，信噪比为 30dB，求线路的数据传输速率。

答：$SNR = 30\text{dB}$，$SNR = 10\lg(S/N)$，则 $S/N = 10^{(SNR/10)} = 10^3 = 1000$，根据香农定律 $C = W\log_2(1 + S/N)$，$W = 3000\text{Hz}$，$S/N = 1000$，则 $C = 3000\log_2(1 + 1000)\text{bit/s} \approx 3000 \times 10\text{bit/s} \approx 30000\text{bit/s}$，也可计为 30kbit/s。

定理三：每个码元由脉冲构成，数据传输速率与码元传输速率的关系为 $C = B\log_2 M\text{bit/s}$，其中，$B$ 为码元传输速率，即波特率；M 为脉冲数量。

例 3-3：使用 9600 波特进行传输，每个波特由 4 个脉冲构成，数据传输速率是多少？

答：由定理三可知 $C = B\log_2 M$，$B = 9600\text{Baud}$，$M = 4$，则 $C = 9600\log_2 4\text{bit/s} = 9600 \times 2\text{bit/s} = 19200\text{bit/s}$，也可计为 19.2kbit/s。

4）延时：信号在信道中传播，从信源到信宿需要一定的时间，这称为信道延迟或传播时延，通常以 ms 作为计量单位。延时越小，数据的传输速率越快，网络的效率也就越高。这个时间等于信源到信宿的距离与具体信道中的信号传播速度之比，常用的电信号一般以接近光速（300m/μs）的速度传播，主要受所采用的传输、转发、传输介质、交换等技术因素的影响，特别是对于网络传输而言，较大的延时时间，往往会导致数据的短暂中断，就是俗称的网络卡顿。

5）生存时间值：简称 TTL，数据被路由器丢弃之前允许通过的网段数量，最大值为255，推荐值为 64。当数据在网络中传输时，每经过一个路由器自动减 1，直至为 0。当 TTL = 0时，数据包会因在网络中的时间太长而被丢弃。

4. 多路复用技术

多路复用技术是把多个低速信道组合成一个高速信道，使多路单个信号在一个信道上进行传输的技术。多路复用技术可以有效提高数据链路的利用率，从而使得一条高速的主干链路同时为多条低速的接入链路提供服务，使得网络干线可以同时承载大量的数据传输。

多路复用技术实质是为了充分利用传输介质，将一个区域的多个用户数据通过发送多路复用器（MUX）进行汇集，然后将汇集后的数据通过一个物理线路进行传送，再通过接收多路复用器（DEMUX）对数据进行分离，分发到多个用户，如图 3-7所示。

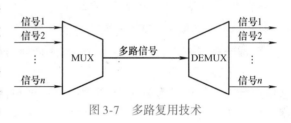

图 3-7　多路复用技术

多路复用通常分为频分多路复用、时分多路复用、波分多路复用、码分多址等技术。

（1）频分多路复用（FDM）　频分多路复用的基本原理是：如果每路信号以不同的载波频率进行调制，而且各个载波频率是完全独立的，即各个信道所占用的频带不相互重叠，相邻信道之间用"警戒频带"隔离，那么每个信道就能独立地传输一路信号，如图 3-8所示。

频分多路复用的主要特点如下：

1）信号被划分成若干通道（频道、波段），每个通道互不重叠，独立进行数据传递。每个载波信号形成一个不重叠、相互隔离（不连续）的频带，如图 3-9 所示。

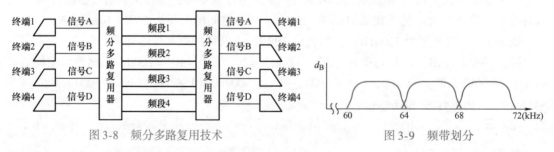

图 3-8　频分多路复用技术

图 3-9　频带划分

2）接收端通过带通滤波器来分离信号。

频分多路复用在电信网、有线电视网等领域中的应用较多。例如，电信网中的 ADSL 就是一个典型的频分多路复用，在公共电话网（PSTN）上划分出三个频段：0 ~ 4kHz 用来传送传统的语音信号；20 ~ 50kHz 用来传送计算机上传的数据信息；150 ~ 500kHz 或 140 ~ 1100kHz 用来传送从服务器上下载的数据信息。

（2）时分多路复用（TDM）　时分多路复用是以信道传输时间作为分割对象，采用固定时隙、随机或概率统计等时间分配方式，将信道划分为互不重叠的时间片段的方法来实现多路复用，即一条物理信道按时间分成若干个时间片，轮流地分配给多个信号使用，使得它们在时间上不重叠。利用每个信号在时间上的交叉，在一条物理信道上传输多个数字信号，以达到互相分开，互不干扰的目的，如图 3-10 所示。计算机网络通信就是典型的时分多路复用。

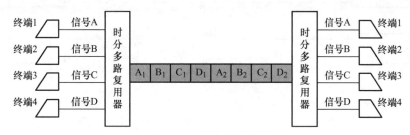

图 3-10　时分多路复用

（3）波分多路复用（WDM）　波分多路复用是在一根光纤中同时传输多个波长光信号的一项技术，其基本原理是在发送端将不同波长的信号组合起来（复用），送入到光缆线路上的同一根光纤中进行传输，在接收端又将组合波长的光信号分开（解复用），恢复成原信号后送入不同的终端，如图 3-11 所示。

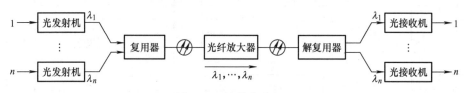

图 3-11　波分多路复用

（4）码分多址（CDMA）　码分多址采用地址码和时间、频率共同区分信道的方式，其特征是每个用户有特定的地址码，而地址码之间相互具有正交性，因此各用户信息的发射信号在频率、时间和空间上都可能重叠，从而使有限的频率资源得到充分利用。

码分多址是在扩频技术上发展起来的无线通信技术，即将需要传送的具有一定信号带宽的信息数据，用一个带宽远大于信号带宽的高速伪随机码进行调制，使原数据信号的带宽被扩展，再经载波调制并发送出去。接收端也使用完全相同的伪随机码，对接收的带宽信号做相关处理，把宽带信号转换成原信息数据的窄带信号，即解扩，以实现信息通信。

5. 数据传输

数据传输就是依照适当的规程，经过一条或多条链路，在数据源和数据宿之间传送数据的过程。也表示借助信道上的信号将数据从一处送往另一处的操作。数据传输可以从传输方向、数据编组、同步技术、信号频带等几个方面进行分类。

（1）传输方向

1）单工传输：指数据只能沿着一个固定的方向传输，如图 3-12 所示。

图 3-12　单工传输

2）全双工传输：指数据可同时沿两个方向进行传输，如图 3-13 所示。

图 3-13　全双工传输

3）半双工传输：指数据可沿着两个方向传输，但同时只能沿一个方向传输，如图 3-14 所示。

（2）数据编组

1）并行传输：指数据以成组的方式，在多条并行信道上同时进行传输。常见的方式就是将组成一个字符的 8 位二进制码，分别在几条并行信道上同时进行传输，如图 3-15 所示。

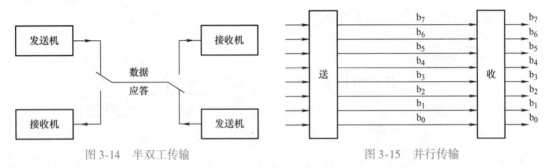

图 3-14　半双工传输　　　　　　　图 3-15　并行传输

并行传输的优点是收、发双方不存在字符同步的问题，且传输速度快；其缺点是通信成本高、不支持长距离传输等。

2）串行传输：指数据流以串行方式，在一条信道上传输。例如，组成一个字符的 8 位二进制码，由高位到低位顺序排列传输，再接下一个字符的 8 位二进制码，这样串接起来形成串行数据传输，如图 3-16 所示。

串行传输的优点是只需要一条传输信道，且易于实现，是目前主要采用的一种传输方式。其缺点是需外加同步措施，这是串行传输必须解决的问题。

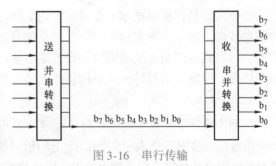

图 3-16　串行传输

（3）同步技术　同步技术是指在串行传输时，接收端要按照发送端所发送的每个码元的重复频率以及起止时间来接收数据，否则收发之间就会产生误差，容易造成所传输的数据出错。因此，在通信中，重点强调的是时间同步和数据同步。

1）同步传输：是以固定的时钟节拍来发送数据信号的，因此在一个串行数据流中，各信号码元之间的相对位置是固定的（即同步）。接收方为了从接收到的数据流中正确地区分一个个信号码元，必须建立准确的时钟信号。

在同步传输中，数据的发送一般以组（或帧）为单位，在组（或帧）的开始和结束需加上预先规定的起始序列和结束序列作为标志。有两种同步方式，即字符同步和帧同步，如图 3-17 和图 3-18 所示。

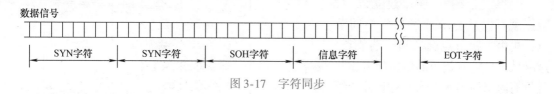

图 3-17 字符同步

2）异步传输：一般以字符为单位传输，发送每一个字符代码时，都要在前面加上一个起始位，长度为 1 个码元长度，极性为 "0"，表示一个字符的开始；后面加上一个终止位，

图 3-18 帧同步

长度为 1、1.5 或 2 个码元长度，极性为 "1"，表示一个字符的结束。如图 3-19 所示。

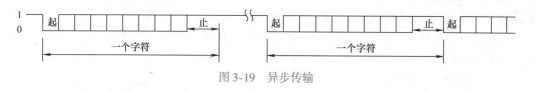

图 3-19 异步传输

（4）信号频带

1）基带传输：未对载波调制的待传信号称为基带信号，它所占的频带称为基带，数字信号可以直接采用基带传输。基带传输就是在线路中直接传送数字信号的电脉冲，这是一种最简单的传输方式，近距离通信的局域网都采用基带传输。

2）频带传输：是信号经调制后传输到终端后经再解调的传输方式，即将数字信号（二进制电信号）进行调制变换，变成能在公共电话线上传输的模拟信号（音频信号），经传输介质传送到接收端后，再由调制解调器将该模拟信号解调变换成原来的数字信号。频带传输需在发送端和接收端分别设置调制解调器。

6. 交换技术

通信范围不局限于固定的一对用户，而是在一群用户、一个城市、一个国家，甚至全球范围内进行通信，即在不同的通信网内通信。在通信网里，所有的用户之间是没有直达线路的，而是根据各个用户的分布情况，用少量的设备，利用多路复用技术，就能使网内的任何两个用户在很短的时间内建立连接，这就是交换技术的目的，完成这种任务的设备，称为交换设备或交换机。交换技术最先是为适应人们交换电话和电报信息而发展起来的，不同的通信业务，需要采用不同的交换方式。

通信网主要由用户终端、通信线路、交换设备等要素构成。按照交换方式的不同，可分为电路交换、报文交换、分组交换等。

（1）电路交换 从通信资源的分配角度来看，电路交换是指以电路连接为目的的交换方式，按照某种方式动态地分配传输线路的资源，如图 3-20 所示。其工作过程如下：

1）线路建立：如同打电话先要通过拨号在通话双方间建立起一条通路一样，数据通信的电路交换方式在传输数据之前也要先经过呼叫过程，建立一条端到端的电路。

2）数据传输：连接建立以后，数据就可以从源节点发送到中间节点，再由中间节点交换到终端节点，这种数据传输有最短的传播延迟，并且没有阻塞的问题，除非有意外的线路或节点故障而使电路中断，但要求在整个数据传输过程中，建立的电路必须始终保持连接状态，通信双方的信息传输延迟仅取决于电磁信号沿媒体传输的延迟。

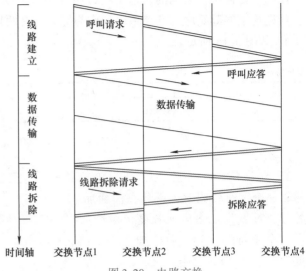

图 3-20　电路交换

3）线路拆除：当站点之间的数据传输完毕后，须执行释放电路的动作。该动作可以由任一站点发起，释放线路请求通过途经的中间节点送往对方，释放线路资源。被拆除的信道空闲后，就可被其他通信使用。

电路交换的特点如下：

1）独占性：在建立电路之后、释放线路之前，即使站点之间无任何数据可以传输，整个线路仍不允许其他站点共享，通信保密性好，但易造成线路浪费，建设成本及运维成本高。

2）实时性好：一旦线路建立，通信双方的所有资源（包括线路资源）均用于本次通信，除了少量的传输延迟之外，不再有其他延迟，具有较好的实时性。从电路交换的工作原理可以看出，电路交换会占用固定带宽，因而限制了在线路上的流量以及连接数量。

3）电路交换设备简单，无须提供任何缓存装置，用户数据透明传输，要求收发双方自动进行速率匹配。

（2）报文交换　报文交换是以报文为数据交换的单位，报文携带有目标地址、源地址等信息，在交换节点采用存储转发的传输方式进行。报文交换不要求在两个通信节点之间建立专用通路。

节点把要发送的信息组织成一个报文，该报文中含有目标节点的地址，完整的报文在网络中一站一站地向前传送。每一个节点接收整个报文，检查目标节点地址，然后根据网络的拥塞情况在适当的时候转发到下一个节点，经过多次的存储转发，最后到达目标地址，因而这样的网络叫存储转发网络。其中的交换节点要有足够大的存储空间（一般是磁盘），用以缓存收到的长报文。

交换节点对各个方向上收到的报文排队，寻找下一个中转节点，然后再转发出去，这些都带来了排队延迟，如图 3-21 所示。报文交换的优点是不建立专用链路，线路利用率较高，这是由通信中的等待时延换来的。

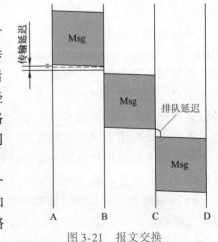

图 3-21　报文交换

（3）分组交换　在通信过程中，通信双方以分组为单位、使用存储转发机制实现数据交互的通信方式被称为分组交换，也称为包交换。分组交换将用户通信数据划分成多个等长的数据段，在每个数据段的前面加上必要的控制信息作为数据段的首部，每个带有首部的数据段就构成了一个分组。首部指明了该分组发送的地址，当交换机收到分组之后，将根据首部中的地址信息将分组转发到目的地，这个过程就是分组交换的过程。能够进行分组交换的通信网被称为分组交换网。

分组交换的本质就是存储转发，它将接收到的分组暂时存储下来，在目的方向路由上排队，当它可以发送信息时，再将信息发送到相应的路由上，完成转发。其存储转发的过程就是分组交换的过程，如图 3-22 所示。

分组交换的思想来源于报文交换，本质都是存储转发，所不同的是数据分组的大小。分组交换的最小信息单位是分组，是目前的主流交换技术；而报文交换的则是报文，主要应用于公用电报网中。由于以较小的分组为单位进行传输和交换，所以分组交换比报文交换快，兼有电路交换和报文交换的优点。

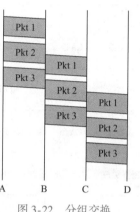

图 3-22　分组交换

7. 传输介质

传输介质是指在通信中传输信息的载体，常用的传输介质分为有线传输介质和无线传输介质两大类。不同的传输介质，其特性也各不相同，它们不同的特性对网络中数据通信质量和通信速度有较大影响。

（1）有线传输介质　有线传输介质是指在两个通信设备之间实现的物理连接部分，它能将信号从一方传输到另一方。有线传输介质主要有双绞线、同轴电缆和光纤等。双绞线和同轴电缆传输电信号，光纤传输光信号。

1）双绞线：双绞线是人们生活中最常用的介质，如电话线、网线等。由多条直径为1mm 的绝缘铜线组成，每两条互相缠绕，可以减少邻近线对电气的干扰。双绞线既能用于传输模拟信号，也能用于传输数字信号，其带宽决定于铜线的直径和传输距离。在一般情况下，几千米范围内的传输速率可以达到几兆位每秒。

由于其性能较好且价格便宜，双绞线得到了广泛应用。双绞线按照是否屏蔽，可以分为非屏蔽双绞线（UTP）和屏蔽双绞线（STP）两种，如图 3-23 所示。屏蔽双绞线性能优于非屏蔽双绞线。

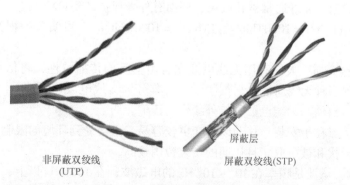

非屏蔽双绞线
（UTP）

屏蔽层

屏蔽双绞线(STP)

图 3-23　UTP 与 STP

59

双绞线传输速率在 4~10Gbit/s 之间，见表3-1。常用的双绞线有三类线、五类线、超五类线、六类线以及七类线等。

表 3-1　双绞线类别

类　别	标　识	最大带宽/数据传输率	用　途	备　注
一类线	CAT1	750kHz	用于报警系统、语音传输等	一类线用于模拟传输，没有数据传输率
二类线	CAT2	1MHz/4Mbit/s	用于令牌网	
三类线	CAT3	16MHz/10Mbit/s	用于语音、以太网、4Mbit/s 令牌环	最大带宽时的传输长度为100m，已淡出市场
四类线	CAT4	20MHz/16Mbit/s	用于语音、16Mbit/s 的令牌环、10BASE-T/100BASE-T 的以太网	最大带宽时的传输长度为100m，未被广泛采用
五类线	CAT5	100MHz/100Mbit/s	用于 100BASE-T 和 1000BASE-T 网络	最大带宽时的传输长度为100m，常用的以太网电缆
超五类线	CAT5e	1000Mbit/s	用于 100BASE-T 和 1000BASE-T 网络	最大带宽时的传输长度为100m，常用的以太网电缆
六类线	CAT6	1MHz~250MHz/1Gbit/s	用于 100BASE-T 和 1000BASE-T 网络	最大带宽时的传输长度为100m，常用的以太网电缆
七类线	CAT7	600MHz/10Gbit/s	用于 10Gbit/s 网络	最大带宽时的传输长度为100m，不常用的以太网电缆

2）同轴电缆：它比双绞线的屏蔽性更好，因此在更高速度上可以传输得更远。它以硬铜线为芯（导体），外包一层绝缘材料（绝缘层），这层绝缘材料再用密织的网状导体环绕构成屏蔽，其外又覆盖一层保护性材料（护套），如图 3-24 所示。同轴电缆的这种结构使它具有更高的带宽和极好的噪声抑制特性，1km 的同轴电缆可以达

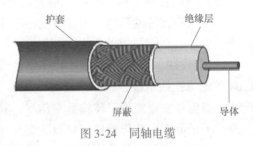

图 3-24　同轴电缆

到 1~2Gbit/s 的数据传输速率，常用于视频传输网络，如有线电视网、视频监控网等。

3）光纤：它是由纯石英玻璃制成的，纤芯外面包围着一层折射率比芯纤低的包层，包层外是一层塑料护套，光纤通常被扎成束，外面有外壳保护。到目前为止，光纤的传输速率可达 1.06Pbit/s（1Pbit/s=1000Tbit/s，1Tbit/s=1000Gbit/s），可实现一根光纤上近 300 亿人同时通话。

（2）无线传输介质　人们利用无线电波在自由空间的传播特性，将信息加载在电磁波上进行传输，实现多种无线通信。根据频谱可将其分为无线电波、微波、红外线、激光等。在局域网中，通常只使用无线电波和红外线作为传输介质。

无线传输的优点在于安装、移动以及变更较容易，不会受到环境的限制，但信号在传输过程中容易受到干扰和被窃取，且初期的安装费用较高。

1）微波传输：微波是频率在 $10^8~10^{10}$Hz 的电磁波，在 100MHz 以上，通过抛物线状天线把所有的能量集中于一小束微波，就可以沿直线传播，便可以防止他人窃取信号和减少其

他信号对它的干扰，但是发射天线和接收天线必须精确地对准。

由于微波沿直线传播，所以如果微波塔相距太远，地表就会影响传播。因此，隔一段距离就需要一个中继站，微波塔越高，传输的距离就越远。微波通信被广泛用于长途电话通信、电视传播等方面。

2）红外线：红外线是频率为 $10^{12} \sim 10^{14}$ Hz 的电磁波。无导向的红外线被广泛用于短距离通信，电视、机顶盒等家用电器均是利用了红外线装置实现的遥控。

红外线有一个主要缺点，即不能穿透坚实的物体。但也正是由于这个原因，一间房屋里的红外系统不会对其他房间里的系统产生串扰。所以，红外系统防窃听的安全性要比无线电系统好。

3）激光传输：可以通过装在楼顶的激光装置来连接两栋建筑物的局域网。由于激光信号是单向传输，因此每栋楼房都得有自己的激光以及测光的装置。激光传输的缺点之一是不能穿透雨和浓雾，但是在晴天里可以工作得很好。

3.1.4 能力拓展

数据编码是指把需要加工、处理的数据，根据一定的数据结构和目标的定性特征，转换为代码或编码字符，在数据传输中表示数据组成，并作为传送、接收和处理的一组规则和约定。由于计算机要处理的数据十分庞杂，为了便于使用、容易记忆，需要对加工处理的对象进行编码，用一个编码符号代表一串数据。

1. 调制分类

计算机输出的各种文字或图像文件的数据信号都属于基带信号，往往包含有较多的低频成分，甚至有直流成分，而很多信道并不能传输这种低频分量或直流分量。为了解决这一问题，就必须对基带信号进行调制。调制可分为两大类：基带调制和载波调制。

（1）基带调制　基带调制是仅仅对基带信号的波形进行变换，使它能够与信道特性相适应，变换后的信号仍然是基带信号，这类调制称为基带调制。由于这种基带调制是把数字信号转换为另一种形式的数字信号，因此大家更愿意把该过程称为编码。常见的数据编码方案有不归零码、曼彻斯特编码、差分曼彻斯特编码等。

1）不归零码（NRZ）。在基带传输时，需要解决数据的数字信号表示以及收发两端之间的信号同步问题。对于传输数字信号来说，最简单、最常用的方法是用不同的电压电平来表示两个二进制数字，即数字信号由矩形脉冲组成。

其分类方式如下

① 按数字编码方式，可以划分为单极性码和双极性码。

a. 单极性码使用正（或负）的电压表示数据。

b. 双极性码是二进制码，1 为反转，0 为保持零电平。

② 根据信号是否归零，还可以划分为归零码和不归零码。

a. 归零码码元中间的信号回归到0电平，例如"1"为正电平，"0"为负电平。每个数据表示完毕后，都会回归到零电平状态。

b. 不归零码没有回归到零电平的过程，例如"1"为高电平，"0"为低电平。不归零码是经常使用的编码形式，简单易实现。

2）曼彻斯特编码。曼彻斯特编码不用电平的高低表示二进制数"0"和"1"，而是用电平的跳变来表示。在曼彻斯特编码中，每一位的中间均有一个跳变，这个跳变既作为数据信号，也作为时钟信号，电平从高到低的跳变表示二进制数"1"，从低到高的跳变表示二进制数"0"。

3）差分曼彻斯特编码。差分曼彻斯特编码是对曼彻斯特编码的改进，每位中间的跳变仅做同步之用，每位的值根据其开始边界是否发生跳变来决定，每位的开始无跳变表示二进制数"1"，有跳变表示二进制数"0"。

例3-4：给定一组数据为01001110，高电平为1，低电平为0，分别画出NRZ编码、曼彻斯特编码、差分曼彻斯特编码。

答：各编码如图3-25所示。

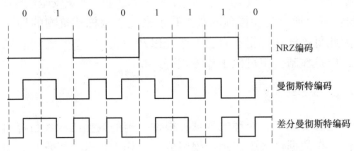

图3-25　NRZ编码、曼彻斯特编码、差分曼彻斯特编码

（2）载波调制　数字信号转为模拟信号的过程称为调制，模拟信号转为数字信号的过程称为解调。模拟信号由电磁波构成，需要用振幅、频率（周期）和相位等参数来描述，可以写成 $y = A\sin(\omega x + \Phi)$，其中，$A$ 为振幅，ω 为角频率，Φ 为相位。

载波调制是把基带信号的频率范围转换成较高的频段，并调制为模拟信号，这样就能够更好地在模拟信道中传输。

调制可通过改变振幅、频率、相位等参数来实现。

1）幅移键控（ASK）：控制信号载波的幅度变化的调制方式，即通过调节正弦波的幅度来表示数字信号的"0"和"1"，如图3-26所示。

2）频移键控（FSK）：控制信号载波的频率变化的调制方式，即通过调节正弦波的频率来表示数字信号的"0"和"1"，如图3-27所示。

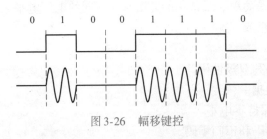

图3-26　幅移键控

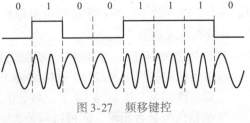

图3-27　频移键控

3）相移键控（PSK）：控制信号载波的相位变化的调制方式，即通过调节正弦波的相位，来表示数字信号的"0"和"1"，如图3-28所示。

2. 模拟信号数字化

模拟信号数字化通常采用脉冲编码调制

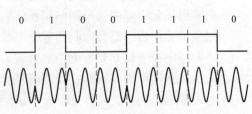

图3-28　相移键控

（Pulse Code Modulation，PCM）的缩写，主要经过抽样、量化和编码等过程。

（1）抽样 抽样必须遵循奈奎斯特抽样定理，对模拟信号进行周期性扫描，把时间上连续的信号变成时间上离散的信号，该模拟信号经过抽样后还应当包含原信号中的所有信息，也就是说，能无失真地恢复原模拟信号。抽样通常使用频率高于原始信号频率2倍以上的抽样信号进行，例如，声音数据限于4000Hz以下的频率，抽样信号的频率应至少在8000Hz以上。

（2）量化 抽样信号虽然是时间轴上离散的信号，但仍然是模拟信号，其样值在一定的取值范围内，可有无限多个值。显然，对无限个样值一一给出数字码来对应是不可能的。为了实现以数字码表示样值，必须采用"四舍五入"的方法把抽样值"分级""取整"，使一定取值范围内的样值由无限多个值变为有限个值，这一过程称为量化。

（3）编码 用一组二进制码来表示抽样、量化后样本的幅值，二进制码的量级数量越多，越接近抽样信号。如果有 M 个量级就有 $\log_2 M$ 位二进制码。把量化的抽样信号变换成给定字长的二进制码流的过程称为编码。

例3-5： 声音数据限于4000Hz以下的频率，采用PCM编码进行模拟信号数字化，使用2倍的频率进行抽样，128位二进制量化级进行量化，所得到的信号数据的传输速率是多少？

答： 按照以下步骤进行PCM编码：

1）采样：原始频率 $f_1 = 4000\text{Hz}$，使用2倍频率进行抽样，则抽样频率 $f_2 = 2 \times 4000\text{Hz} = 8000\text{Hz}$。

2）量化：对抽样样本使用128位二进制量化级进行量化，即 $M = 128$。

3）编码：量化级 $M = 128$，则二进制码 $= \log_2 M = \log_2 128 = 7$。

4）数据传输速率：根据定理一和定理三，

① $B = 2W$，$W = f_2$，则 $B = 8000$。

② $C = B\log_2 M$，则 $C = 8000 \times \log_2 128 = 8000 \times 7 = 56000$（bit/s），也可计为56kbit/s。

子任务2 光纤通信规划

3.2.1 任务场景

某生产企业信息部工程师对企业内部的通信网络进行测试之后，利用测试结果对通信网络进行评估。经过评估，测试团队认为，通信网络最合理的方案是采用大容量、高带宽的光纤通信作为通信网络的基础设施，可以为今后工业互联网的扩容与升级打下坚实的基础。

3.2.2 任务解析

光通信就是以光波作为传输介质来传输信息的通信方式。目前，光纤通信是光通信的主流技术。光纤通信采用波分多路复用技术，以光纤作为传输介质。目前，光纤通信是大容量、高带宽传输的首选。全光纤网络是未来传输网络的最终目标，即在接入网、城域网、骨干网完全实现"光纤传输代替铜线传输"。

光纤通信的优势如下：

1）相对于铜缆传输，光通信的传输距离远。

2）大容量、高带宽，能一次性传输海量信息。

3）光通信不会受到噪声的影响，通信速度快。

3.2.3 能力储备

1. 光纤通信

光纤通信（Optical Fiber Communication）从光通信中脱颖而出，已成为现代通信技术的主要支柱之一，在现代电信网中起着举足轻重的地位。

光纤通信是以光波作为信息载体，采用波分多路复用技术，以光纤作为传输介质的一种通信方式。从原理上看，构成光纤通信的基本物质要素是光纤、光源和光检测器。

（1）光纤　光纤是光导纤维的简称，是一种传输光束的细而柔韧的介质，是采用石英玻璃制成的、横截面积较小的双层同心圆柱体。

光纤由纤芯、包层和保护套等组成，如图 3-29 所示。折射率高的中心部分叫作纤芯，折射率低的外围部分叫作包层，光纤的外围再附加保护措施，构成了光缆的保护套。

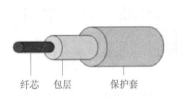

图 3-29　光纤结构

（2）光纤的优点　光纤具有以下几个优点：

1）光纤具有非常大的传输带宽，到目前为止，最大带宽可达 1.06Pbit/s。

2）光纤中传输的是光束，而光束是不受外界电磁干扰的，并且本身也不向外辐射信号，电磁绝缘性能好，因此它适用于长距离的信息传输以及要求高度安全的场合。

3）衰减较小，在较大的传输速率范围内基本上是常数值。

4）增设光中继器的间隔距离大，通道中继器的数目可大大减少。

（3）光纤的分类　目前光纤的主流分类方法是根据光在光纤中传输特点的不同而进行分类的，可分为单模光纤（Single Mode Fiber，SMF）和多模光纤（Multi Mode Fiber，MMF）。其中，"模"是指光子在光纤中传输的路径。单模是多个光子沿着同一路径进行传输，而多模则是多个光子沿着不同的路径进行传输。单模光纤与多模光纤的工作原理如图 3-30 所示。

a) 单模光纤　　　　　　　b) 多模光纤

图 3-30　单模光纤与多模光纤的工作原理

1）单模光纤的纤芯直径很小，采用固体激光器作光源，在给定的工作波长上基本只能以单一的模式进行传输。传输时，频带宽、传输容量大。单模光纤的纤芯直径为 8 ~ 10μm，包括外包层的直径为 125μm。单模光纤通常在建筑物之间或地域较分散时使用，实现远距离或超远距离通信。

2）多模光纤的纤芯直径较单模光纤要大些，采用发光二极管作光源，在给定的工作波长上，能以多个模式同时传输，从而形成模分散，限制了带宽和距离，因此，传输速度低、距离短、成本低。多模光纤的纤芯直径一般为 $50\sim200\mu m$，而包层直径的变化范围为 $125\sim230\mu m$，国内计算机网络常用纤芯直径为 $62.5\mu m$，包层直径为 $125\mu m$，也就是通常所说的 $62.5\mu m/125\mu m$ 规格。多模光纤一般用于建筑物内或近距离的通信。

（4）光纤通信的构成　光纤通信中的主干光纤通常成对出现，用于发送和接收信号，从而实现全双工通信。光纤的传输原理如图 3-31 所示。在实际工作中，单模光纤与多模光纤不能混用。

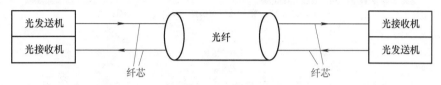

图 3-31　光纤的传输原理

光纤在实际应用中需要使用各种连接器进行光纤的续接，实现信号的延续传输。常用的光纤连接器如图 3-32 所示。

（5）光纤端接工具　光纤熔接机主要用于光纤的施工和维护，靠放出电弧将两头光纤熔化，以达到熔接的目的。光纤熔接机可以快速、全自动地熔接，它配备高清晰度彩色显示屏幕，具有体积小、重量轻、速度快的特点，如图 3-33 所示。

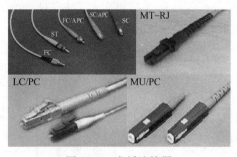

图 3-32　光纤连接器

图 3-33　光纤熔接机

2. 波分多路复用

（1）光的波长　光具有波粒二象性（是指某物质同时具备波的特质及粒子的特质）。也就是说，从微观来看，光由光子组成，具有粒子性；从宏观来看，光又表现出波动性。

光波的波长即为光波长，是指波长为 $0.3\sim3\mu m$ 的电磁波。波长（Wave Length）是指光波在一个振动周期（或频率）内传播的距离，计为 λ，如图 3-34 所示。

光的本质是电磁波，波长和频率直观的反映是光的颜色和可见度。在可见光中，紫光频率最高，波长最短；红光则刚好相反，频率最低，波长最长。人的眼睛可以感知的可见光波长在 $0.4\sim$

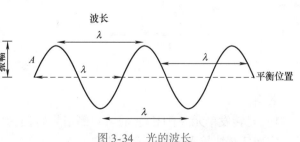

图 3-34　光的波长

0.75μm 之间，但也有一些人能够感知到波长在 0.3 ~ 0.78μm 之间的光波。光的波长分布如图 3-35 所示。

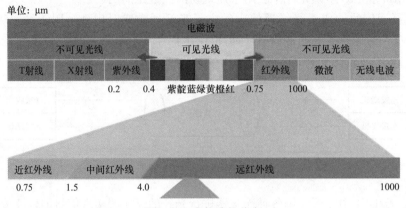

图 3-35　光的波长分布

（2）波分多路复用的概念及分类　波分多路复用（Wavelength Division Multiplexing, WDM）是将两种或多种不同波长的光载波信号（携带各种信息）在发送端经复用器（也称合波器或复用器）汇合在一起，并耦合到光线路的同一根光纤中进行传输的技术；在接收端，经解复用器（也称分波器或分用器）将各种波长的光载波分离，然后由光接收机做进一步处理以恢复原信号。**波分多路复用系统的构成如图 3-36 所示。**

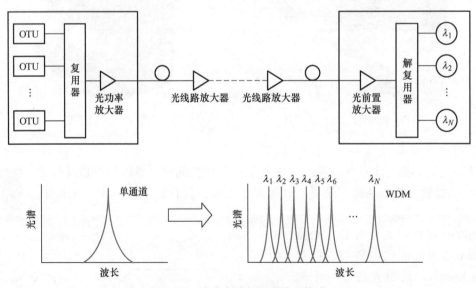

图 3-36　波分多路复用系统的构成

其中：

1）光转发单元（OTU）：将客户侧信号转换为电信号，再通过光模块转换为规定的波长，实现任意波长光信号转换的功能。

2）复用/解复用器：不同波长的复用、解复用的无源光器件。

3）光功率放大器（OBA）：传送端使用的器件，将光信号进行功率放大，有利于远距离传输。

4）光前置放大器（OPA）：接收端使用的器件，识别光信号并进行功率放大用。

5）光线路放大器（OLA）：若发送端与接收端距离过远时，在光缆线路中使用的器件。

经过长时间摸索和测试，波长范围在 1260～1625nm 的光，由色散导致的信号失真最小，损耗最低，最适合在光纤中传输。光纤将可能应用的波长划分为若干个波段，每个波段用作一个独立的通道传输一种预定波长的光信号，ITU-T（国际电信联盟电信标准分局）将单模光纤在 1260nm 以上的频带划分了 O、E、S、C、L、U 六个波段。

按照光波长划分的密集程度，波分多路复用分为稀疏波分多路复用（Coarse Wavelength Division Multiplexing，CWDM）和密集波分多路复用（Dense Wavelength Division Multiplexing，DWDM）。

1）CWDM：一种面向城域网接入层的低成本 WDM 传输技术，使用 20nm 作为波长间隔，覆盖 O 波段波长 1260～1360nm、E 波段波长 1360～1460nm、S 波段波长 1460～1530nm、C 波段波长 1530～1565nm、L 波段波长 1565～1625nm 这五个波段，最大支持 16 个波道。

2）DWDM：将不同波长的光信号转化成系统规定的精准波长的信号（俗称彩光），使用 0.4nm 或 0.8nm 作为波长间隔，覆盖 C 波段（1530～1565nm）、L 波段（1565～1625nm）两个波段，同时还细分为 40 波、80 波两种技术。其中，40 波系统采用 C 波段，波道间隔为 0.8nm，80 波系统采用 C 波段，波道间隔为 0.4nm。目前，DWDM 为光传输网（OTN）的主流技术，其优势如下：

① 大带宽，超大容量。

② 传输过程对数据"透明"。

③ 系统升级时能最大限度地保护已有投资。

④ 具有高度的组网灵活性、经济性和可靠性。

⑤ 可兼容全光交换。

3.2.4 能力拓展

进入 21 世纪以来，互联网业务的丰富性带来对带宽的更高需求，直接反映为对传输网能力和性能的要求。光传输网（Optical Transport Network，OTN）由于能够满足各种新型业务需求，从幕后渐渐走到台前，成为传输网发展的主要方向。目前，我国已建成世界上最大、最完善的光传输网。

OTN 是以波分多路复用技术为基础、在光层组织网络的传输网，是新一代的骨干传输网，是通过 G.709、G.798、G.872 等一系列 ITU-T 的建议所规范的新一代"数字传输体系"和"光传输体系"，将解决传统 WDM 网络无波长/子波长业务调度能力差、组网能力弱、保护能力弱等问题，结合了传统的电域（数字传送）和光域（模拟传送）的综合优势，成为目前主流的主干传输网络技术。

1. OTN 设备

OTN 设备有两种交叉形态：电层交叉和光层交叉。

（1）电层交叉 电层交叉是 OTN 业务的基本组成，以传输单波道的数据帧为主要传输单元。电层的主要功能是将单个波道中包含的不同等级的数据帧进行映射、交叉和复用，主要由支路单元、交叉单元和线路单元三个部分组成，支持子波长和波长级别的交叉。目前，设备主要支持的颗粒有 GE、ODU1、ODU2 和 ODU3。

（2）光层交叉　光层的基本单元为单个波道，负责将多波道合并、分离、实现波长信号在各站点上下、调度。光层交叉主要指基于波长级的交叉，目前，一般指采用 WSS（波长选择开关）结构的 ROADM（可重构光分插复用器）设备。

WSS 是一个多端口模块，包括一个公共端口和 N 个与之对应的光端口，在公共端口的任意波长可以远程指配到 N 个光端口中的任意一个。

ROADM 是波分系统中的一种具备波长层面远程控制光信号分插复用状态能力的设备，采用可配置的光器件，实现 OTN 节点任意波长的上下和直通配置。二维的 ROADM 通过 EB（波长阻断器）和 PLC（平面光波导）技术来实现，多维的 ROADM 通过 WSS 来实现。ROADM 的工作原理如图 3-37 所示。

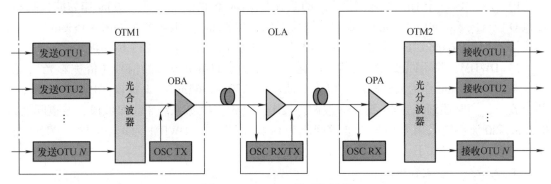

图 3-37　ROADM 的工作原理

2. OTN 的层次结构

以光传输为基础的 OTN 网络，充分满足"以数据为中心"的网络模式，与工业互联网的基础建设不谋而合，特别是在网元虚拟化以后，新模式的 OTN 传输网可以实现多业务光传送，充分满足用户使用 SDN（软件定义网络）技术来实现网络的按需构建、网络软/硬件解耦、软件功能云化等业务需求。

OTN 以光纤为传输介质，光纤具有大带宽、不受外界电磁干扰等特性，并且本身也不向外辐射信号，电磁绝缘性能也好，因此它适用于长距离的信息传输以及要求高度安全的场合。OTN 自上向下分为光信道层（OCh）、光复用段层（OMS）、光传输段层（OTS），如图 3-38 所示。

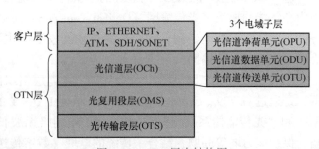

图 3-38　OTN 层次结构图

（1）光信道层（Optical Channel Layer，OCh）　OCh 对应一个波道的起点和终点，支持单波道信号传输，是 OTN 光层的基本单元，俗称一个波长，其功能如下：

1）为来自客户层的电复用段层信号选择路由和分配波长。

2）灵活地安排光通路连接进行网络路由，提供端到端的联网功能。

3）确保光通道适配信息的完整性，实现网络等级上的操作和管理。

4）当发生故障时，通过重新路由来实现保护倒换和网络恢复。

光信道层自上而下由三个电域子层构成，分别为：

1）光信道净荷单元（Optical Channel Payload Unit，OPU）：用来封装客户传送的业务信息，实现客户信号映射进一个固定的帧结构（数字包封）的功能。

2）光信道数据单元（Optical Channel Data Unit，ODU）：是OTN电交叉的基本单元，将数据编码整合为数据帧，提供与信号无关的连通性，实现连接保护和监控等功能。

3）光信道传送单元（Optical Transform Unit，OTU）：OTN中的一个波道，将客户侧信号转换为电信号，再通过光模块转换为规定的波长，实现任意波长光信号的波长转换功能。

（2）光复用段层（OMS）　OMS位于两个OTM（光终端复用站）站点之间，其功能如下：

1）光复用段层网络通过接入点之间的光复用段路径提供光通道的传输。

2）由光复用段路径终端开销构成数据流；由光信道层适配信息组成的数据流。

3）光复用段层网络的功能将各个不同波长的光信道集成为一个确定光带宽的单元，保证相邻两个波长复用传输设备间多波长光信号的完整传输，为多波长信号提供网络功能。

（3）光传输段层（OTS）　为光信号在不同类型的光传输介质上提供传输功能，对应每两个站点之间，包括OTM（光终端复用器）和OLA（光线路放大器）。其功能如下：

1）进行光传输段的开销处理。

2）对光放大器和中继器进行检测和控制。

3. OTN的主要优势

新的OTN网络也在逐渐向更大带宽、更大颗粒、更强的保护演进，OTN的主要优点是完全向后兼容，它可以建立在现有的SONET/SDH管理功能基础上，不仅可以提供基于通信协议的完全透明传输，而且还可为WDM提供端到端的连接和组网能力，它为ROADM提供光层互连的规范，并补充子波长汇聚和疏导能力。OTN的概念涵盖了光层和电层两层网络，其技术继承了SDH和WDM的双重优势，主要体现为：

1）多种客户信号封装和透明传输。基于ITU-TG.709的OTN帧结构可以支持多种客户信号的映射和透明传输，如SDH、ATM、以太网等。

2）大颗粒的带宽复用、交叉和配置。OTN定义的电层带宽颗粒为光信道数据单元（ODUk，$k=0,1,2,3$），即ODU0（GE，1000Mbit/s）、ODU1（2.5Gbit/s）、ODU2（10Gbit/s）和ODU3（40Gbit/s），能够显著提升高带宽数据客户业务的适配能力和传送效率。

3）强大的开销和维护管理能力。OTN提供了和SDH类似的开销管理能力，OTN光信道层（OCh）的OTN帧结构大大增强了该层的数字监视能力，这样使得OTN组网时，采取端到端和多个分段同时进行性能监视的方式成为可能，为跨运营商传输提供了合适的管理手段。

4）增强了组网和保护能力，通过OTN帧结构、ODUk交叉和多维度可重构光分插复用器（ROADM）的引入，大大增强了光传输网的组网能力，采用的前向纠错（FEC）技术显著增加了光层传输的距离。

4. OTN的分类

基于OTN的传输网主要由省内干线传输网、省际干线传输网、城域（本地）传输网构成，而城域（本地）传输网可进一步分为核心层、汇聚层和接入层。相对 SDH（同步数字体系）而言，OTN 技术的最大优势就是提供大颗粒带宽的调度与传输，因此，在不同的网络层面是否采用 OTN 技术，取决于主要调度业务带宽颗粒的大小。

按照网络现状，省际干线传输网、省内干线传输网以及城域（本地）传输网的核心层调度的主要颗粒一般在 10Gbit/s 及以上，因此，这些层面均可优先采用优势和扩展性更好的 OTN 技术来构建。对于城域（本地）传输网的汇聚与接入层面，当主要调度颗粒达到 1Gbit/s 量级时，也可优先采用 OTN 技术构建。

（1）国家干线光传输网 随着网络及业务的 IP 化、新业务的开展及宽带用户的迅猛增加，国家干线上的 IP 流量剧增，带宽需求逐年成倍增长。国家干线承载着 PSTN/2G 长途业务、NGN/3G 长途业务、互联网国家干线业务等。由于承载业务量巨大，国家干线对承载业务的保护需求十分迫切。

采用 OTN 技术后，国家干线 IP over OTN 的承载模式可实现 SNCP（子网连接保护）、类似 SDH 的环网保护、MESH（无线网格网络）保护等多种网络保护方式，其保护能力与 SDH 相当，设备复杂度及成本却大大降低。

（2）省内/区域干线光传输网 省内/区域内的骨干路由器承载着各长途局间的业务（如 NGN/3G、IPTV、大客户专线等）。通过建设省内/区域干线 OTN 光传输网，可实现 GE/10GE、2.5G/10GPOS 大颗粒业务的安全、可靠传输；可组环网、复杂环网、MESH 网，网络可按需扩展，可实现波长/子波长业务交叉调度与疏导，提供波长/子波长大客户专线业务，还可实现对其他业务如 STM‑1/4/16/64SDH、ATM、FE、DVB、HDTV、ANY 等的传输。

（3）城域/本地光传输网 在城域网核心层，OTN 光传输网可实现城域汇聚路由器、本地网 C4（区/县中心）汇聚路由器与城域核心路由器之间大颗粒宽带业务的传输，路由器上行接口主要为 GE/10GE，实现 2.5Gbit/s、10Gbit/s 的传输。城域核心层的 OTN 光传输网除可实现 GE/10GE 上行接口外，还可实现 2.5Gbit/s、10Gbit/s、40Gbit/s 等大颗粒电信业务传输，另外，可接入其他宽带业务，如 STM‑0/1/4/16/64SDH、ATM、FE、ESCON、FI‑CON、FC、DVB、HDTV、ANY 等；对于以太网业务可实现二层汇聚，提高以太网通道的带宽利用率；可实现波长/各种子波长业务的疏导，实现波长/子波长专线业务接入；可实现带宽点播、光虚拟专网等，从而可实现带宽运营。从组网上看，还可重整复杂的城域传输网的网络结构，使传输网络的层次更加清晰。

（4）专用网络的建设 随着企业网应用需求的增加，大型企业、政府部门等也有了大颗粒的电路调度需求，而专网相对于运营商网络光纤资源十分贫乏，OTN 的引入除了增加了大颗粒电路的调度灵活性，也节约了大量的光纤资源。

工作任务4

工业互联网通信协议的选择

1. 任务简介

某生产企业信息部工程师开始对工业互联网使用的通信协议进行选择，以 OSI 为参考模型，最终选择 TCP/IP 作为本企业工业互联网的协议，并规划了本企业的 IP 地址。规划结束后，结合"工作任务单4"提交该企业 IP 地址规划文档。

2. 任务目的

1) 知识目标：掌握 OSI 的相关知识，能够掌握 OSI 参考模型的层次结构、各层功能等基础知识。

2) 能力目标：结合通信协议的相关知识，能够掌握 TCP/IP 的应用场景，强化对 IP 地址的基本认知。

3) 素质目标：通过本任务的学习，提高团队合作、沟通协调等能力，强化逻辑思维、主动学习等能力，深化对服务对象岗位应用的理解能力，提高知识的更新能力。

3. 任务成果

提交该企业 IP 地址规划文档的工作任务单。

4. 实施方案

建议授课教师模拟某生产企业信息部工程师选择网络通信协议的工作场景，通过真实的"任务场景"使学生能够了解任务的应用场景；通过"任务解析"引出任务中的基本知识点；通过"能力储备"使学生掌握应知应会的基本知识；"能力拓展"则是针对部分能力较强的学生而设立的知识点，由授课教师自行掌握。

5. 所需学时

建议 8 学时，由授课教师按照教学进度自行掌握。

子任务1　OSI 体系结构

4.1.1　任务场景

某生产企业信息部工程师开始对工业互联网使用的通信协议进行选择。选择协议时应遵循开放、标准等原则，选择标准化的协议才能被广大用户所使用。选择协议前，工程师要充分了解、熟悉 OSI 参考模型，这有利于协议的选择工作有序开展。

4.1.2 任务解析

工业互联网是基于计算网络技术发展而来的，是涉及计算机技术、通信技术、物联网等多个领域的复杂系统，如此庞大而又复杂的系统要有效且可靠的运行，网络参与者必须遵守一套合理而严谨的结构化规则，这就是协议的作用。

按照技术相似性、关联性、互通性等原则，国际标准化组织（International Orgamization for Standardization，ISO）定义了 OSI 参考模型，这样可以使各功能层所对应的厂商充分发挥其在各自技术领域的优势，研发优势产品，打破技术垄断，激发市场活力，体现层次化的作用。

4.1.3 能力储备

1. 网络体系结构及协议

从技术层面可将工业互联网划分为 IT、CT 和 OT 等几种网络。通过这几种网络技术的分层结构，"工业"和"互联网"全面融合和升级，形成一个泛在的网络、平台、系统，实现了工业生产过程所有要素的泛在连接和整合。采用分层结构，有利于定义和描述一组用于 IT、OT、CT 之间互连互通的标准和规范的集合。

为了实现网络中各要素之间的"通力合作"，以网络的技术功能与互连为依据，划分为定义明确的层次，并规定了同层进程通信的协议及相邻层次之间的接口及服务，这些同层进程通信的协议以及相邻层的接口及服务统称为网络体系结构。

（1）网络体系结构的原则　网络体系结构一般要遵循以下原则：

1）层内功能内聚，即将相同或相近的功能集中在一层，各层功能明确并且相互独立。

2）层间耦合松散，即层间交互的接口清晰，通过接口传递的信息量尽可能少。

3）层数适中，若层数太少，则每层功能太混杂；若层数太多，则体系结构描述复杂，并且系统组合时层间交叉严重。

（2）网络体系结构的构成　网络体系结构通常为分层模型，如图 4-1 所示。

1）图 4-1 中的 A、B 为通信实体，可以是人、计算机、应用程序或智能装备等。

2）在网络体系结构中，同层之间的通信规则就是该层使用的协议。例如，有关第 N 层的通信规则的集合就是第 N 层的协议。

3）不同通信实体的同层进程称为对等进程。对等进程不一定非是相同的程序，但其功能必须完全一致，且采用相同

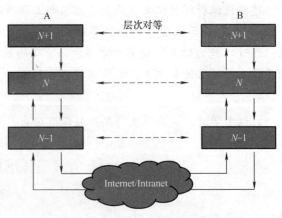

图 4-1　网络体系结构分层模型

的协议，即图 4-1 中的双向虚线箭头所表示的关系。

4）同一实体与不同功能层之间的进程关系称为接口，如图 4-1 中单向箭头所指的起/终

点位置，在第 N 层和第 N + 1 层之间的接口称为 N/（N + 1）层接口。

5）服务：服务在网络体系结构中是一个极重要的概念。服务就是网络中各层向其相邻上层提供的一组操作，是相邻两层之间的界面，如图 4-1 中的箭线标识着服务关系。由于网络分层结构的单向依赖关系，使得网络中相邻层之间的界面也是单向的，即下层是服务提供者，上层是服务用户。

6）N 层使用 N − 1 层提供的服务，为 N + 1 层提供服务。

（3）协议　通信实体之间要想成功通信，必须遵守一组共识、约定和标准的规则集合，这就是协议，也称为网络协议或通信协议。协议通常由三部分组成：

1）语法：约定协议元素的格式，即规定了数据与控制信息的结构和格式。

2）语义：确定协议元素的类型，即规定了通信双方要发出的控制信息，以及做出何种应答。

3）时序（又称定时或顺序）：确定通信速度的匹配和排序，即有关事件实现顺序的详细说明。

例 4-1：举例说明构成协议的三要素。

答：以"工业互联网的内涵是'工业'和'互联网'"为例，进行分析。

1）语法：根据中国汉语的基本语法，本句分为主语、谓语和宾语。

2）语义：确定主语、谓语和宾语所表达的含义。主语——工业互联网的内涵，谓语——是，宾语——"工业"和"互联网"。

3）时序：实现顺序必须按照中国汉语的基本语法进行表达，而且工业发展要早于互联网，互联网是工业发展的助推剂；从另一个角度看，即使没有互联网，工业发展进程也不会停顿，所以是工业互联网，而不是互联网工业。

2. OSI 参考模型

20 世纪 70 年代，各大计算机厂商如 IBM、施乐、苹果等公司都有自己的网络通信协议，各网络难以互连互通。为实现不同计算机系统、不同网络之间的数据能进行通信，国际标准化组织（ISO）在 1981 年正式公布了一个开放系统互连参考模型，即 OSI 参考模型。

OSI 参考模型采用分层的结构化技术，其目的就是协调不同厂商之间的通信标准，是对所有厂商开放的，具有指导国际网络结构和开放系统走向的作用。OSI 参考模型将整个网络划分为 7 个层次，自下向上分别为物理层、数据链路层、网络层、传输层、会话层、表示层和应用层，如图 4-2 所示。

（1）物理层　物理层是 OSI 参考模型的最下层，向下直接和物理信道连接，其作用是将数据转为信号，并在物理信道上进行传输。它的具体功能如下：

1）定义通信接口与传输介质的物理特性，主要包括以下几方面：

① 机械特性：物理层规定了物理连接时所需插件的规格、尺寸、针脚数量与排列等，如 RS232 接口（串行接口）、RS485 接口（并行接口）、RJ45 接口（网络的电接口）、SC 接口（网络的光接口）等。

② 电气特性：物理层规定了在物理信道上传输比特流时，信号电平的大小、编码方式、阻抗匹配、传输速率和距离限制等。

③ 功能特性：物理层定义了各个信号线的确切含义，以及各信号线的功能。

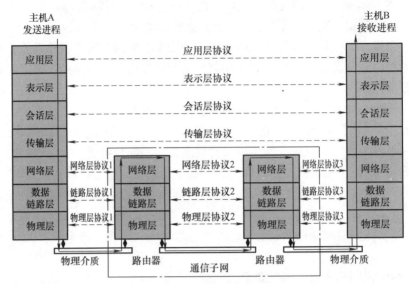

图 4-2 OSI 参考模型

④ 规程特性：物理层定义了利用信号线进行比特流传输的一组操作规程，明确了数据通信设备在物理连接之后，进行交换数据时的建立、维护和交换信息的顺序。

2）传输二进制的比特流：物理层传输的是比特流，需要对数据链路层的数据进行调制或编码，使之成为模拟信号、数字信号或光信号，以实现在不同的传输介质上进行传输。

3）定义比特的同步方法：物理层规定了通信双方必须在时钟上保持同步的方法，例如异步传输、同步传输等。

4）定义线路的连接技术：物理层定义了通信设备之间的线路连接技术，例如点对点之间的专线连接、多点之间的多路复用技术等。

5）定义传输方式：物理层还定义了通信设备之间的传输方式，例如按照传输方向划分的单工、半双工、全双工等。

（2）数据链路层 数据链路层是把数据分成可以管理和控制的数据单元，这个单元称为帧。其主要功能是实现相邻节点之间帧的正确传输，即通过校验、确认、反馈、重发等手段将原始的物理连接改造为无差错的、理想的数据链路，实现物理地址寻址、流量控制、差错控制、接入控制等功能。同时，数据链路层是建立一个可靠的逻辑信道连接的关键层。

（3）网络层 网络层是通信子网的最高层，实现在不同通信网络的源节点和目的节点之间，选择一条逻辑信道传输数据包。其主要功能如下：

1）寻址功能：通信网络中的各节点都使用唯一的逻辑地址来标识节点的位置，网络层依靠目的节点的逻辑地址来查询目的节点所在的位置。

2）转发功能：也称为路由功能，网络层判断出目的节点所在位置之后，通过查询相应的路由信息（路由表）后，选择一条合适的传输路径作为通信信道，将数据转发出去。

路由信息（路由表）就是根据一定的原则和算法，在传输路径中选出一条通向目的节点的最优路径的数据库。

（4）传输层　传输层是资源子网与通信子网之间的分界线，是资源子网和通信子网的接口与桥梁。传输层之上的会话层、表示层、应用层等均属于资源子网的范畴，完成有关数据处理的功能；而传输层之下的网络层、数据链路层、物理层等均为通信子网的范畴，完成有关通信处理的功能。所以，传输层是整个网络承上启下的关键部分。

传输层完成了资源子网中不同实体之间的逻辑通信，实现了通信子网中端到端的可靠传输。通信子网向传输层提供通信服务的可靠性有差异，经传输层处理后向会话层提供可靠的、透明的数据传输服务。传输层所提供的服务分为两种：

1）面向连接的服务：该服务要求高层的应用在进行通信之前先要建立一个可靠的逻辑信道连接，并在此基础上进行通信，通信完毕后要拆除逻辑连接，而且通信过程中还需进行流量控制、差错控制和顺序控制等。例如利用工业互联网进行交易中的资金往来、订单处理、票据处理等关键业务都属于面向连接的服务。

2）面向无连接的服务：是一种不可靠的服务，由于它不需要与高层应用建立逻辑连接，因此它不保证传输信息的可靠性，但信息传输速度快。例如利用工业互联网进行交易中的产品咨询、选择合作伙伴等非关键业务都属于面向无连接的服务。

（5）会话层　会话层主要负责管理不同实体之间通信过程中的会话，使得会话实体之间不用考虑物理间隔有多远、使用什么样的通信子网等网络通信细节，而进行透明的、可靠的数据传输。

会话层不仅能提供实体之间建立、维护、结束等会话连接，而且还能对数据传输进行管理，但不参与具体的数据传输。例如在工业互联网交易过程中的管理工作包括：根据业务可靠性的需要，来确定使用信道的可靠性；数据传输时，使用全双工、半双工、还是单工传输；发生意外时，要确定在重新恢复会话时从何处开始等。

（6）表示层　表示层是用户的信息表示问题，主要涉及被传输信息的内容和表示形式，如文字、图形、图像、声音等，主要是数据的存储、操作、编码等数据格式问题。例如，在工业互联网交易过程中的文档处理、电子表格、PPT、图像、声音、数据压缩、加密等业务。

（7）应用层　应用层为 OSI 参考模型的最高层，它是计算机网络与用户之间的接口，包含了系统管理员管理网络服务所涉及的所有问题和基本功能，也包含了人机对话、信息处理的应用程序，如操作系统、浏览器、OA 软件、CAD 软件等。例如在工业互联网交易过程中，需要进行文件编辑、图纸修订等业务都属于应用层。

4.1.4　能力拓展

OSI 参考模型提出了一个试图使各种计算机在世界范围内互连为网络的标准框架，提供给开发者一个必需的、通用的概念以便开发与完善，可以用来解释连接不同系统的框架，成为网络业界的"宪法"。

在 OSI 参考模型中，每层主要负责与其他机器上的对等层进行通信。该过程是在协议数据单元（PDU）中实现的。每层的 PDU 一般由本层的协议头、协议尾和净荷（净荷即用于传输的用户数据部分，可以理解为数据集装箱）共同封装构成，如图 4-3 所示。

OSI 参考模型除了定义网络架构外，还定

| 协议头部 | 净荷 | 协议尾部 |

图 4-3　PDU 的结构

义了自传输层开始的数据封装与解封装的过程。

1. 数据封装

数据封装就是把业务数据映射到某个 PDU 的净荷中，然后填充对应协议的头部和尾部，形成封装协议的数据包，并完成速率适配。

数据封装自上向下始于传输层，终结于物理层，每层可以添加协议头和尾到其对应的 PDU 中。OSI 参考模型数据封装的大致过程，如图 4-4 所示。

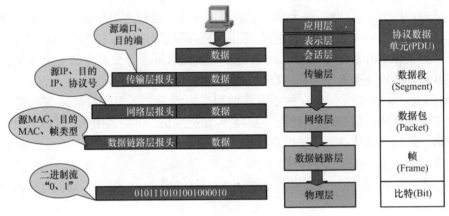

图 4-4 数据封装

1）用户信息经过应用层、表示层、会话层转换为数据，以便在网络上传输，其转换过程如下：

① 用户通过应用层的应用软件，将信息规范和量化后输入计算机，这就是应用层的转换。

② 应用软件所能接收的数据必须具有相应的格式，如 Word、PPT 等，这就是表示层的转换。

③ 用户将输入的数据作为信源，选择另一位用户作为信宿，准备将这个数据发送给对方，这就是会话层的转换。

通过以上这些转换过程，用户的信息将转换为可以在网络上传输的数据。

2）在传输层上，在数据头部封装传输层协议，数据转换为数据段（Segment），并在发送方和接收方主机之间建立一条可靠的连接。

3）在网络层，在数据段头部封装网络层协议，数据段转换为数据包（Packet），并在头部增加逻辑地址，这样每一个数据包都可以通过互联网络进行传输了。

4）在数据链路层，在数据包头部封装数据链路层协议，数据包转换为帧（Frame），以便在本地网络中传输，在本地网段上，使用硬件地址唯一地标识每一台主机。

5）在物理层上，数据帧转换为比特流（Bit），并采用数字编码和时钟方案。

2. 数据解封装

数据解封装就是封装的逆过程，拆解协议包，处理包头中的信息，取出净荷中的数据。OSI 参考模型数据解封装的大致过程如图 4-5 所示。

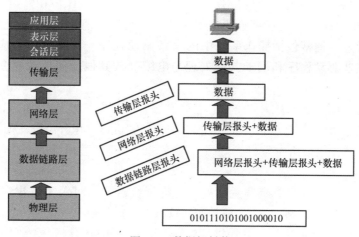

图 4-5　数据解封装

子任务 2　TCP/IP 协议族

4.2.1　任务场景

某生产企业在建设工业互联网时，为了使计算机、智能装备等设备方便接入网络，信息部的工程师遵循开放、标准等原则，选择了标准化的 TCP/IP，而且接入工业互联网的计算机、智能装备等设备均采用了统一的 IP 地址体系，标识了主机和网络的位置，有利于企业的工业互联网健康、有序的发展。

4.2.2　任务解析

OSI 参考模型是一个理想化的结构体系，它把网络传输过程分为七层模型，以达到形象化理解的效果，但在实际应用中没有被使用。TCP/IP（传输控制协议/互联网协议）可以看作是它的简化版，是互联网中应用最广泛的网络协议，许多协议都是以它为基础开发出来的，也可以说 TCP/IP 是互联网运行的基石。

4.2.3　能力储备

TCP/IP 即传输控制协议/互联网协议，是一组用于实现网络互连的通信协议的集合。TCP/IP 是互联网最基本的协议，核心协议由网络层的 IP 和传输层的 TCP 组成。

TCP/IP 定义了电子设备如何连入互联网，以及数据如何在它们之间传输。TCP 负责数据传输，而 IP 规定了互联网中每一台联网设备的数据访问机制。

1. TCP/IP 参考模型

TCP/IP 参考模型是 ARPANET 和其后继的 Internet 所使用的网络体系结构，这个体系结构在它的两个主要协议出现以后，被称为 TCP/IP 参考模型。TCP/IP 参考模型自下向上共分为四层：网络接口层、网际层、传输层和应用层，如图 4-6 所示。

| 应用层 |
| 传输层 |
| 网际层 |
| 网络接口层 |

图 4-6　TCP/IP
参考模型

（1）网络接口层　网络接口层也称为网络访问层，位于 TCP/IP 参考模型的最低层。在 TCP/IP 参考模型中并没有详细描述网络接口层的具体功能，只是指出主机必须使用某种协议与网络相连，通常包括操作系统中的设备驱动程序、计算机中对应的网络接口卡驱动程序等，这些驱动程序和网卡共同处理与电缆（或其他任何传输媒介）的物理接口细节问题。

（2）网际层　网际层也称为网络层、互联网层、IP 层等，是整个 TCP/IP 体系结构的关键部分。其功能是处理数据分组在网络中的活动，使主机可以把分组发往任何网络，并使分组独立地传向目标，包括路由选择、分组排序等，与 OSI 参考模型的网络层在功能上非常相似。

（3）传输层　传输层的功能是使源端和目的端机器上的对等实体建立端到端的会话。传输层定义了两个端到端的协议：传输控制协议（TCP）和用户数据报协议（UDP）。

1）TCP 是面向连接的协议，它提供可靠的报文传输和对上层应用的连接服务，它还具有可靠性保证、流量控制、多路复用、优先权和安全性控制等功能。

2）UDP 是面向无连接的、不可靠传输的协议，主要用于不需要排序和流量控制的应用程序。

（4）应用层　应用层包含所有的高层协议，负责处理特定的应用程序细节，主要包括虚拟终端协议（TELNET）、文件传输协议（FTP）、电子邮件传输协议（SMTP）、域名服务（DNS）、超文本传送协议（HTTP）等应用协议。

2. TCP/IP 参考模型与 OSI 参考模型的关系

OSI 参考模型和 TCP/IP 参考模型有很多相似之处，都是基于独立分层的概念，形成了一组从上到下单向依赖关系的层次结构，而且层的功能也大体相似。除了这些基本的相似之外，两个参考模型也有很多差别。

OSI 参考模型有三个主要概念，即服务、接口和协议，而 TCP/IP 最初没有明确区分服务、接口和协议。因此，OSI 参考模型中的协议比 TCP/IP 具有更好的隐藏性。OSI 中的服务、接口和协议之间的关系如下：

1）服务定义该层能为上层做什么，不能越层提供服务，每一层通过接口为上一层提供服务。

2）接口定义了需要什么进程以及预期结果是什么。某一层的接口使用进程为上层提供服务，接口与该层内部如何工作无关。

3）协议是某一层中的内部事务，可以使用任何协议，只要能完成工作，并提供为上层服务的进程即可，且某一层协议的改变不会影响其他层。

OSI 参考模型有 7 层，而 TCP/IP 参考模型只有 4 层，两者的对应关系如图 4-7 所示。

3. TCP/IP 协议族

在 TCP/IP 参考模型中，只有网际层、传输层和应用层这三个层次包含了协议，如图 4-8 所示。

（1）网际层协议　常用的网际层协议主要有以下几个：

1）IP：因特网协议，是 TCP/IP 协议族中最为重要的协议之一，其主要任务是按照协议规定的逻辑地址提供无连接的数据包传送和路由选择。

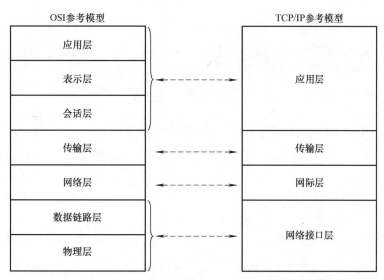

图 4-7 OSI 参考模型与 TCP/IP 参考模型的对应关系

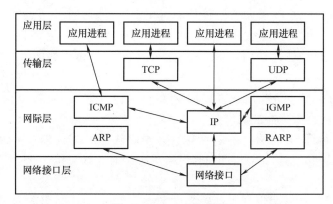

图 4-8 TCP/IP 协议族

2）ARP：地址解析协议，其任务是将已知的主机 IP 地址映射为物理地址。

3）RARP：逆向地址解析协议，其任务是将已知的主机物理地址映射为逻辑地址。

4）ICMP：因特网控制信息协议，为 IP 提供差错报告，例如使用 ping 命令进行网络检测等。

5）IGMP：是因特网组管理协议，提供单点到多点的数据包传输。

（2）传输层协议 传输层协议是 TCP/IP 协议族中最为重要的协议之一，定义了 TCP 和 UDP 两种协议，为应用层协议提供端口服务。

1）TCP：传输控制协议，是一种面向连接的、可靠的、基于字节流的通信协议。TCP 提供端到端、全双工通信，在传输数据前要先建立逻辑连接，然后再传输数据、释放连接，整个传输过程分为三步，主要在对关键业务进行处理时使用该协议。例如，交易中的资金往来、订单处理、票据处理等关键业务均使用 TCP。

2）UDP：用户数据报协议，它提供了一种无须建立连接就可以发送封装的 IP 数据报的方法，主要在对非关键业务进行处理时使用该协议。例如，交易中的产品咨询、选择合作伙伴等非关键业务均使用 UDP。

（3）应用层协议　常用的应用层协议主要有以下几个：

1）HTTP：超文本传输协议，用于实现互联网中的 WWW（或称为万维网）服务，使用端口 80。

2）FTP：文件传输协议，一般的上传/下载采用 FTP 服务，数据端口是 20，控制端口是 21。

3）SMTP：简单邮件传输协议，用来控制信件的发送、中转，使用端口 25。

4）Telnet 协议：用户远程登录服务，使用 23 端口，使用明码传送，保密性差，但简单方便。

5）DNS 协议：域名解析服务，提供域名到 IP 地址之间的转换，使用端口 53。该协议既使用 TCP，同时也使用 UDP。

6）DHCP：动态主机配置协议，该协议允许服务器向客户端动态分配 IP 地址和配置信息。

4. TCP/IP 的工作机制

（1）三次握手　TCP/IP 提供了不同主机间的可靠的、像管道一样的连接。TCP/IP 通过客户端向服务器端发出连接请求（SYN），等待对方回答（ACK），当 SYN、ACK 的三个报文段连续完成后，客户端与服务器端的会话正式建立。这种建立连接的方法可以防止产生错误的连接。会话建立的过程称为三次握手，工作过程如图 4-9 所示。

1）第一次握手：建立连接时，客户端发送 SYN 包（如 seq = a）到服务器端，并进入 SYN_SEND 状态，等待服务器端确认。

2）第二次握手：服务器端收到 SYN 包，必须确认客户端的 SYN（如 ack = a + 1），同时自己也送一个 SYN 包（seq = b），即向客户端发送 SYN + ACK 包，此时服务器端进入 SYN_RECV 状态。

3）第三次握手：客户端收到服务器端的 SYN + ACK 包，向服务器端发送确认包 SYN（如 seq = a + 1、ack = b + 1），客户端和服务器端进入通信状态，完成三次握手。

例 4-2：如图 4-10 所示，请正确写出 X、Y、Z 的值。

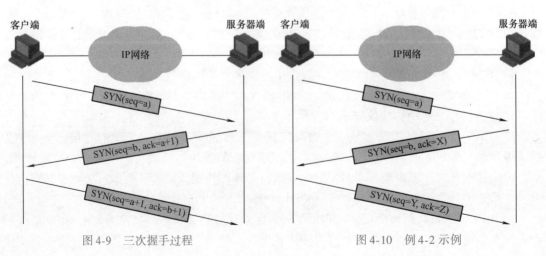

图 4-9　三次握手过程　　　　　　　图 4-10　例 4-2 示例

答：根据三次握手机制得出：X = a + 1、Y = a + 1、Z = b + 1。

（2）流量控制技术　在 TCP/IP 中使用滑动窗口协议，实现流量控制。滑动窗口协议属于 TCP 的一种应用，用于网络数据传输时进行流量控制，以避免拥塞的发生。该协议允许发送方在停止并等待确认前，发送多个数据分组。由于发送方不必每发一个分组就停下来等待确认，因此该协议可以加速数据的传输，提高网络吞吐量。其工作机制如下：

1）TCP/IP 在流量控制上，采用可变大小的滑动窗口协议来确保每个数据段都能到达目的地，而位于目的主机的 TCP 服务对接收到的数据进行确认，并向源应用程序发送确认信息，如图 4-11 所示。

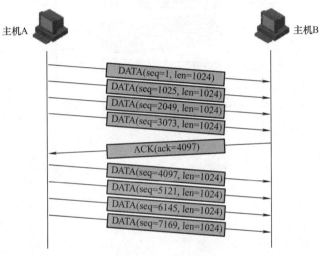

图 4-11　传输确认

2）因网络传输延时、拥塞等因素而造成数据包丢失，对于窗口内未经确认的分组需要重传，如图 4-12 所示。

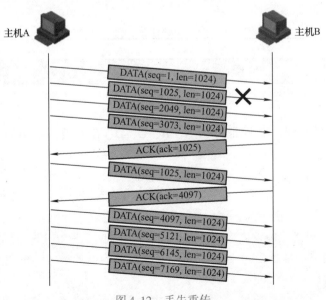

图 4-12　丢失重传

3）由于传输速率不匹配而造成的拥塞，需要调整接收窗口大小，**如图 4-13 所示。**

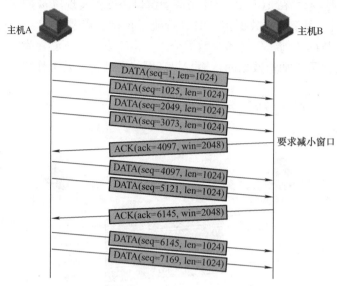

图 4-13　调整窗口

5. IP 地址

IP 地址全称为互联网地址，是为互联网上每一台主机分配的唯一的逻辑地址，以此来屏蔽物理地址的差异。IP 地址最初是由一个 32 位的二进制数组成，通常被分割为 4 组，每组中间用 "."隔开，每一组均由 8 位二进制数构成，通常用十进制表示。例如某 IP 地址为 a.b.c.d，其中，a、b、c、d 都是 0～255 之间的十进制整数。此种 IP 地址又被称为 IPv4 地址。

（1）IP 地址的分类　IP 地址由两部分组成，一部分为网络地址，另一部分为主机地址，**如图 4-14 所示。**

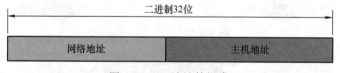

图 4-14　IP 地址的组成

按照网络地址的不同，IP 地址分为 A、B、C、D、E 五类，常用的为 A、B、C、D 几类。具体规定如下：

1）A 类地址：网络地址长度为 8 位，主机标识的长度为 24 位，且首位为 "0"的 IP 地址。A 类网络地址数量较少，全 "0"网络和 "127"网络不可用，有效网络地址为 1～126，每个网络可以容纳最大主机数为 2^{24} 台，适用于大型网络。

2）B 类地址：网络地址长度为 16 位，主机标识的长度为 16 位，且最高位必须是 "10"的 IP 地址。B 类网络地址有 2^{16} 个网络，每个网络所能容纳的最大主机数为 2^{16} 台，适用于中等规模的网络。

3）C 类地址：网络地址长度为 24 位，主机标识的长度为 8 位，且最高位必须是 "110"

的 IP 地址。C 类网络地址数量较多,有 2^{24} 个网络,每个网络所能容纳的最大主机数为 2^8 台,适用于小规模的局域网络。

4) D 类地址:多播地址,即组播地址,最高位必须是"1110"的 IP 地址。它是一个专门保留的地址,是指主机之间"一对一组"的通信模式,因此也称为组播,加入到了同一个组的主机可以接收到此组内的所有数据。例如,网上视频会议、网上视频点播采用的就是"一对一组"的多播通信方式。

5) E 类地址:IP 地址中凡是以"11110"开头的 IP 地址均为 E 类地址,是保留地址,用于将来和实验使用。

(2) 保留地址　互联网上的 IP 地址统一由一个叫 ICANN(Internet Corporation for Assigned Names and Numbers,互联网赋名和编号公司)的组织来管理,由 NIC(Network Information Center,网络信息中心)负责发放。大多数情况下,IP 地址均需要向管理机构付费之后,才可以在互联网上使用。

可以在互联网上使用的 IP 地址称为公有地址;组织机构内部使用的,且不能在互联网上使用的 IP 地址为私有地址。

私有地址按照组织机构规模的不同,在 A、B、C 三类地址中,均有保留地址以方便组织机构内部使用。

1) A 类保留地址:10.0.0.0 ~ 10.255.255.255;127.0.0.1 ~ 127.255.255.255 是用于环回测试的地址。

2) B 类保留地址:172.16.0.0 ~ 172.31.255.255。

3) C 类保留地址:192.168.0.0 ~ 192.168.255.255。

(3) 特殊的 IP 地址

1) 网络地址:指 IP 地址中的主机地址均为"0"的地址,通常作为网络标识(或网络 ID),表示网络编号,这些地址是不能分配给主机使用的,如 172.16.0.0、192.168.1.0。

2) 广播地址:是专门用于同时向网络中所有工作站进行发送的一个地址,在使用 TCP/IP 的网络中,主机标识为全"1"的 IP 地址为广播地址,这些地址同样也不能分配给主机使用的,如 172.16.255.255、192.168.1.255。

广播的分组传送给主机所在网段的所有计算机。按照范围不同,广播地址分为有限广播地址和直接广播地址。

① 有限广播地址:也称为本地广播地址或受限广播地址,是 255.255.255.255,该地址用作主机配置过程中 IP 数据包的目的地址,此时,主机可能还不知道它所在网络的网络掩码,甚至连它的 IP 地址也不知道。在任何情况下,路由器都不转发目的地址为受限的广播地址的数据报,这样的数据报仅出现在本地网络中。

② 直接广播地址:包含一个有效的网络号和一个全"1"的主机号,其指定了在一个特定网络中的所有主机。

6. 子网划分

目前计算机网络大多采用广播方式进行数据通信,同一网络中所有节点均使用 IP 地址进行主机标识,可以把这些节点所处接收广播信息的范围称为广播域。而在同一广播域中,网络会因为广播通信而饱和,因此基于每类的 IP 网络进一步分成更小的网络，这就是子网划分。

子网划分的优势在于：

1）减少网络流量，防止广播流量过大而造成网络瘫痪。

2）提高带宽利用率，改善网络性能。

3）大网划分为小网，简化管理。

（1）子网掩码　可以按照需求将原有网络分割成小网络，通过这样的子网划分，有助于降低流量和隐藏网络的复杂性。

每个子网需要分配一个新的网络地址，而新的子网地址是占用原有网络预先设定 IP 地址中的主机部分而创建的，同时需要配合使用一组比较特殊的编码，把子网隐藏起来，使得从外部看网络没有变化，这组比较特殊的编码就是子网掩码。

子网掩码与 IP 地址一样，都是具有 32 位的二进制数，与 IP 地址配合使用，其对应 IP 地址中的网络地址的对应位置都为"1"，对应 IP 地址中的主机地址的对应位置都为"0"。

由此可知，A 类网络的默认子网掩码是 255.0.0.0，B 类网络的默认子网掩码是255.255.0.0，C 类网络的默认子网掩码是 255.255.255.0。

（2）子网的划分方法　使用 IP 地址划分子网时，子网掩码需要从网络地址位向主机地址位占位，用来作为子网位，从而实现子网划分，这样做的优势是确保原有的网络总地址不变。随着子网地址占用主机地址位数的增多，子网的数目随之增加，而每个子网中的可用主机数逐渐减少，这样子网划分的 IP 地址构成如图 4-15 所示。

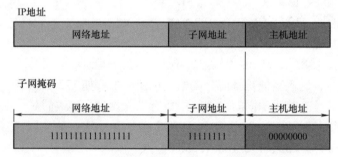

图 4-15　子网划分的 IP 地址构成

若主机地址二进制位为 M 位，子网地址占用了 N 位主机地址，二进制数位的每一位都有"0"或"1"的选择，因此，构成的子网数量为 2^N。由于原有的主机地址位被子网地址占用了，因此主机地址的二进制位变为 $M-N$，主机数量变为 2^{M-N}。

（3）子网的网络 ID 与广播地址　子网的网络 ID 又称为子网标识，用于标识子网在原网络中所处的位置及区分子网络唯一的编号，常用的办法是将某台主机的 IP 地址和子网掩码的二进制数字，按位进行逻辑"与"运算，所得到的就是网络 ID，这些地址是不能分配给子网主机使用的。

子网的广播地址是指用于在子网中发送广播的地址。在子网网段中，主机标识为全"1"的 IP 地址为子网广播地址。这些地址同样也不能分配给子网主机使用的。

例 4-3：某生产企业生产处共有 120 台主机，分配 IP 地址段为 192.168.1.0/24，现需要进行内部网建设，按照生产处内部科室构成，准备划分 6 个子网，每个子网有 20 台主机，你作为一名运维人员将如何处理？

　　答：生产处的 IP 地址段 192.168.1.0/24 为标准的 C 类网络，网络 ID 为 192.168.1.0，子网掩码为网络地址 24 个"1"，即 1111111.11111111.11111111.00000000，十进制计为 255.255.255.0。按工作要求，需划分 6 个子网，则要从网络地址向主机地址占 3 位，构成的子网数量为 $2^3 = 8$，这时主机数量变为 $2^5 = 32$，符合工作要求，子网掩码为 11111111.11111111.11111111.11100000，十进制计为 255.255.255.224。

　　网络 ID 分别为：192.168.1.0、192.168.1.32、192.168.1.64、192.168.1.96、192.168.1.128、192.168.1.160、192.168.1.192、192.168.1.224。

　　例 4-4：某生产企业车间内有两台智能装备必须处于同一网络内，以方便协同工作，装备一的 IP 地址为 222.21.160.6，子网掩码为 255.255.255.192，装备二的 IP 地址为 222.21.160.73，子网掩码为 255.255.255.192。请判断这些装备的子网广播地址。

　　答：首先要判断两台装备是否在同一网段。

　　装备一：IP 地址 222.21.160.6 转为二进制为 11011110.00010101.10100000.00000110，子网掩码 255.255.255.192 转为二进制为 11111111.11111111.11111111.11000000，两者按位逻辑"与"运算，如图 4-16 所示。

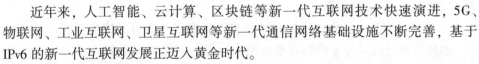

图 4-16　按位逻辑"与"运算

　　11011110.00010101.10100000.00000000 就是装备一的子网络 ID，转为十进制的形式为 222.21.160.0。

　　按同样方法可计算得装备二的子网络 ID 为 222.21.160.64。

　　装备一与装备二不在同一个网络内，作为运维人员需要把装备一和装备二的 IP 地址调整到同一网络内。

　　装备一的子网广播地址是该子网主机地址均为"1"的地址，该主机的子网 ID 为 222.21.160.0，转为二进制地址为 11011110.00010101.10100000.00000000，因划分子网需要网络地址位向主机地址位占位，因此占用了 2 个主机地址位，而主机地址位为剩余的 6 个"0"，该子网的广播地址就为"00111111"，转换为十进制为 63。因此，装备一的子网广播地址是 222.21.160.63。同理可得装备二的子网广播地址为 222.21.160.127。

4.2.4　能力拓展

　　近年来，人工智能、云计算、区块链等新一代互联网技术快速演进，5G、物联网、工业互联网、卫星互联网等新一代通信网络基础设施不断完善，基于 IPv6 的新一代互联网发展正迈入黄金时代。

　　由于 IPv4 最大的问题在于网络地址资源有限，严重制约了互联网的应用和发展。IPv6 的使用不仅能解决网络地址资源数量的问题，而且还能解决多种接入设备连入互联网的问题。目前，在我国的 4G/5G 网络中大量使用 IPv6，尤其是在工业互联网建设中。

　　1. IPv6 地址构成

　　IPv6 是英文 Internet Protocol Version 6（互联网协议第 6 版）的缩写，是互联网工程任务组（IETF）设计的用于替代 IPv4 的下一代 IP，其地址数量号称可以为全世界的每一粒沙子分配一个地址。

IPv6 的地址长度为 128 位，是 IPv4 地址长度的 4 倍，采用十六进制表示。IPv6 地址有三种表示方法：

1）冒分十六进制表示法。格式为 X：X：X：X：X：X：X：X，其中每个 X 表示地址中的 16 位二进制，以十六进制表示，如 ABCD：EF01：2345：6789：ABCD：EF01：2345：6789。在这种表示法中，每个 X 的前导 0 是可以省略的，如 2001：0DB8：0000：0023：0008：0800：200C：417A 等同于 2001：DB8：0：23：8：800：200C：417A。

2）0 位压缩表示法。在某些情况下，一个 IPv6 地址中间可能包含很长的一段 "0"，可以把连续的一段 0 压缩为 "：："。但为保证地址解析的唯一性，地址中 "：：" 只能出现一次，例如 FF01：0：0：0：0：0：0：1101 等同于 FF01：：1101，0：0：0：0：0：0：0：1 等同于：：1，0：0：0：0：0：0：0：0 等同于：：。

3）内嵌 IPv4 地址表示法。为了实现 IPv4 与 IPv6 互通，IPv4 地址会嵌入 IPv6 地址中，此时地址常表示为 X：X：X：X：X：X：d. d. d. d，前 96 位采用冒分十六进制表示，而最后的 32 位则使用 IPv4 的点分十进制表示，例如，：：192.168.0.1 与：：FFFF：192.168.0.1 就是两个典型的例子。注意，在前 96 位中，压缩 "0" 位的方法依旧适用。

2. IPv6 地址分类

IPv6 协议主要定义了单播地址、组播地址和任播地址三种地址类型，与 IPv4 地址相比，新增了 "任播地址" 类型，取消了 IPv4 地址中的广播地址，因为 IPv6 中的广播功能是通过组播来完成的。

1）单播地址：又叫单目地址，就是传统的点对点通信，用来标识一个接口，即一个发送者和一个接收者之间通过网络进行通信所使用的地址。发送到单播地址的数据报文将被传送给此地址所标识的一个接口。

2）组播地址：用来标识一组接口（通常这组接口属于不同的节点），类似于 IPv4 中的组播地址。发送到组播地址的数据报文被传送给此地址所标识的所有接口。

3）任播地址：用来标识一组接口（通常这组接口属于不同的节点），发送到任播地址的数据报文被传送给此地址所标识的一组接口中距离源节点最近（根据使用的路由协议进行度量）的一个接口。

3. IPv6 地址配置协议

IPv6 使用两种地址配置协议，分别为无状态地址自动配置协议（SLAAC）和 IPv6 动态主机配置协议（DHCPv6）。

（1）无状态地址自动配置　无状态地址自动配置不需要服务器对地址进行管理，主机直接根据网络中的路由通告信息与本机物理地址结合计算出本机 IPv6 地址，实现地址的自动配置。其核心是不需要额外的服务器管理地址状态，主机可自行计算地址进行地址自动配置。具体分为四个基本步骤：

1）链路本地地址配置，主机计算本地地址。

2）重复地址检测，确定当前地址唯一。

3）全局前缀获取，主机计算全局地址。

4）前缀重新编址，主机改变全局地址。

（2）IPv6 动态主机配置协议　IPv6 动态主机配置协议（简称 DHCPv6）是由 IPv4 场景

下的 DHCP 发展而来，由 DHCPv6 服务器管理地址池，客户端通过向 DHCP 服务器发出申请来获取本机 IP 地址并进行自动配置。DHCP 服务器负责管理并维护地址池以及地址与客户端的映射信息。

DHCPv6 在 DHCP 的基础上，进行了一定的改进与扩充，其中包含三种角色：

1）DHCPv6 客户端：用于动态获取 IPv6 地址、IPv6 前缀或其他网络配置参数。

2）DHCPv6 服务器：负责为 DHCPv6 客户端分配 IPv6 地址、IPv6 前缀和其他配置参数。

3）DHCPv6 中继：它是一个转发设备。通常情况下，DHCPv6 客户端可以通过本地链路范围内组播地址与 DHCPv6 服务器进行通信。若服务器和客户端不在同一链路范围内，则需要 DHCPv6 中继进行转发。DHCPv6 中继的存在使得在每一个链路范围内都部署 DHCPv6 服务器成为非必要的，节省了成本，并便于集中管理。

4. IPv6 的优势

与 IPV4 相比，IPV6 具有以下几个优势：

1）IPv6 具有更大的地址空间。IPv4 中规定 IP 地址长度为 32，最大地址个数为 2^{32}；而 IPv6 中 IP 地址的长度为 128，即最大地址个数为 2^{128}。

2）IPv6 的地址分配一开始就遵循聚类的原则，使得 IPv6 使用更小的路由表，在路由表中用一条记录表示很多子网，大大减小了路由表的长度，提高了转发数据包的速度。

3）IPv6 增加了组播支持以及流量控制，这使得网络上的多媒体应用有了长足发展的机会，为服务质量（QoS）控制提供了良好的网络平台。

4）IPv6 加入了对自动配置的支持，这是对 DHCP 的改进和扩展，使得网络（尤其是局域网）的管理更加方便和快捷。

5）IPv6 具有更高的安全性。在 IPv6 网络中，用户可以对网络层的数据进行加密并对 IP 报文进行校验，IPv6 中的加密与鉴别功能保证了分组的保密性与完整性，极大地增强了网络的安全性。

工作任务5

工业互联网企业内部网络规划

1. 任务简介

某生产企业信息部的工程师着手组建企业内部网络，首选 TCP/IP，根据部门与分厂的管理特性，组建其各自的网络。规划结束后，结合"工作任务单5"提交该企业 VLAN（虚拟局域网）规划文档。

2. 任务目的

1）知识目标：学习以太网的相关知识，掌握 VLAN、STP（生成树协议）等技术的基础知识。

2）能力目标：结合内部网络规划的相关知识，掌握 VLAN 技术的应用场景，强化对 VLAN 技术的基本认知。

3）素质目标：通过本任务的学习，提高团队合作能力、沟通协调能力，强化逻辑思维能力、自主学习能力，深化对服务对象岗位应用的理解能力，提高知识的更新能力。

3. 任务成果

提交该企业 VLAN 规划文档的工作任务单。

4. 实施方案

建议授课教师模拟该企业信息部工程师进行 VLAN 规划的工作场景，通过真实的"任务场景"使学生能够了解任务的应用场景；通过"任务解析"引出任务中的基本知识点；通过"能力储备"使学生掌握应知应会的基本知识；"能力拓展"则是针对部分能力较强的学生而设立的，由授课教师自行掌握。

5. 所需学时

建议 8 学时，由授课教师按照教学进度自行掌握。

5.1 任务场景

某生产企业内部网络建设前期调研与规划完毕后，开始进行网络扩容。为了使计算机、智能装备等设备方便接入网络，信息部工程师遵循开放、标准等原则，选择以太网进行扩容，为防止广播风暴、链路宕机，内部网络的计算机、智能装备等设备采用了分区隔离、冗余链路的方案进行扩容，并且在生产车间选择了工业化的以太网、无线网络等建设方案。

5.2 任务解析

1973 年，以太网（Ethernet）由美国施乐（Xerox）公司创建。1983 年，IEEE 组织制定了 IEEE 802.3 以太网技术标准，它规定了包括物理层的连线、电子信号和介质访问层协议的内容。以太网是当前应用最普遍的局域网技术。

以太网以其特有广播的工作模式，为节点访问提供了极大的便利。但由于节点的广播流量过大，极易引发广播风暴，为此，采用 VLAN（虚拟局域网）技术，将其划分为更小的网络来抑制广播风波。同时，采用 STP（生成树协议）技术进行物理链路、核心设备之间的冗余设计。

5.3 能力储备

1. 以太网标准

IEEE 802.3 标准通常指以太网的网络标准，该标准定义了物理层和数据链路层的介质访问控制（MAC），在多种传输介质上以多种速率进行数据传输时，采用带冲突检测的载波侦听多路访问（CSMA/CD）技术进行数据传输。

（1）CSMA/CD 的工作模式　在传统的共享以太网中，所有的节点共享传输介质。如何保证传输介质有序、高效地为许多节点提供传输服务，就是带冲突检测的载波侦听多路访问（CSMA/CD）技术要解决的问题。

1）CSMA/CD 的工作原理：在发送数据前，先侦听信道是否空闲，再择机发送。可简单总结为：先听后发，边发边听，冲突停发，随机延迟后重发。

① 若空闲，则立即发送数据。

② 若信道忙碌，则等待一段时间至信道中的信息传输结束后再发送数据。

2）CSMA/CD 的特点：原理比较简单，技术上易实现；但在网络负载增大时，发送时间增长，发送效率急剧下降。

3）冲突处理：当确认发生冲突后，进入冲突处理程序，有两种冲突情况：

① 若在侦听中发现线路忙，则等待一个延时后再次侦听；若仍然忙，则继续延迟等待，一直到可以发送为止。每次延时的时间不一致，由退避算法确定延时值。退避算法包含以下几种情况：

- 非坚持 CSMA：线路忙，等待一段时间，再侦听；不忙时，立即发送。这种算法的特点在于减少冲突，降低信道利用率。
- 1 坚持 CSMA：线路忙，继续侦听；不忙时，立即发送。这种算法的特点在于提高信道利用率，增大冲突。
- P 坚持 CSMA：线路忙，继续侦听；不忙时，P 概率进行发送，1 - P 概率为继续侦听（P 是一个指定的概率值）。这种算法的特点在于有效平衡，但复杂。

② 若在发送过程中发现数据碰撞，则先发送阻塞信息，强化冲突，再进行侦听工作，以待下次重新发送。

（2）IEEE 802.3 标准的体系结构　为了使数据链路层能更好地适应多种局域网标准，

IEEE 802.3 标准将局域网的数据链路层拆成两个子层，如图 5-1 所示。

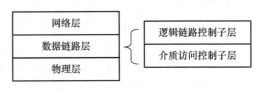

图 5-1 数据链路层的拆分

1）逻辑链路控制（Logical Link Control，LLC）子层：LLC 子层位于网络层之下，紧邻网络层，其主要功能包括：传输可靠性保障和控制；数据包的分段与重组；数据包的顺序传输。

LLC 子层提供三种服务：

① 无确认无连接的服务，这是数据包类型的服务。

② 连接方式的服务，这种服务类似于 HDLC（高级数据链路控制）提供的服务。

③ 有确认无连接的服务，提供有确认的数据包，但不建立连接。

2）介质访问控制（Medium Access Control，MAC）子层：MAC 子层定义了在共享同一个带宽的链路中，数据包在链路上"先入先出"的访问机制，同时也定义了物理寻址、逻辑拓扑等结构，实现了线路控制、帧的时序和流量控制等功能。

MAC 子层定义了使用物理地址实现实体间的通信。物理地址简称 MAC（Medium/Media Access Control）地址，是互联网上每一个站点的标识符。MAC 地址由 48 位二进制数构成，采用十六进制数表示，共 6 个字节（48 位）。

1）前三个字节（高 24 位）是由 IEEE 的注册管理机构 RA 负责给不同厂家分配的代码，也称为编制上唯一的标识符（Organizationally Unique Identifier）。

2）后三个字节（低 24 位）由各厂家自行指派给生产的适配器接口，称为扩展标识符（具有唯一性）。

（3）**帧结构** MAC 子层将数据封装成数据帧，用于数据依靠 MAC 地址进行定点、定向的传输与接收。Xerox 与 DEC、Intel 在 1982 年制定的 Ethernet II（即 DIX 2.0）以太网标准帧结构成为 IEEE 802.3 标准中主要的数据帧结构，如图 5-2 所示。

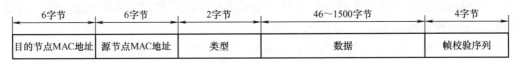

图 5-2 数据帧结构

Ethernet II 类型以太网帧的有效长度为 64～1518 字节，其中：

1）前 12 字节分别标识出接收数据帧的目的节点 MAC 地址和发送数据帧的源节点 MAC 地址。

2）接下来 2 个字节标识出以太网帧所携带的上层数据类型，如十六进制数 0x0800 代表 IP 数据，0x809B 代表 AppleTalk 协议数据，0x8138 代表 Novell 类型协议数据等。

3）最后的 4 个字节是帧校验序列（Frame Check Sequence，FCS），采用 32 位循环冗余校验（CRC）对从"目的节点 MAC 地址"字段到"数据"字段的数据进行校验。

（4）**冲突域/广播域**

1）冲突域：在以太网中，当两个数据帧同时被发到传输介质上，且完全或部分叠加时，导致接收方无法识别数据的情况称为数据冲突。当发生冲突时，传输介质上的数据都不再有效。发生冲突的范围称为冲突域。

冲突是影响以太网性能的重要因素，由于冲突的存在使得传统的以太网在负载超过40%时，效率将明显下降。产生冲突的原因有很多，如同一冲突域中节点的数量越多，产生冲突的可能性就越大；此外，诸如数据分组的长度（以太网的最大帧长度为1518字节）、网络的直径等因素也会影响冲突的产生。

因此，当以太网的规模增大时，就必须采取措施来控制冲突的扩散。常用的办法是利用网桥或交换机将网络分段。网络分段的方法是利用网桥或交换机的每一个接口就是一个冲突域的原则，将一个大的冲突域划分为若干小冲突域。

2）广播域：在网络传输中，向所有连通的节点发送消息称为广播。网络中能接收任意一台设备发出广播帧的范围就是广播域。

以太网利用广播来实现实体间的通信，所以以太网也称为广播式以太网。网络中所有的节点都可以侦听到源节点传输的数据帧，而接收节点按照目的节点 MAC 地址进行接收，只有与目的节点 MAC 地址符合的节点才会接收并处理数据帧，非目的节点 MAC 地址的节点虽然收到该数据帧但不做处理。

如果广播流量过大，就会引发广播风暴，致使网络瘫痪，必须采取分割广播域的办法来防止广播风暴的产生。通常会使用路由器分割广播域，利用路由器的每一个接口都是一个广播域的原则，将一个大的广播域划分为若干小广播域。

2. 以太网的分类

（1）十兆以太网　以太网最初只有 10Mbit/s 的吞吐量，使用的是带有 CSMA/CD 的访问控制方法，这种早期的 10Mbit/s 以太网称为标准以太网。以太网可以使用粗同轴电缆、细同轴电缆、非屏蔽双绞线、屏蔽双绞线和光纤等多种传输介质进行连接。

在 IEEE 802.3 标准中，为不同的传输介质制定了不同的物理层标准。在这些标准中前面的数字表示传输速度，单位是"Mbit/s"；最后的一个数字表示单段网线长度（基准单位是 100m）；Base 表示"基带"的意思。

标准以太网常用的组网方案有如下几种：

1）10Base-5：使用直径为 0.4in⊖、阻抗为 50Ω 粗同轴电缆，也称粗缆以太网，最大网段长度为 500m，拓扑结构为总线型。

2）10Base-2：使用直径为 0.2in、阻抗为 50Ω 细同轴电缆，也称细缆以太网，最大网段长度为 185m，拓扑结构为总线型。

3）10Base-T：使用双绞线电缆，最大网段长度为 100m，利用集线器（Hub）、交换机等设备构成，拓扑结构为星形。

4）10Base-F 使用光纤传输介质，传输速率为 10Mbit/s，拓扑结构为环形。

（2）快速以太网（百兆以太网）　标准以太网技术难以满足日益增长的网络数据流量速度需求，快速以太网在标准以太网基础上发展而成，带宽增加到 100Mbit/s。快速以太网技术可以有效地保障用户在布线基础实施上的投资，它支持三、四、五类双绞线以及光纤的连接，能有效地利用现有的设施。快速以太网仍是基于 CSMA/CD 技术，当网络负载较重时，

⊖　1in = 0.0254m。

会造成效率的降低，当然这可以使用交换技术来弥补。

快速以太网常用的组网方案有以下几种：

1）100Base - TX：是一种使用五类数据级非屏蔽双绞线或屏蔽双绞线的快速以太网技术，拓扑结构为星形。它使用两对双绞线，一对用于发送数据，一对用于接收数据。它的最大网段长度为100m，支持全双工的数据传输。

2）100Base - FX：是一种使用光缆的快速以太网技术，可使用单模和多模光纤，拓扑结构为星形。多模光纤连接的最大距离为550m，而单模光纤连接的最大距离为3000m，支持全双工的数据传输。100Base - FX特别适合有电气干扰的环境、较大距离连接或高保密环境等情况下的使用。

（3）千兆以太网 千兆以太网也称吉比特以太网，作为高速以太网技术，给用户带来了提高核心网络的有效解决方案，这种解决方案的最大优点是继承了传统以太网技术价格便宜的优点。千兆以太网技术仍然是以太网技术，它采用了与标准以太网相同的帧格式、帧结构、网络协议、全/半双工工作方式、流控模式以及布线系统。由于该技术不改变传统以太网的桌面应用、操作系统，因此可与10Mbit/s或100Mbit/s的以太网很好地配合工作。

升级到千兆以太网不必改变网络应用程序、网管部件和网络操作系统，能够最大限度地保护投资。此外，IEEE标准将支持最大距离为550m的多模光纤、最大距离为70km的单模光纤和最大距离为100m的同轴电缆，填补了标准以太网/快速以太网标准的不足。

千兆以太网技术有两个标准：IEEE 802.3z和IEEE 802.3ab。IEEE 802.3z制定了光纤和短程铜线连接方案的标准；IEEE 802.3ab制定了五类双绞线上较长距离连接方案的标准。

千兆以太网常用的组网方案有以下几种：

1）1000Base - CX：采用150Ω屏蔽双绞线（STP），传输距离为25m。

2）1000Base - T：基于五类或超五类非屏蔽双绞线（UTP）的标准，其目的是在五类或超五类UTP上以1000Mbit/s速率传输，传输距离为100m。

3）1000Base - SX：只支持多模光纤，可以采用直径为62.5μm或50μm的多模光纤，工作波长为770~860nm的短波光，传输距离为220~550m。

4）1000Base - LX：可以支持直径为9μm或10μm的单模光纤，工作波长为1270~1355nm的长波光，传输距离为5km左右。

（4）万兆以太网 万兆以太网也称为十吉比特以太网，规范包含在IEEE 802.3标准的补充标准IEEE 802.3ae中，它扩展了IEEE 802.3标准和MAC规范，使其支持10Gbit/s的传输速率，是实现未来端到端光以太网的基础。

万兆以太网常用的组网方案有以下几种：

1）10GBASE - SR和10GBASE - SW：主要支持短波（850nm）多模光纤（MMF），光纤距离为2~300m。

① 10GBASE - SR：主要支持暗光纤（Dark Fiber），暗光纤是指没有光传播并且不与任何设备连接的光纤。

② 10GBASE - SW：主要用于连接同步光纤网络（SONET）设备，它应用于远程数据通信。

2）10GBASE - LR和10GBASE - LW：主要支持长波（1310nm）单模光纤（SMF），光纤距离为2~10km。

① 10GBASE - LW：主要用来连接 SONET 设备。

② 10GBASE - LR：用来支持暗光纤。

3）10GBASE - ER 和 10GBASE - EW：主要支持超长波（1550nm）单模光纤（SMF），光纤距离为 2～40km。

① 10GBASE - EW：主要用来连接 SONET 设备。

② 10GBASE - ER：用来支持暗光纤。

4）10GBASE - LX4：采用波分复用技术，在单对光缆上以四倍光波长发送信号，系统运行在 1310nm 的多模或单模暗光纤方式下。该系统的设计主要是针对 2～300m 的多模光纤模式或 2～10km 的单模光纤模式。

3. 交换式以太网

（1）拓扑结构　传统的以太网为总线型拓扑结构，采用共享访问的 CSMA/CD 机制，所需的电缆较少、价格便宜但管理成本高，它的主要缺陷是不易隔离故障点、易造成网络拥塞等。它已经逐渐被以集线器和交换机为核心的星形网络所代替。随着交换技术的发展，以交换机为核心的交换式以太网成为当今主流的网络架构。

交换式以太网采用交换机作为网络的核心节点，通过双绞线将局域网中的各台主机连接到核心节点上，这就形成了星形拓扑结构。此外，星形拓扑可以通过交换机级联的方式很方便地将网络扩展到很大的规模，因此得到了广泛的应用，被绝大部分的以太网所采用。

交换式以太网使用双绞线时，通常有直通线和交叉线两种连线方法，用于连接终端设备，如图 5-3 所示。

1）直通线：双绞线两端的发送端口与发送端口直接相连，接收端口与接收端口直接相连，通常用于不同设备之间相连接，如交换机连接路由器、计算机连接交换机等。

2）交叉线：指双绞线两端的发送端口与接收端口交叉相连，通常用于同种设备之间相连接，如交换机连接交换机、路由器连接路由器、计算机连接计算机、计算机连接路由器（路由器早期由计算机担任）。

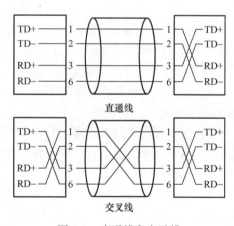

图 5-3　直通线和交叉线

（2）交换机的工作原理　交换机工作在 OSI 参考模型中的第二层，即数据链路层。交换机工作时，根据收到的数据帧中的目的 MAC 地址，来决定数据帧应发向交换机的哪个端口。具体工作过程如下：

1）交换机根据收到数据帧中的源 MAC 地址建立该地址同交换机端口的映射，并将其写入 MAC 地址表中。

2）交换机将数据帧中的目的 MAC 地址同已建立的 MAC 地址表进行比较，以决定由哪个端口进行转发。

3）如果数据帧中的目的 MAC 地址不在 MAC 地址表中，则向所有端口转发，这个过程称为泛洪（Flood）。

4）广播帧和组播帧向所有的端口转发。

综上所述，交换机端口间的帧传输彼此屏蔽，因此节点就不担心自己发送的帧在通过交换机时，是否会与其他节点发送的帧产生冲突。因此，交换机可以隔离冲突域，但不能隔离广播域。

（3）交换机的功能与分类　交换机具有以下几个主要功能：

1）学习：交换机了解每一端口相连设备的 MAC 地址，并将地址同相应的端口映射起来，并存放在交换机缓存中的 MAC 地址表中。

2）转发/过滤：当一个数据帧的目的地址在 MAC 地址表中有映射时，它被转发到连接目的节点的端口而不是所有端口，而广播帧或组播帧则转发至所有端口。

3）消除回路：当交换机包括一个冗余回路时，交换机通过生成树协议（Spanning Tree Protocol，STP）避免回路的产生，同时允许存在冗余路径。

交换机通常可分为存储转发式和直通式。

1）存储转发式交换机：在转发之前必须接收整个帧，并进行检错，如无错误再将这一帧发向目的 MAC 地址，帧通过交换机的转发时延随帧长度的不同而变化。这种交换机最为常见，转发速度较慢，但可靠性好。

2）直通式交换机：只要检查到帧头中所包含的目的 MAC 地址就立即转发该帧，而无须等待帧全部被接收，也不进行错误校验。其转发速度快于存储转发式交换机，但可靠性要差一些。

4. 生成树协议

交换式以太网采用交换机作为核心，为防止单点的失效而导致全网功能的瘫痪，通常设计有冗余链路和设备。这种设计虽然能够消除单点失效的问题，但也导致了交换回路的产生，主要表现在以下几方面：

1）由于冗余链路或设备的存在，大量的广播帧/组播帧被转发，极易引发广播风暴，致使网络瘫痪。

2）由于冗余链路或设备的存在，需要转发的同一数据帧被多次复制转发。

3）由于冗余链路或设备的存在，交换机的 MAC 地址表不稳定，导致 MAC 地址表被刷新，大量消耗交换机 CPU 的资源。

因此，在交换网络中必须有一种机制来阻止回路的产生，生成树协议的作用正在于此。生成树协议的国际标准是 IEEE 802.1D。运行生成树算法的交换机在规定的间隔（默认为 2s）内，通过网桥协议数据单元（BPDU）的组播帧与其他交换机交换配置信息，其工作的过程如下：

1）通过比较网桥优先级选取根网桥（给定广播域内只有一个根网桥）。

2）其余的非根网桥只有一个通向根交换机的端口称为根端口。

3）每个网段只有一个转发端口。

4）根交换机所有的连接端口均为转发端口。

运行生成树协议的交换机上的端口，在正常操作期间，处于转发或阻塞状态，当设备识别网络拓扑结构变化时，交换机自动进行状态转换，在这期间端口暂时处于侦听和学习状态。

1）阻塞：所有端口以阻塞状态启动以防止回路，由生成树确定哪个端口转换到转发状态，处于阻塞状态的端口不转发数据但可接收 BPDU。

2）监听：不转发，检测 BPDU（临时状态）。

3）学习：不转发，学习 MAC 地址表（临时状态）。

4）转发：端口能转发和接收数据。

当网络拓扑结构发生改变时，交换机会自动启用生成树协议，重新计算新的拓扑结构。当所有交换机的端口状态变为转发或阻塞时，意味着新的拓扑结构计算完毕，这个过程称为收敛（Convergence）。

交换机收敛过程如下：

1）从阻塞状态到侦听状态需要 20s。

2）侦听状态到学习状态需要 15s。

3）学习状态到转发状态需要 15s。

收敛完成后才能进行通信，整个收敛过程需要 50s。

这可能会对某些应用产生影响，可以通过一些特殊的交换机技术加快收敛的速度，如快速生成树协议（Rapid Spanning Tree Protocol，RSTP）。

生成树协议在交换机上一般是默认开启的，不经人工干预即可正常工作，**但这种自动生成的方案可能导致数据传输的路径并非最优化。因此，可以通过人工设置网桥优先级的方法影响生成树的生成结果。**

5. 虚拟局域网

交换机的本质和功能是通过将网络分割成多个冲突域提供增强的网络服务。然而交换机仍是一个广播域，一个广播数据包可被交换机转发至全网。为防止广播风暴的产生，需要对广播域进行分割，交换机提供了一种称为虚拟局域网的解决方案。

（1）**虚拟局域网的定义** 虚拟局域网（Virtual Local Area Network，VLAN）由 IEEE 802.1Q 标准定义，是一组逻辑上的设备和用户，这些设备和用户并不受物理位置的限制，可以根据功能、部门等因素将它们组织起来，相互之间的通信就好像它们在同一个网段中一样。一个 VLAN 是跨越多个物理 LAN 网段的逻辑广播域，人们设计 VLAN 来为工作站提供独立的广播域，**这些工作站是依据其功能、项目组或应用而不管其用户的物理位置而从逻辑上分段的**，如图 5-4 所示。

（2）**VLAN 的优势** VLAN 在使用中具有如下优势：

1）安全性：一个 VLAN 里的广播帧不会扩散到其他 VLAN 中，提高通信的安全性。

2）有利于部门管理：网络按照部门属性进行分段。

3）限制网络上的广播：将网络划分为多个 VLAN 可减少参与广播风暴的设备数量，有效地控制广播风暴的发生。

（3）**VLAN 的分类** VLAN 按其工作特性，可分为如下几类：

1）基于端口的 VLAN：根据以太网交换机的端口来划分，这种方式最为常见。

2）基于 MAC 地址的 VLAN：根据每个主机网卡的 MAC 地址来划分。

3）基于网络层的 VLAN：根据每个主机的网络层地址或协议类型（如果支持多协议）来划分。

4）基于 IP 组播的 VLAN：一个组播组就是一个 VLAN。

（4）**VLAN 工作方式** 用户结合自身网络的特点，可自行进行 VLAN 的划分，其工作方

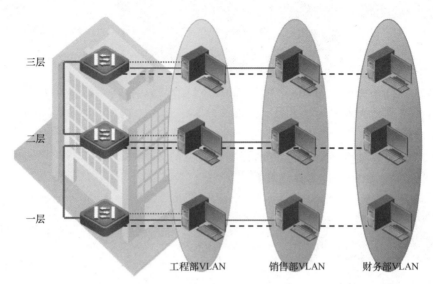

图 5-4　VLAN 结构

式如下：

1）静态 VLAN：分配给 VLAN 的端口由管理员静态（人工）配置。

2）动态 VLAN：可基于 MAC 地址、IP 地址等识别其成员资格。当使用 MAC 地址时，通常的方式是用 VLAN 管理策略服务器（VMPS）支持动态 VLAN。VMPS 包括一个映射 MAC 地址到 VLAN 分配的数据库。当一个帧到达动态端口时，交换机根据帧的源地址查询 VMPS，获取相应的 VLAN 分配。

虽然 VLAN 是在交换机上划分的，但交换机是数据链路层（OSI 参考模型的第二层）网络设备，单一的由交换机构成的网络无法进行 VLAN 间通信，解决这一问题的方法是使用第三层的网络设备，如路由器。路由器可以转发不同 VLAN 间的数据包，就像它连接了几个真实的物理网段一样，这称为 VLAN 间路由。

（5）VLAN 帧结构　VLAN 数据帧现在使用的协议标准是 IEEE 802.1Q。VLAN 数据帧在标准的数据帧基础上增加了 4 字节，它位于以太网帧中"源 MAC 地址"字段和"长度/类型"字段之间，称为 802.1Q Tag 帧，其结构如图 5-5 所示。

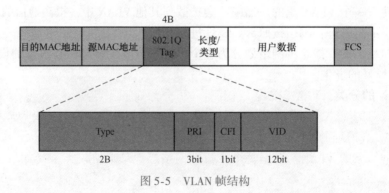

图 5-5　VLAN 帧结构

1）Type：长度为 2B，表示帧类型。在 802.1Q Tag 帧中，Type 字段取固定值 0x8100，

如果不支持 802.1Q 的设备收到 802.1Q 帧，则将其丢弃。

2）PRI：优先级（Priority）字段，长度为 3bit，表示以太网帧的优先级，取值范围是 0～7，数值越大，优先级越高。当交换机/路由器发生传输拥塞时，优先发送优先级高的数据帧。

3）CFI：规范格式指示器（Canonical Format Indicator），长度为 1bit，表示 MAC 地址是否是经典格式。CFI 为 0 说明是经典格式，CFI 为 1 表示为非经典格式。该字段用于区分以太网帧、FDDI 帧和令牌环网帧。在以太网帧中，CFI 取值为 0。

4）VID：即 VLAN ID，长度为 12bit，取值范围是 0～4095，其中 0 和 4095 是保留值，不能给用户使用，有效适用范围为 1～4094，由用户按照自身网络的特点自行分配使用。

5.4　能力拓展

1. 工业以太网

工业以太网（Ethernet for Plant Automation，EPA）是指在工业环境的自动化控制及过程控制中，应用以太网的相关组件及技术而组建的网络。该网络采用 TCP/IP，与 IEEE 802.3 标准兼容，在应用层加入符合工业特点的协议。

以太网一般更多地用于办公环境，主要针对基础层次的使用。而工业以太网则可能用于多种层次，由于生产车间具有强大的电磁污染，工作环境更加恶劣，因此该网络的任务更加繁重。典型的工业以太网结构如图 5-6 所示。

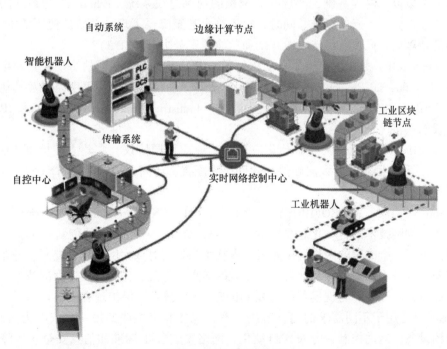

图 5-6　工业以太网结构

（1）工业以太网的特性　工业以太网由于工作环境的特殊性，具有以下特性：

1）工业以太网具有相当高的数据传输速率（目前已达到10Gbit/s），能提供足够的带宽。

2）由于工业以太网具有与以太网相同的通信协议，因此很容易集成到 IT（信息技术）网络中。

3）工业以太网可以在同一总线上运行不同的传输协议，从而建立企业的公共网络平台或基础架构。

4）在工业以太网中，运用了交互式和开放的数据存取技术，便于多方协同工作。

5）工业以太网沿用多年，已为众多的技术人员所熟悉，市场上能提供广泛的设备、维护和诊断工具，成为事实上的统一标准。

6）工业以太网允许支持不同的物理介质和异构网络。工业以太网近距离（100m 以内）传输使用屏蔽双绞线（STP）作为主要的通信介质；中/远距离（100m 以上）或工作环境恶劣的区域，如生产车间，主要使用光通信；而无法布线的区域必须使用工业级的无线系统。

（2）工业以太网协议　工业以太网协议是参照标准以太网的协议，并结合工业环境的特殊性，加以修改制定而成的。该协议在工作时，确保工作节点在特定时间内，能正确发送和接收特定的制造数据，且它们需要保证数据每一次都成功发送；还能在需要执行特定操作时，准时发送和接收数据。

工业以太网通常需要更稳定可靠的连接器、电/光/无线等通信介质。为了获得更高的稳定性，工业以太网会使用专用协议，目前较受欢迎的工业以太网协议有 EtherCAT、Ether-Net/IP、ProfiNet、Modbus-TCP 和 Powerlink 等。

1）EtherCAT 协议：即以太网控制自动化技术协议，最初由德国倍福自动化有限公司研发。它是一个以以太网为基础，实现开放架构的现场总线系统，EtherCAT 为系统的实时性和拓扑的灵活性树立了新的标准。同时，它还符合甚至降低了现场总线的使用成本。此外，它还包括高精度设备同步、可选线缆冗余和功能性安全协议（SIL3）。

2）EtherNet/IP：是由罗克韦尔自动化公司开发的工业以太网通信协议，是通用工业协议（Common Industrial Protocol，CIP）中的一部分。该协议可应用在程序控制及其他自动化的应用中。EtherNet/IP 名称中的 IP 是工业协议（Industrial Protocol）的简称，和 IP（互联网协议）没有关系。

EtherNet/IP 是一个面向工业自动化应用的工业应用层协议，它建立在标准 UDP/IP 与 TCP/IP 之上，利用固定的以太网硬件和软件，为配置、访问和控制工业自动化设备定义了一个应用层协议。

3）ProfiNet 协议：由 PROFIBUS 国际组织（PROFIBUS International，PI）推出，是新一代基于工业以太网技术的自动化总线标准。ProfiNet 作为一项战略性的创新技术，为自动化通信领域提供了一个完整的网络解决方案，囊括了诸如实时以太网、运动控制、分布式自动化、故障安全以及网络安全等当前自动化领域的热点，并且，作为跨供应商的技术，可以完全兼容工业以太网和现有的现场总线（如 PROFIBUS）技术，保护现有投资。

ProfiNet 是适用于不同需求的完整解决方案，包括 8 个主要的模块，依次为实时通信、分布式现场设备、运动控制、分布式自动化、网络安装、IT 标准和信息安全、故障安全以及过程自动化。

4）Modbus-TCP：是用于管理和控制自动化设备的 MODBUS 系列通信协议的派生协议。它覆盖了使用 TCP/IP 的 Intranet 和 Internet 环境中 MODBUS 报文的用途。该协议一般是为诸如 PLC

（可编程序逻辑控制器）的 I/O 模块，以及连接其他简单域总线或 I/O 模块的网关服务的。

5）Powerlink 协议：采用 Powerlink 协议的以太网能满足硬件实时要求而又无须特定的硬件，即采用纯软件的方式却可达到硬件实时的性能。Powerlink 是一个完全免专利费的技术（开源项目），独立于供应商，支持任何拓扑结构。

2. 网络的层次架构

结合 OSI 及 TCP/IP 的分层思想，使网络有一个结构化的层次模型设计，针对每个层次进行模块化的分析，这对统一的网络运维、网络流量的调整，以及负载均衡等非常有帮助。

按照网络功能结构，可分为接入层、汇聚层和核心层，拓扑结构如图 5-7 所示。

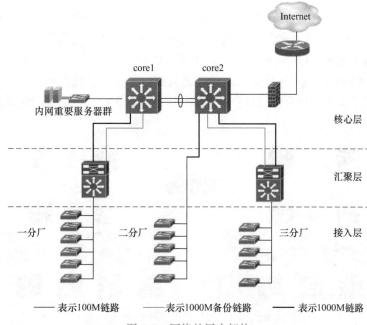

图 5-7 网络的层次架构

（1）接入层（Access Layer） 接入层网络应该可以满足各种终端的接入需要，主要功能如下：

1）能够通过低成本、高端口密度的终端接入。

2）为各类型接入提供完善的端到端的服务、丰富的安全设置和基于策略的网管等功能，如 VLAN 的划分。

3）实现基于广播或 MAC 地址的 VLAN 成员组，以及数据流过滤的第二层服务。

（2）汇聚层（Distribution Layer） 汇聚层是网络核心层与接入层的分界点，扮演了很多角色，其功能如下：

1）部门级或工作组接入。

2）广播域或多点广播域的隔离。

3）光/电/无线等多种介质转换。

4）接入层安全以及连接核心层。

（3）核心层（Core Layer） 核心层是整个网络数据交换的核心，核心层具有高可用性，和强吞吐的路由特性。核心层的主功能如下：

1）提供汇聚层之间的互连。

2）提供到其他区块（如广域网区块）的访问。

3）尽可能快地交换数据帧或者数据包。

3. 云计算时代的网络架构

随着技术的发展，以网络为基础的云计算成为主流，出现了越来越多的新型网络技术，如 Fabric 架构、SDN、VXLAN 等，由这些新技术建设的数据中心成为云计算的"幕后推手"，极大地推动了云计算的发展。这些新型网络技术促进了网络虚拟化的发展，将局域网、城域网、广域网等有机地联系在一起，构建了大带宽、低时延、低成本的"大二层"网络平台。

（1）Fabric 架构　大多数传统网络主机通信都是接入层→汇聚层→核心层→出口到达目的地，重点强调终端访问服务器的流量，这种模式称为纵向模式，也称为南北向通信（上北下南）。随着云计算的发展，Fabric 架构可以通过设备虚拟化、链路虚拟化等技术，构建"大二层"网络平台，实现横向模式，重点强调终端之间流量的交互，也称为东西向通信（左西右东），这种模式几乎涵盖了所有的云计算、虚拟化以及大数据中心等，其变化如图 5-8 所示。

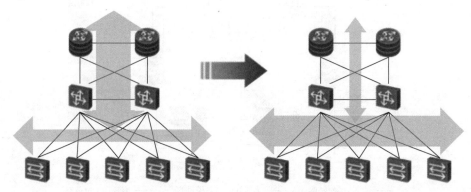

图 5-8　纵向转横向的流量变化

Fabric 架构由 IP 网络组成，网络的可靠性靠设备冗余和路由收敛来保证，网络设备的可靠性由设备虚拟化来保证，通常采用 Spine-leaf 扁平结构，**如图 5-9 所示**。

1）Spine（骨干）节点作为 Fabric 网络的核心节点，提供高速 IP 转发功能，通过高速接口连接各个功能的 Leaf（叶子）节点。

2）Leaf 节点作为 Fabric 网络的功能接入节点，提供各种网络设备接入功能。

其优势在于以 POD 作为接入单元，实现资源池化。所谓的 POD 就是将一个数据中心划分为一个或多个物理分区，每个物理分区就称为一个 POD。因此，POD 是一个物理概念，是数据中心的基本部署单元，一台物理设备只能属于一个 POD。

一个 Fabric 可以部署在一个 POD 内，也可以跨多个 POD。一般情况下，单 POD 适用于规模较小且网络规模比较固定的 Fabric 网络，而跨多个 POD 可以建立一个规模较大的 Fabric 网络，方便以后的升级和扩容。

（2）SDN　软件定义网络（Software Defind Networking，SDN）是一种新型的网络架构，通过对软件的接口开发，使得网络设备的控制平面与数据平面分离，从而实现对网络流量的灵活控制，为核心网络及应用的创新提供了良好的平台。

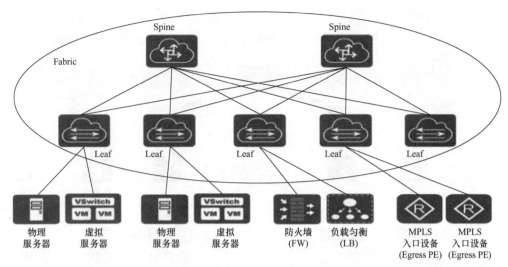

图 5-9 Fabric 架构

1）控制平面决定一个数据包的路由走向，可以是一个网络协议，如 BGP、IS–IS、OSPF 等路由协议，也可以是网络协议中的一部分，如 VLAN、VXLAN 等。

2）数据平面则是执行控制平面做出的决定。控制平面决定了网络的智能化、可扩展性、收敛速度，数据平面决定了网络的运行效率、转发效率等。

SDN 是一种理念，是由云计算的发展而带来的数据中心网络架构的升级，而不是一个具体的技术，其最大的特点就是让软件应用参与到网络控制中并起到主导作用，而不是让各种固定模式的协议来控制网络，从而使网络自动化管理与控制能力获得了空前的提升，能够有效地解决当前网络系统所面临的资源规模扩展受限、网络与业务难以进行紧密结合的需求等问题。

控制和转发分离的优势是，可以使网络不受硬件的限制（摆脱厂商的技术垄断），可以灵活地增加、更改网络的功能，硬件只负责转发，而复杂的路由策略、业务配置、性能监测管理等功能放在控制器上实现。SDN 控制器连接业务侧和网络设备，通过开放的编程接口进行集中化的网络控制编程，实现控制与转发的分离，如图 5-10 所示。

图 5-10 SDN 关系图

（3）VXLAN 虚拟扩展本地网络（Virtual eXtensible Local Area Network，VXLAN）是一种进行大二层虚拟网络扩展的隧道封装技术。目前该技术在 IETF 已经是标准草案，并已经成为业界主流的虚拟网络技术之一。

由于云计算的发展，数据中心原有的用来划分虚拟网络的 VLAN 技术，只能提供 4094 个可用的 VLAN ID，不能够满足需求；另一方面，云数据中心中虚拟机可以进行一定范围的迁移，在 VLAN 网络下，虚拟机只能在二层网络下迁移，并且为了能够支持虚拟机的迁移，需要对二层网络进行 VLAN 的预配置，因而造成 VLAN 配置的滥用，影响 VLAN 广播域的隔离，降低了网络的效率。

VXLAN 实际上定义了一个 VTEP（VXLAN Tunnel End Point，虚拟扩展本地网络隧道终极节点）的实体，VTEP 与物理网络相连，分配有物理网络的 IP 地址，该地址与虚拟网络无关，利用隧道、新型的数据封装、组播等技术，将虚拟化产生的流量由原有的 VLAN 封装模式完全变为三层封装模式，将产生的数据包转变为 UDP 的包头从内部发出。VXLAN 拓扑结构如图 5-11 所示。

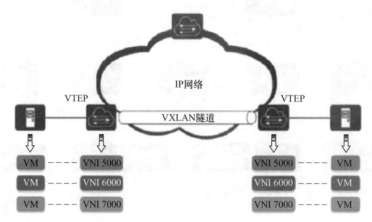

图 5-11　VXLAN 拓扑结构

　　VXLAN 主要的技术原理就是引入一个 UDP 格式的外层隧道，作为数据的链路层，而原有数据报文内容作为隧道净荷来传输。由于外层采用了 UDP 作为传输手段，就可以让净荷数据轻而易举地在二、三层网络中传输。为了能够支持原有 VLAN 广播域寻址能力，VXLAN 还引入了三层 IP 组播来代替以太网的广播，让 BUM（Broadcast、Unknown Unicast、Multicast，广播、未知单播、组播）报文通过广播方式在虚拟网络中传送。

　　4. TSN 与 TDN

　　随着技术的变革和实际生产业务的需求，目前工厂内部网络架构存在"三化"趋势：扁平化（IT/OT 融合）、IP 化和无线化、工厂内部网络架构如图 5-12 所示，从该架构看出，要实现 IT 和 OT 网络的融合，需将两者打通，实现数据互通。

　　传统工厂内部网络架构存在的问题如下：

　　1）IT 和 OT 网络技术标准各异。

　　2）工业生产全流程存在大量"信息死角"。

　　3）工业网络静态配置、刚性组织的方式难以满足未来用户定制、柔性生产的需要。

　　OT 网络的发展目前已经经历了现场总线到工业以太网的逐步演进，由于标准以太网采用 CSMA/CD 机制，造成通信时间的不确定性，所以传统以太网一般不能用于对实时要求高的工业自动化控制，只能用于如办公室等对实时性要求不高的场所。

　　随着工厂业务的需要，工业以太网在标准以太网的基础上修改和增加了一些特定的协议以保证实时性和确定性，如 EtherCAT、EtherNet/IP、ProfiNet、Modbus－TCP 和 Powerlink 等协议。这些协议都是非标准以太网协议，虽然在满足机器运动控制等方面已经绰绰有余，但在易用性、互操作性和设备成本上都存在一些不足。特别是当前大数据和云计算等进入工业控制领域，不仅要保证大数据传输，而且要保证传输的实时性和确定性，在 IT 和 OT 网络融合的背景下，这些协议与现有的实时以太网协议就显得更力不从心，正是由于工业以太网存在的这些瓶颈，才催生了 TSN、TDN 网络。

　　（1）时间敏感网络　时间敏感网络（Time Sensitive Networking，TSN）指的是在 IEEE

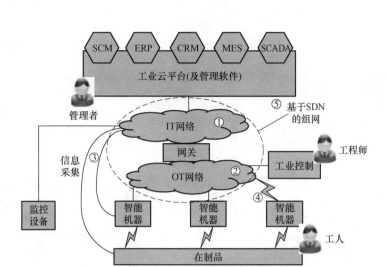

①表示工厂IT网络　　　　　　　　　　　　④表示泛在的无线连接
②表示工厂OT网络　　　　　　　　　　　　⑤表示基于SDN的IT/OT组网方案
③表示直达智能机器和在制品的网络连接

图 5-12　工厂内部网络架构

802.1 标准框架下，基于特定应用需求制定的一组"子标准"，旨在为以太网协议建立"通用"的时间敏感机制，以确保网络数据传输的时间确定性。

（2）时间确定网络　时间确定网络（Time Defined Network，TDN）旨在构建一个确定性和高可靠性的目标传输网络，实现周期性的控制通信需求和非周期性的数据在同一个网络中传输，在保障高性能的同时，满足高可靠性要求，并且它无须专门针对设备或终端进行改造，就可以实现异构网络的搭建。**基于 TDN 技术的 OT 与 IT 融合的网络架构如图 5-13 所示。**

TDN 网络能实现有线和无线融合、总线和以太网融合、实时数据与非实时数据融合，其特点如下：

1）双通道架构：OT 与 IT 数据在同一个网络中传输，采用快速通道和普通通道的双通道架构技术，能实现周期性的控制通信需求和非周期性的数据在同一个网络中传输、控制信息与过程数据共网传输，为 OT 网络和 IT 网络的融合发展助力。

配置生产网络数据使用快速通道，从而保障 OT 数据传输是微秒级延时和抖动（每跳的网络时延 0.8 ~ 3μs，抖动小于 2μs）；信息网络数据使用普通通道，从而保障生产网络数据传输的确定性。

2）多路径传输：对以太网帧进行复制和消除，最多提供四条转发路径，实现了以太网帧的冗余传输，大大提高了系统的可靠性。

3）自组网：可分为自由组网和自动组网。自由组网，可以组成任意网络拓扑，而没有拓扑限制；而自动组网，不需要配置任何网络协议就可以组建网络，并且能根除网络风暴。

4）精准时间服务：能高可靠地提供统一的时间平面。它由三部分组成：TDN 设备的时间、外部用户设备的时间和网络中数据的时间。通过时钟同步的专用算法，实现整个网络的 TDN 设备拥有同一个时间基准，保证整网绝对时间同步精度小于 500ns，并且不受业务流量影响。这是 TDN 网络能提供所有时间服务的基础。

5）独创"以太总线"通信：虚拟总线技术，实现并发式数据采集。

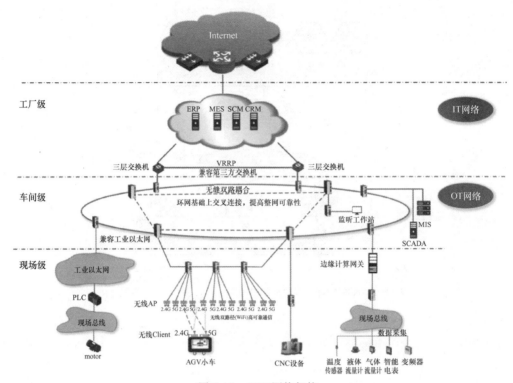

图 5-13　TDN 网络架构

6）网络可观察：基于 TDN 的可观察性，网络对数据来源、数据目的、数据内容、数据时间是可获知的。通过对工业系统各设备之间通信的频率、周期、时间等状态的学习，为正常通信建立通信模型。

5. 工业互联网时代的网络互连

网络互连，即通过有线、无线方式，将工业互联网体系相关要素全连接，包括人、设备、物料、工艺、环境以及企业上下游、智能产品、用户等要素，实现端到端的数据传输。

网络互连根据协议层次由下向上可以分为多方式接入、网络层转发和传输层传送，如图 5-14 所示。

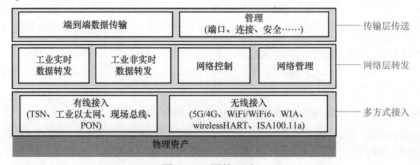

图 5-14　网络互连

（1）多方式接入　多方式接入包括有线接入和无线接入：

1）由于工业环境工况恶劣，建议采用光传输为主的有线传输网络，如现场总线、工业光传输网、工业 PON（无源光网络）、TSN（时间敏感网络）等有线方式。

2）无线方式主要是有线传输无法覆盖的地方采用，如4G/5G，工业无线（WIA）等。

网络互连的范围包括将工厂内、工厂外的各生产要素相连接，还包括公共基础支撑的工业互联网平台、安全系统、标识系统等。

（2）网络层转发　网络层转发实现工业实时数据转发、工业非实时数据转发、网络控制、网络管理等功能。

1）工业实时数据转发功能主要传输生产控制过程中有实时性要求的控制信息和需要实时处理的采集信息。

2）工业非实时数据转发功能主要完成无时延同步要求的采集信息数据和管理数据的传输。

3）网络控制主要完成路由表/数据流量表生成、路径选择、路由协议互通、ACL配置和QoS配置等。

4）网络管理功能包括层次化的QoS、拓扑管理、接入管理和资源管理等。

（3）传输层传送　传输层的端到端数据传输功能实现基于TCP、UDP等实现设备到系统的数据传输。管理功能实现传输层的端口管理、端到端连接管理、安全管理等。

综上所述，工业互联网业务发展对网络基础设施提出了更高的要求和需求，随着云计算、TSN、SDN等新兴的网络互连技术的出现，网络互连呈现融合、开放、灵活三大发展趋势。

（1）云计算的融入　云计算的融入将促使网络架构逐步融合，网络互连从传统的南北向的纵深通信（注重企业内部通信），逐步转为东西向的扁平化通信（注重企业间的通信），其优势在于：

1）工厂内网络的车间级和现场级将逐步融合（尤其在流程行业），IT网络与OT网络逐步融合。

2）高实时控制信息与非实时过程数据共网传输，新业务对数据的需求促使控制信息和过程数据的传输并重。

3）有线与无线的协同，以5G为代表的无线网络将更为广泛地应用于工厂内，实现生产全流程、无死角的网络覆盖。

（2）网络更加开放　网络更加开放使得网络互连更具有活力，主要体现在：

1）以时间敏感网络（TSN）为代表的新型网络技术将打破传统工业网络众多制式间的技术壁垒，实现网络各层协议间的解耦合，推动工业互联网网络技术的开放。

2）工业互联网业务对数据的强烈需求，促使在传统工业控制闭环中沉没或消失的数据被开放出来，而生产全流程的数据将由更标准化的语法和数据模型开放给上层应用使用。

（3）SDN的融入　SDN的融入促使网络控制和网络管理将更灵活、友好。主要体现在：

1）SDN是软件定义网络，由软件编程实现网络互连，使得网络形态更加灵活。未来工厂内网将能够根据智能化生产、个性化定制等业务灵活调整形态，快速构建出生产环境；工厂外网将能够为不同行业、企业提供定制化的网络切片，实现行业、企业的自治管理控制。

2）软件编程重构网络互连，网络管理界面友好。随着网络在产研供销中发挥日益重要的作用，网络管理将变得复杂，软件定义技术应用将提供网络系统的可呈现度，网络管理界面将更为友好。

3）网络的服务将更为精细。工厂内网将针对控制、监测等不同性能需求，提供不同的网络通道；工厂外网将针对海量设备广覆盖、企业上网、业务系统上云、公有云与私有云互通等不同场景，提供细分服务。

工作任务6

工业互联网路由规划

1. 任务简介

某生产企业信息部的工程师根据各部门、分厂等机构的地理分布及网络拓扑结构，着手进行路由协议的选择，实现内网之间的互连互通。路由协议选择结束后，结合"工作任务单6"提交该企业路由规划文档。

2. 任务目的

1）知识目标：掌握路由协议的相关知识，能够掌握静态、动态等路由协议的基础知识。

2）能力目标：结合内网之间互连互通的相关知识，能够掌握静态路由、RIP等路由协议的应用场景，强化对路由协议的基本认知。

3）素质目标：通过本任务的学习，提高团队合作、沟通协调等能力，强化逻辑思维、主动学习等能力，深化对服务对象岗位应用的理解能力，提高知识的更新能力。

3. 任务成果

提交该企业路由规划的工作任务单。

4. 实施方案

建议授课教师模拟企业信息部工程师进行路由规划的工作场景，通过真实的"任务场景"，使学生能够了解任务的应用场景；通过"任务解析"引出任务中的基本知识点；通过"能力储备"使学生掌握应知应会的基本知识；"能力拓展"则是针对部分能力较强的学生而设立的，由授课教师自行掌握。

5. 所需学时

建议4学时，由授课教师按照教学进度自行掌握。

6.1 任务场景

某生产企业信息内网建设调研与规划完毕后，开始进行企业内网之间互连互通的规划。信息部的工程师遵循开放、标准的原则，基于业务流程和管理的需要，按照各部门、分厂等机构的地理分布及网络拓扑结构，采用了分区隔离、冗余链路等方式进行扩容建设，按需选择路由协议，实现各子网之间的互连互通，并且各分区内部的计算机、智能装备等设备也要接入内网，实现内网之间的互连互通。

6.2 任务解析

网络中的通信实体在通信过程中，需要通过互连的网络把信息从源地址传输到目的地址，这个活动称为路由。路由是 OSI 参考模型中网络层（第三层）所提供的功能，网络层为其上一层（传输层）提供端到端的数据包传递服务。为实现路由功能所采用的协议称为路由协议。

6.3 能力储备

1. 路由的功能

位于两地的两台主机要通信，中间可能要经过很多的中间设备（路由器），这时就出现了如何选择达到目的地路径的重要问题。例如，数据包从用户 A 到达用户 B 有很多条路径可选择，如图 6-1 所示。

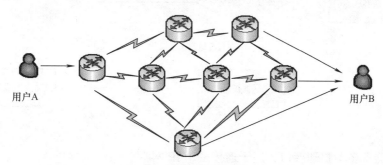

图 6-1   路由的选择

很显然，在这些路径中有一条在某一时刻是最好的，为了尽可能地提高网络速度，就要有某种方法来判断最佳路径，从而通过最佳路径转发数据，这就要使用路由技术。

路由是选择最优路径进而将数据包转发的过程，可以分成如下两个功能：

1）寻址功能：通信网络中的各节点都使用唯一的逻辑地址（IP 地址）来标识节点的位置，路由依靠目的节点的逻辑地址来查询目的节点所在的位置。

2）转发功能：路由判断出目的节点所在位置之后，通过查询相应的路由信息（路由表），选择一条合适的传输路径作为通信信道，将数据转发出去。

路由信息（路由表）就是根据一定的原则和算法，在传输路径中选出一条通向目的节点最优路径的数据库。

2. 路由器的工作原理

路由设备必须具有能够同时进行路由和转发的功能，执行路由操作的设备称为路由器。路由器工作在 OSI 参考模型中的网络层（第三层），路由器之间使用路由协议来了解网络的拓扑情况，以便判断最佳路径。

路由器在工作时，利用网络层定义的 IP 地址与子网掩码的逐位"与"运算的结果得出网络 ID，利用网络 ID 来区别不同的网络，实现网络的互连和隔离，保持各个网络的独立性。路由器不转发广播消息，而是把广播消息限制在网络内部，所以路由器既隔离了广播域，同时又隔离了冲突域。

通信实体只能在具有相同网络 ID 的 IP 地址之间进行通信，要与其他 IP 网络的主机进行通信时，必须经过同一网络上的某个路由器或网关（Gateway）转发出去。不同网络 ID 的 IP 地址不能直接通信，即使它们接在一起，也不能通信。路由器工作机制如图 6-2 所示。

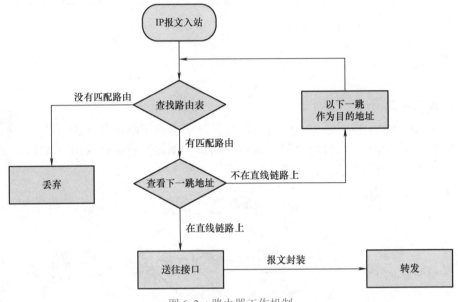

图 6-2　路由器工作机制

1）路由器有多个物理接口，用于连接多个 IP 网络。

2）每个接口的网络 ID 要求与所连接的网络 ID 相同。

3）不同的接口必须配置不同的网络 ID，对应不同的 IP 网络，这样才能使各网络中的主机通过自己的网络 ID，把要发送的数据包送到路由器上。

4）当数据包到达路由器时，路由器按照数据包的目的网络 ID 查询路由表。

5）如果有匹配的路由并且在直连链路上，将数据包按照路由表转发出去。

6）如果有匹配的路由但不在直连链路上，将数据包按照路由表寻址再转发出去。

7）如果没有匹配的路由，将数据包丢弃。

为了实现路由功能，路由器必须完成以下过程：

1）路由发现：通过与其他路由器的通信来了解网络拓扑，发现到达目的网络的所有路径，并根据到达目的网络的所有路径动态，创建和更新路由表。

2）路由选择：根据路由协议本身的规则从路由表中所有可能路径中选择最佳路径。

3）路由维护：留意路由表中的条目何时失效，并将其删除，同时及时添加新路径和用最好的有效路径代替丢弃的路径。

当路由功能完成后，路由器的路由表就建立起来了，从源网络到目的网络的数据包进入路由器时，路由器就可根据路由表进行数据包的转发。在运行 TCP/IP 的网络中，每个数据包都记录了该数据包的源 IP 地址和目的 IP 地址，路由器通过检查数据包的目的 IP 地址，判断如何转发该数据包，以便对传输中的下一跳路由做出判断。

例6-1：如图6-3所示，用户A的IP地址为218.7.10.98/24，通过路由器A分别向IP地址为218.7.10.65/24的用户B和IP地址为218.12.10.95/24的用户C发送有关订单事宜，试分析路由器的工作过程。

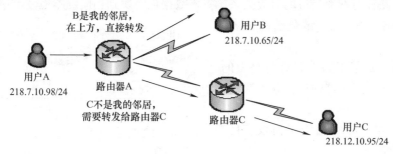

图6-3　路由器的工作过程

答：1）通过IP地址与子网掩码的逐"位"与运算的结果得出各用户的网络ID，用户A、B、C的网络ID分别为：

①用户A的IP地址为218.7.10.98/24，24为子网掩码，具有24位"1"，网络ID为218.7.10.0。

②用户B的IP地址为218.7.10.65/24，24为子网掩码，具有24位"1"，网络ID为218.7.10.0。

③用户C的IP地址为218.12.10.95/24，24为子网掩码，具有24位"1"，网络ID为218.12.10.0。

2）当发往用户B的数据包经过路由器A时，路由器A判断出数据包携带的目的地址与用户A在同一网络内，即用户A与用户B为网络邻居，如交换机等，进行转发。

3）当发往用户C的数据包经过路由器A时，路由器A判断出数据包携带的目的地址与用户A不在同一网络内，即用户A与用户C不是网络邻居，路由器A通过查找路由表，发现路由器C可以到达C的网络，因此，将数据包转发给路由器C，再由路由器C将数据包转发给用户C。

3. 路由协议的分类

互联网的主要节点设备是路由器，路由器自身创建路由表，描述了网络拓扑结构。路由器通过路由表来转发数据，路由信息依靠路由协议在相邻路由器之间传递，确保所有路由器知道到其他路由器的路径，因此，路由协议就是网络中路由器实体之间有关通信规则约定的集合。

路由协议与路由器协同工作，执行路由选择和数据包转发任务。为了能够实现路由的功能，路由器必须要了解一些信息：

1）路由器是否支持某个逻辑地址所基于的协议，如IP地址基于IP。当路由器执行路由操作时，路由器必须保证收到数据包的逻辑地址所基于的协议与路由器相符，否则路由器无法进行路由。

2）到达目的地址的路径。当路由器收到要进行路由的数据包后，检查数据包的目的地址，然后判断该目的地在当前的路由表中是否存在。如果目的地址不在路由表中，路由器就无法进行路由。

3）到达目的地址的本地接口。如果数据包的目的地址在本机的路由表中，路由器要选择一条最优路径，并且决定通过哪个本地接口转发出去。当最优路径选出来以后，路由器要根据路由表中路径与本地接口的对应关系，将该数据包转发到相应的本地输出接口。

例6-2：结合图6-4，试分析路由表的含义。

答：路由器是基于路由表进行路由的，路由表中的记录对路由器的操作起着决定性作用。

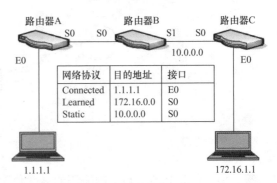

图6-4　路由表示例

路由器 A 的路由表由网络协议、目的网络、接口三部分构成，其中：

（1）网络协议　网络协议有 Connected（直接连接）、Learned（学习到的）、Static（静态添加）三种类型，其中：

1）Connected：如果目的网络直接与路由器连接，那么当路由器已连到网络中时，该记录就会添加到路由表，不用任何配置。

2）Learned：代表路由器配置了某种路由协议，通过该路由协议，路由器动态学习得到记录。

3）Static：代表该记录是由管理员手工添加配置得到的。

（2）目的网络　目的网络是信源需要访问或到达信宿的网络 ID，其中：

1）路由器 A 的目的网络 1.0.0.0 是直接连接的。

2）172.16.0.0 网络 ID 是通过动态路由协议自动学习的。

3）10.0.0.0 网络 ID 是网络运维人员手工添加上的。

（3）接口　本例中的接口是指路由器中通信介质连接网络的物理接口，实现数据流入或流出，其中：

1）E0 接口：E 指的是路由器 A 的 Ethernet 接口，即以太网接口，标准带宽10Mbit/s；0 代表路由器 A 的插槽编号，通常以 0 开始，作为插槽编号，这个接口连接 1.0.0.0 网络。

2）S0 接口：S 指的是路由器 A 的 Serial 接口，即串行接口，采用串行通信方式的扩展接口，降低了成本，特别适用于远距离通信，但传送速度较慢；0 的含义同上，这个接口所连接的 172.16.0.0 网络 ID 是通过动态路由协议自动学习的，10.0.0.0 网络 ID 是网络运维人员手工添加上的。

路由表可以由管理员手工输入，也可以通过路由器之间的学习来自动建立，路由器按照相应的路由协议来执行路由表的比对、更新、维护等工作。路由协议可分为静态路由协议和动态路由协议。

（1）静态路由协议　静态路由协议是由管理员手工配置的路由明细，这些路由明细明确地指定了数据包从开始到目的地必须经过的路径。所以，当需要指定数据包要走的路径时，需要配置静态路由协议。静态路由协议的特点如下：

1）它允许对路由的行为进行精确的控制：由于静态路由是手工配置的，所以管理员可以通过静态路由来控制数据包在网络中的流动。

2）静态路由减少了网络流量：这是因为静态路由不需要路由器之间互相通信来学习路由。这一点对某些情况是很重要的，例如，访问一些特定的网络需要稳定的接入。

3）静态路由是"单行道"的：如果希望实现双方的通信，必须在通信双方配置双向的静态路由。

4）简化配置：有时候网络拓扑很简单，路径是显而易见的，就没有必要配置动态路由来浪费带宽和路由器的资源。

5）静态路由缺乏灵活性：静态路由虽然能够对数据包路径进行精确控制，但是又限制了其灵活性。因为它是静态的，不能够根据网络的变化而灵活改变。当网络拓扑更新时，如链路故障，管理员就必须重新配置该路由。

静态路由协议中有一种特殊的路由协议，称为默认路由协议（Default Route）。默认路由是一种特殊的静态路由，指的是当路由表中没有与数据包的目的地址匹配的表项时，路由器依据默认路由协议能够做出的选择。默认路由在某些时候非常有效，尤其在静态路由表中未明确指出目的网络时，路由器就会把这个数据包送到默认路由所指向的路径，这样就会大大简化路由器的配置，减轻管理员的工作负担，提高网络性能。

在实际工作中，网管人员有时在路由表中只添加少量数目的路由，同时添加一个默认路由，当路由器收到数据的目的地址不包含在路由表中时，就按照默认路由来转发，这样就可以达到减少路由表大小，提高路由器寻址转发能力的目的。

（2）动态路由协议 虽然静态路由协议在某些情况下是很有用的，但是由于它必须手工配置，并且缺乏灵活性，因此有必要使用动态路由协议。动态路由协议减轻了管理员的负担，管理员只要进行简单的配置，就可以让路由器基于某种动态路由协议来完成路由的学习与维护。动态路由协议是一种网络层协议，其特点如下：

1）减少了管理任务：因为动态路由的过程完全是由路由器自己完成的，管理员只需做简单的配置，路由学习、选择和维护的任务都是由动态路由来完成。配置了动态路由后，网络拓扑发生变化时，不需要重新配置，动态路由会了解这些变化，从而修改路由表。

2）占用了网络的带宽：因为动态路由的过程完全是通过与其他路由器的通信来完成的。每个路由器要告诉其他路由器自己所知道的网络信息，同时还要从其他路由器学习自己不知道的网络信息，这样不可避免地要发送数据包，这些路由信息数据包会占用一定的网络流量。

3）动态路由协议是网络中的路由器之间相互通信，传递路由信息，利用收到的路由信息更新路由器表的过程。动态路由协议定义了路由器之间通信时的一些规则，这些规则规定了路由器如何来学习路由，用什么标准来选择路由，以及维护路由信息的行为等。动态路由协议决定着动态路由的行为，分为被路由的协议和可路由协议。

① 被路由的协议（Routed Protocol）：属于网络层协议，通常指的是可以被路由的协议，它定义了数据包内各个字段的格式和用途的网络层封装协议，适用路由选择表来转发分组，类似于公交车（路由协议）上的乘客（被路由的协议）。

② 可路由协议（Routing Protocol）：它通过在路由器之间不断地转发路由更新，来建立和维护路由表，路由器则根据该路由表转发数据包。该协议的工作重点是由路由器使用，进行路由信息的更新，用来生成和维护路由表，可以使路由器全面地了解整个网络的运行。例如，RIP、OSPF等都是可路由协议。

4. 路由算法

路由算法是对路由器获取路由信息、维护路由信息以及对数据交换过程进行描绘的术语，有时也会把路由算法称为"路由协议"，即需要何种算法来获得路由表中的各项目。

（1）路由算法的特点　路由算法应具有如下的一些特点：

1）正确性和完整性："正确性"意味着数据包沿着各路由表所指引的路由，最终一定能够到达目的网络和目的主机；"完整性"意味着路由表中所记录的可能到达目的网络的所有路由条目。

2）在计算上应简单：路由选择的计算不应使网络通信量增加太多的额外开销。

3）自适应性：当网络中的通信量和网络拓扑发生变化时，算法能自适应地改变路由以均衡各链路的负载；当某个或某些节点、链路发生故障不能工作，或者经维修后再投入运行时，算法也能及时地改变路由，这种自适应性又称为"稳健性"（Robustness）或"鲁棒性"。

4）路由选择算法应当能够找出最优路径，使得分组平均时延最小而网络的吞吐量最大。

选择适合的路由算法，应尽可能接近于上述这些特点。在不同的应用条件下，也可有不同的侧重。路由选择是个非常复杂的问题，原因如下：

1）它是网络中的所有节点共同协调工作的结果。

2）路由选择的环境往往是不断变化的，网络中某些故障具有突发性，无法预估。

3）当网络发生拥塞时，就特别需要有能缓解这种拥塞的路由选择策略，但恰好在这种条件下，很难从网络中的各节点获得所需的路由信息。

（2）路由算法分类　倘若从路由算法能否随网络的通信量或拓扑自适应地进行调整变化来划分，则只有两大类，即静态路由算法与动态路由算法。

1）静态路由算法也称为非自适应路由算法，其特点是简单且开销较小，但不能及时适应网络状态的变化。对于简单的小网络，或者管理员已知拓扑结构的网络的情况，完全可以采用静态路由选择算法。

2）动态路由算法也称为自适应路由算法，其特点是能较好地适应网络状态的变化，但实现起来较为复杂，开销也比较大。因此，动态路由选择适用于较复杂的大网络，或者管理员未知全网的网络拓扑结构的情况。

（3）自治系统　自治系统（Autonomous System）是在互联网中，一个有权自主地决定在本系统中应采用何种路由协议，且可自主管理的网络单元。自治系统内部大多数情况下适用于动态路由算法，如图6-5所示。

图6-5　自治系统

自治系统特性如下：

1）每个自治系统都被看作是一个进行自我管理的网络，一个自治系统只负责管理自己内部的路由。

2）自治系统采用单一技术管理，对于管理员来说，自治系统是已知的网络、自管网络，采用同一种内部协议和同一度量值在同一管理域内转发数据包。

3）自治系统内部的路由协议可以通过路由器或网关，将数据转发到其他在管理域的一组路由器，即自治系统在这个管理域下所有的网络具有统一的路由方案。

（4）内部网关协议与外部网关协议　按照自治系统应用的范围，以路由器为分界线，动态路由协议分为内部网关协议（IGP）与外部网关协议（EGP），两个自治系统内部的路由选择信息是互不共享的。

1）内部网关协议（IGP）：是指运行在一个自治系统内部的，在自治系统内部使用的路由协议。常用的有 RIP（路由信息协议）、OSPF（开放式最短路径优先）协议等。

2）外部网关协议（EGP）：用于在自治系统之间交换路由信息的互连网络协议，这些协议工作在自治系统之间，处在系统的边缘上，仅仅交换所必需的、最少的信息，用以确保自治域系统之间的通信。常用的如 BGP（边界网关协议）。

自治系统之间的路由选择也称为域间路由选择（Interdomain Routing），而在自治系统内部的路由选择称为域内路由选择（Intradomain Routing）。

在图6-5中，路由器 R_1、R_2 使用各自内部网关路由协议，如 RIP、OSPF 等，进行路由更新，生成路由表，以确保自治系统内部主机之间的通信；而路由器 R1、R2 之间则需要运行外部网关路由协议，如 BGP-4，以保证如果有数据包需要跨越自治系统 A、B 之间传送能得以实现。

5. 距离矢量路由协议

距离矢量路由协议采用距离矢量路由选择算法，是一种常用的、配置比较简单的路由协议。其中，距离是根据路由度量来定义的，方向是根据下一跳（路由的下一个点）路由器定义的，具有单方向传输的特性。其拓扑结构如图6-6所示。

（1）工作方式　距离矢量路由协议的工作方式如下：

1）在既定自治系统内部，所有路由器均需要使用同一种距离矢量路由协议，如 RIP。

2）每台路由器的路由表由内部网络路由信息和外部网络路由信息构成。

3）在工作前，每台路由器需要定义内部的、直连的网络信息，形成内部的路由信息。

4）外部的路由信息需要依赖相邻的路由器。例如图6-6所示，

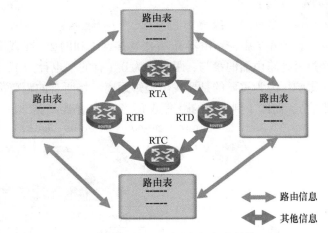

图6-6　距离矢量路由协议拓扑结构

RTA 分别与 RTB 和 RTD 是相邻路由器，其关系被称为邻居关系。

5）路由器通过学习邻居路由器的路由信息而构成自己的外部路由信息。例如图6-6所示，RTA 的路由表通过学习 RTB、RTD 的路由信息而构成。

6）路由信息以矢量（距离，方向）的方式被广播到相邻路由器，以便相邻路由器学习，从而实现路由信息的全网收敛。例如在图6-6中 RTA 的路由表通过相应的算法，广播到 RTB 和 RTD。

7）路由信息需要定期发布广播，以反映网络拓扑的变化。

（2）特点　距离矢量算法路由协议的主要特点如下：

1）路由器之间通过定期地交换路由信息来发现和维护路由，每个路由器定期广播自己的完整路由表与其他路由器交换路由信息。

2）这种路由协议不能使一个路由器知道整个网络的精确拓扑，路由器对网络的理解是根据邻居路由器所发送的路由信息了解网络拓扑结构，这个过程有时也称为"传闻路由"。

3）距离矢量算法路由协议按照距离矢量来判断最优路径，也就是说，距离越近路径越好，常用的度量参数见表6-1，以度量参数代表距离，度量参数值越低，表明路径越好、越近。

表6-1　常用的度量参数

度量参数	说　　明
跳数（Hop）	数据包到达目的地所经过的路由器的个数，经过一个称为一"跳"
带宽（Bandwith）	数据包在网络中的传输速度
延迟（Delay）	数据包从源端到达目的地所用的时间
负载（Load）	该链路的使用率，用 $n/255$ 表示，n 代表负载
可靠性（Reliability）	该链路的可靠程度，通常用错误率来表示
最大传输单元（MTU）	可以在路径上传输帧的最大长度

（3）RIP　RIP（Routing Information Protocol，路由信息协议）是一种典型的距离矢量算法路由协议，是内部网关协议（IGP）中最先得到广泛使用的协议，适用于规模较小的网络。

RIP 使用跳数作为唯一的度量参数来衡量到达目的网络的距离，即数据包每经过一个路由器跳数就加1，而最优路径就是它通过的路由器的数目最少，即"距离短"。RIP 允许一条路径最多只能包含15个路由器，当"距离"等于16时，则代表目的不可达。

在图6-7中，路由器 R_1 直接连接网1和网2，在直连同一网络上的主机通信时，不需要经过另外路由器的参与，距离计为0（有的书也计为1，两种不同的计数方法对实现 RIP 并无影响，因为重要的是要找出最短距离，将所有的距离都加1或都减1，对选择最佳路由无影响），而网1到网3的距离是1，到网4的距离是2。

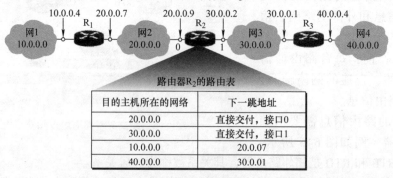

图6-7　RIP

RIP 的特点如下：

1）仅和相邻路由器交换信息，如果两个路由器之间的通信不需要经过另一个路由器，那么这两个路由器就是相邻的，而不相邻的路由器无须交换信息。

114

2）路由器交换的信息是当前本路由器所知道的全部信息，即自己现有的路由表，交换的信息通俗说法就是"我到本自治系统中所有网络的（最短）距离，以及到每个网络应经过的下一跳路由器"。

3）按固定的时间间隔交换路由信息，通常为30s，然后路由器根据收到的路由信息更新路由表，RIP中一共使用了4个计时器：

① 更新计时器（Update-timer）：用于每30s发送路由更新报文。

② 失效计时器（Timeout-timer）：如果路由器30s还未收到邻居发过来的路由更新包，则进入失效计时。如果再过150s（即30s+150s=180s）还没收到路由更新包，说明失效计时器超时了，路由器将邻居路由器的相应路由条目标记为"失效"（Possibly Down）。

③ 抑制计时器（Holddown-timer）：失效计时器计时到时，RIP计时器立刻进入180s的抑制计时器，用于防止路由环路。如果在抑制期间从任何相邻路由器接收到少量的路由更新包，则恢复该网络并删除抑制计时器。

④ 刷新计时器（Flush-timer）：也叫垃圾收集（Garbage Collection）计时器，失效计时器计时到时，再过60s，达到240s(180s+60s=240s)时，还没收到路由更新包，路由器就刷新路由表，把不可达的路由条目删掉；如果在刷新时间内收到更新报文，那么该目的路由条目的刷新计时器被刷新置0。

综上所述，RIP在刚刚开始工作时，它的路由表是空的，路由器先得出到直接相连的几个网络的距离（这些距离定义为0），接着，每一个路由器也只和数目非常有限的相邻路由器交换并更新路由信息。经过若干次的更新后，所有的路由器最终都会知道到达本自治系统中任何一个网络的最短距离和下一跳路由器的地址。

6.4 能力拓展

1. OSPF 路由协议

OSPF（Open Shortest Path First，开放最短路径优先）协议是为克服RIP的缺点，在1989年基于链路状态路由算法开发而来的，也是内部网关协议。OSPF的原理很简单，但实现起来却较复杂。目前，OSPF已成为云计算的数据中心内部最为常用的路由协议。

（1）OSPF的特点 OSPF也称为最短路径算法（Shortest Path First，SPF），使用分布式的链路状态协议（Link State Protocol），这种算法维护一个复杂的拓扑信息数据库。和RIP相比，OSPF的特点如下：

1）路由器之间通过彼此交换链路状态通告来了解网络信息，并且每个路由器根据了解的网络信息建立拓扑结构数据库。

2）路由只更新广播路由表中改变了的信息，而不是整个路由表。

3）路由的选择基于开销（Cost）：路由开销是根据链路状态协议的算法，自动或人工赋值的路由开销。路由开销可以计算数据包必须穿越的跳数目、链路带宽、链路上的当前负载等。

（2）OSPF的区域 为了使OSPF能够用于规模很大的网络，OSPF将一个自治系统再划分为若干个更小的范围，称为自治区域，如图6-8所示。

每一个区域都有一个32位的区域标识符（用点分十进制表示），每个区域也不能太大，建议在一个区域内的路由器最好不超过200个。

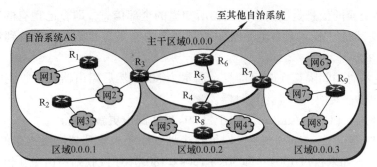

图 6-8　OSPF 的区域

划分区域的优势在于利用泛洪的方式交换链路状态信息，而交换的范围局限于一个区域而不是整个自治系统，这就减少了整个网络上的通信量。

为了使每个区域能够和本区域以外的区域进行通信，OSPF 使用层次结构的区域划分，分为主干区域（Backbone Area）和其他区域。

1）在上层的区域称为主干区域，主干区域的标识符规定为 0.0.0.0，作用是使用主干路由器来连通其他在下层的区域。在图 6-8 中，主干区域内的路由器称为主干路由器（Backbone Router），如 R3、R4、R5、R6 和 R7，在主干区域内还要有一个路由器专门和本自治系统外的其他自治系统交换路由信息，这样的路由器称为自治系统边界路由器，如 R6。

2）除主干区域外的所有自治系统内的区域，都称为其他区域。从其他区域传来的信息都由区域边界路由器（Area Border Router）进行转发，每个区域至少应当有一个区域边界路由器，如图 6-8 中的 R3、R4、R7 都是区域边界路由器。区域内部的路由器只知道本区域的完整网络拓扑，而不知道其他区域的网络拓扑的情况。

采用分层次划分区域的方法虽然使交换信息的种类增多了，同时也使 OSPF 协议更加复杂了，但这样做却能使每一个区域内部交换路由信息的通信量大大减小，因而 OSPF 协议能够用于规模很大的自治系统中。

（3）OSPF 数据报　OSPF 构成的数据报很短，不用 UDP 而是直接用 IP 数据报传送，这样做可减少路由信息的通信；另一好处是可以不必将长的数据报分片传送。OSPF 共有以下五种分组类型：

1）类型 1：问候（Hello）分组，用来发现和维持邻站的可达性。

2）类型 2：数据库描述（Database Description）分组，向邻站给出自己的链路状态数据库中的所有链路状态项目的摘要信息。

3）类型 3：链路状态请求（Link State Request）分组，向对方请求发送某些链路状态项目的详细信息。

4）类型 4：链路状态更新（Link State Update）分组，用泛洪法对全网更新链路状态。这种分组是最复杂的，也是 OSPF 协议最核心的部分，路由器使用这种分组将其链路状态通知给邻站。

5）类型 5：链路状态确认（Link State Acknowledgment）分组，对链路状态更新分组的确认。

OSPF 规定，每两个相邻路由器每隔 10s 要交换一次问候分组，这样就能确知哪些邻站是可达的。对相邻路由器来说，"可达"是最基本的要求，因为只有可达邻站的链路状态信息才存入链路状态数据库。在正常情况下，网络中传送的绝大多数 OSPF 分组都是问候分组，若有 40s 没有收到某个相邻路由器发来的问候分组，则可认为该相邻路由器是不可达的，应立即修改链路状态数据库，并重新计算路由表。

其他的四种分组用来进行链路状态数据库的同步，所谓同步就是指不同路由器的链路状态数据库的内容是一样的。两个同步的路由器称为"完全邻接的"（Fully Adjacent）路由器，而不是完全邻接的路由器表明它们虽然在物理上是相邻的，但其链路状态数据库并没有达到一致。

2. 边界网关协议

边界网关协议（Border Gateway Protocol，BGP）是互联网上一个核心的去中心化自治路由协议，是目前应用最广泛的外部网关协议（EGP）之一，它通过维护 IP 路由表或前缀表来实现自治系统之间的可达性，属于矢量路由协议。

（1）BGP 架构　BGP 构建在 EGP 的经验之上，其主要功能是和其他的 BGP 系统交换网络可达信息。这些信息有效地构造了互联网络拓扑结构，并由此清除了路由环路。

BGP 用于在不同的自治系统之间交换路由信息，其架构如图 6-9 所示。当两个自治系统需要交换路由信息时，每个自治系统都必须指定一个运行 BGP 的节点，这个节点通常由路由器来代理自治系统之间交换路由信息，利用 BGP 交换信息的路由器也被称为边界网关（Border Gateway）或边界路由器（Border Router）。

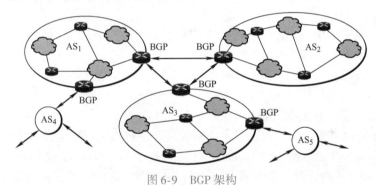

图 6-9　BGP 架构

BGP 属于外部网关路由协议，可以实现各自治系统间无环路的域间路由，目前是互联网主流路由协议，也是云数据中心之间主要的应用协议。BGP 按照应用范围不同，可分为内部边界网关（Internal/Interior BGP，IBGP）和外部边界网关（External/Exterior BGP，EBGP）。

1）同一个自治系统中的两个或多个对等实体之间运行的 BGP 被称为 IBGP。

2）归属不同的自治系统的对等实体之间运行的 BGP 称为 EBGP。

BGP 的邻居关系（或称通信对端/对等实体）是通过人工配置实现的，其工作机制如下：

1）对等实体之间通过 TCP 会话交互数据。

2）BGP 路由器会周期地发送 19 字节的保持存活（Keep-alive）消息来维护连接（默认周期为 30s）。

3）在路由协议中，只有 BGP 使用 TCP 作为传输层协议。

（2）BGP 的特点　BGP 属于外部或域间路由协议，主要目标是为处于不同自治系统中的路由器之间进行路由信息通信提供保障。BGP 既不是纯粹的距离矢量协议，也不是纯粹的链路状态协议，通常被称为通路向量路由协议。

通路向量路由协议对网络拓扑结构没有限制，工作时，只要简单地查找一下 BGP 路由更新的自治系统编号，就能有效地避免环路的出现。BGP 的特点如下：

1）BGP 是一个外部网关协议，允许不同的自治系统之间进行通信，传播网络的可达信息。BGP 与距离向量选路协议类似，为每个目的网络提供的是下一跳（Next-hop）节点的信息。

2）如果在一个自治系统内部有多个路由器分别使用 BGP 与其他自治系统中对等路由器进行通信时，多个 BGP 路由器之间协调，以保持路由信息的一致性。

3）BGP 支持基于策略的路由（Policy-base routing），可以实现由管理员选择策略，可以为域内和域间的网络可达性配置不同的策略。

4）BGP 路由信息的传输采用了 TCP，进行可靠的数据传输。

5）在 BGP 通告目的网络的可达性信息时，除处理指定目的网络的下一跳信息之外，通告中还包括了通路向量（Path-vector），即去往该目的网络时需要经过的自治系统的列表，使接收者能够了解去往目的网络的通路信息。

（3）BGP 消息与邻居建立 BGP 使用如下四种消息类型：

1）Open 消息：Open 消息是 TCP 连接建立后发送的第一个消息，用于建立 BGP 对等体之间的连接关系。

2）Keep-alive 消息：BGP 会周期性地向对等体发出 Keep-alive 消息，用来保持连接的有效性。

3）Update 消息：Update 消息用于在对等体之间交换路由信息，它既可以发布可达路由信息，也可以撤销不可达路由信息。

4）Notification 消息：当 BGP 检测到错误状态时，就向对等体发出 Notification 消息，之后 BGP 连接会立即中断。

BGP 邻居建立中的状态和过程如下：

1）空闲（Idle）：为初始状态，当协议激活后开始初始化，复位计时器，并发起第一个 TCP 连接，并开始倾听远程对等体所发起的连接，同时转向 Connect 状态。

2）连接（Connect）：开启 TCP 连接并等待 TCP 连接成功的消息，如果 TCP 连接成功，则进入 Open Sent 状态；如果 TCP 连接失败，进入 Active 状态。

3）行动（Active）：BGP 总是试图建立 TCP 连接，若连接计时器超时，则退回到 Connect 状态，TCP 连接成功就转为 Open Sent 状态。

4）Open 发送（Open Sent）：TCP 连接已建立，已发送第一个 Open 报文，等待接收对方的 Open 报文，并对报文进行检查。检查分为两种状态：

① 若发现错误则发送 Notification 消息报文，并退回到 Idle 状态。

② 若检查无误则发送 Keep-alive 消息报文，Keep-alive 计时器开始计时，并转为 Open Confirm 状态。

5）Open 证实（Open Confirm）：BGP 等待 Keep-alive 报文，同时复位保持计时器，分为三种状态：

① 如果收到了 Keep-alive 报文，就转为 Established 状态，邻居关系协商完成。

② 如果系统收到一条更新或 Keep-alive 消息，它将重新启动保持计时器。

③ 如果收到 Notification 消息，BGP 就退回到空闲状态。

6）已建立（Established）：即建立了邻居（对等体）关系，路由器将和邻居交换 Update 报文，同时复位保持计时器。

工作任务7

工业互联网广域网接入规划

1. 任务简介

某生产企业信息部的工程师选择电信运营商进行广域网接入，并根据部门与分厂的地理位置及网络拓扑结构，选择适合的接入方式，实现内网与外网的互连互通。规划结束后，结合"工作任务单7"提交该企业广域网接入规划文档。

2. 任务目的

1）知识目标：结合接入网络的应用场景，能够掌握 ADSL、FTTx、HFC 等远程接入技术，强化对互联网接入的基本认知。

2）能力目标：结合广域网规划的相关知识，能够掌握广域网接入的应用场景，强化对广域网接入的基本认知。

3）素质目标：通过本任务的学习，提高团队合作、沟通协调等能力，强化逻辑思维、主动学习等能力，深化对服务对象岗位应用的理解能力，提高知识的更新能力。

3. 任务成果

提交该企业广域网接入规划文档的工作任务单。

4. 实施方案

建议授课教师模拟企业信息部的工程师策划广域网接入的工作场景，通过真实的"任务场景"，使学生能够了解任务的应用场景；通过"任务解析"引出任务中的基本知识点；通过"能力储备"使学生掌握应知应会的基本知识；"能力拓展"则是针对部分能力较强的学生而设立的知识点，由授课教师自行掌握。

5. 所需学时

建议4学时，由授课教师按照教学进度自行掌握。

7.1　任务场景

某生产企业信息内网建设调研与规划完毕后，开始进行企业广域网接入的规划。各厂区地理位置分布及当地接入运营商提供的接入方式如下：

1）储运部位于当地的郊区，电信运营商基础设施比较陈旧，具有固话通信、有线电视网和移动通信网。

2）生产厂区位于当地的经济技术开发区，电信运营商基础设施完善，除固话通信、有线电视网、移动通信网外，还具有光纤入户能力。

信息部的工程师遵循开放、标准等原则，依据以上实际情况，选择适合的广域网接入方案，以使各部门内部的计算机、智能装备等设备接入互联网，实现企业内网与外网的互连互通。

7.2 任务解析

利用多种宽带技术接入互联网已成为主流。目前"宽带"尚无统一的定义，2015 年 1 月，美国联邦通信委员会对"宽带"进行了重新定义，将原定的宽带下行速率调整至 25Mbit/s，原定的宽带上行速率调整至 3Mbit/s，符合这些速率要求的网络统称为宽带网络。

从宽带接入的媒介来看，可以划分为两大类：

1）有线宽带接入：采用相关的技术，利用电话线、光纤、同轴电缆等有线传输介质，实现宽带接入，并根据实际需求，分发公有 IP 地址，实现用户接入互联网。

2）无线宽带接入：采用相关的技术，利用电磁波、微波等无线传输介质，实现宽带接入，并根据实际需求，分发公有 IP 地址，实现用户接入互联网。

目前，有线宽带具有接入稳定、带宽高、延时低、通信质量好等优势，市场占有率高；而无线宽带接入技术基础建设投资少，便于移动办公等优势弥补了有线宽带接入的不足，随着智能手机的普及率日益增高，通过无线宽带接入互联网已成为当今最常用的方式，如"5G +"。

用户要连接到互联网，必须通过当地的某个电信运营商（ISP）进行广域网接入，并使用网络地址转换（Network Address Translation，NAT）技术来实现局域网与广域网的互连互通。

7.3 能力储备

数字用户线路（Digital Subscriber Line，DSL）是以电话线为传输介质的传输技术组合，在传统的公用电话网络上支持对称和非对称传输模式，解决了经常发生在网络服务供应商和终端用户间的"最后一公里"的传输瓶颈问题。由于电话线路已经被大量铺设，如何充分利用现有的铜缆资源，通过铜质双绞线实现高速接入就成为业界的研究重点，因此 DSL 技术很快就得到重视，并在一些国家和地区得到大量应用，DSL 包括 ADSL、RADSL、HDSL 和 VDSL 等。

1. ADSL 技术

非对称数字用户线路（Asymmetric Digital Subscriber Line，ADSL）技术采用电话线作为有线传输介质，使用数字技术对现有的模拟电话用户线进行改造，利用频分多路复用技术，使电话线能够承载宽带数字业务。ADSL 适用范围广，只要用户能够安装电话线，即可实现宽带接入，适用于大部分地区。

（1）工作机制　ADSL 的 ITU（国际电信联盟）的标准是 G.992.1，由于用户在使用互联网时，ADSL 的下行（从 ISP（互联网服务提供商）到用户）带宽远远大于上行（从用户到 ISP）带宽，即带宽"非对称"，因此称为非对称数字用户线路。

1）传输距离：ADSL 的传输距离取决于数据传输速率和用户线的线径（用户线越细，信号传输时的衰减就越大），通常用户线是线径为 0.5mm 的双绞线，其传输距离如下：

① 传输速率为 1.5 ~ 2.0Mbit/s 时，可传送 5.5km。

② 传输速率提高到 6.1Mbit/s 时，传输距离就缩短为 3.7km。

③ 如果用户电话线是线径为 0.4mm 的双绞线时，那么在 6.1Mbit/s 的传输速率下，就只能传送 2.7km。

此外，ADSL 所能得到的最高数据传输速率还与实际的用户线上的信噪比密切相关。

2）频率规划：虽然标准模拟电话信号的标准频带被限制在 300～3400Hz 的范围内，但用户线本身实际可通过的信号频率却超过 1MHz。ADSL 技术把 0～4kHz 低端频谱留给传统电话使用，而把高端频谱留给用户上网使用，具体划分方式如下：

① ADSL 在电话线的两端各安装一个 ADSL 调制解调器，目前我国采用的方案是离散多音频（Discrete Multi-Tone，DMT）调制技术，"多音频"就是"多载波"或"多子信道"。

② DMT 调制技术采用频分复用的方法，把 40kHz～1.1MHz 的高端频谱划分为许多子信道，其中 25 个子信道用于上行信道；而 249 个子信道用于下行信道，并使用不同的载波（即不同的音调）进行数字调制。这种做法相当于在一对用户线上使用许多小的调制解调器并行地传送数据，DMT 频谱规划如图 7-1 所示。

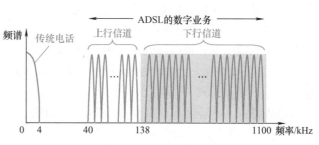

图 7-1　DMT 频谱规划

③ 由于用户线的具体条件往往相差很大（距离、线径、受到相邻用户线的干扰程度等都不同），因此 ADSL 采用自适应调制技术使用户线能够传送尽可能高的数据传输速率。

（2）ADSL 组网　基于 ADSL 的接入网由以下三大部分组成：ADSL 调制解调器、ADSL 线路和用户设施，标准的组网方式如图 7-2 所示。

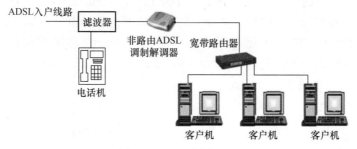

图 7-2　ADSL 标准组网

1）ADSL 调制解调器：ADSL 调制解调器（Modem）又称为接入端接单元（Access Termination Unit，ATU），分为非路由 ADSL Modem 和路由 ADSL Modem。

① 非路由 ADSL Modem：仅具有拨号上网功能的 Modem，不能起到路由器的作用。目前在市场上已经不常用。

② 路由 ADSL Modem：除具有拨号上网功能的 Modem 外，还具有路由器的作用，可以按照实际需求部署内部网络。目前是市场上的主流产品。

2）ADSL 线路：ADSL 线路包括用户电话线路和滤波器。

① 用户电话线路由当地 ISP 负责建设。

② 滤波器是无源设备，其目的是为了在停电时不影响使用，其作用如下：

a. 将下行信号分为用于电话通信的低频信号和用于上网的高频信号两部分。

b. 将上行的低频信号和高频信号混合为一路上行信号。

（3）ADSL 的应用　ADSL 可以利用现有电话网中的用户线（铜线），而不需要重新布线，适用于老旧的建筑或通信基础设施不完善的区域，这些区域的电话线早已存在，但若重新铺设光纤，施工难度大，成本高，这时使用 ADSL 进行宽带接入就非常合适了。

ADSL 技术优势如下：

1）通过提高调制效率得到了更高的数据传输速率，例如 ADSL2 要求至少应支持下行 8Mbit/s、上行 800kbit/s 的速率；而 ADSL2+ 则将频谱范围从 1.1MHz 扩展至 2.2MHz，下行速率可达 16Mbit/s（最大传输速率可达 25Mbit/s）。

2）采用了无缝速率自适应技术（Seamless Rate Adaptation，SRA），可在不中断通信和不产生误码的情况下，根据线路的实时状况，自适应地调整数据传输速率。

3）改善了线路质量评测和故障定位功能，这对提高网络的运行维护水平具有非常重要的意义。

虽然 ADSL 很受居民和小型企业欢迎，但 ADSL 并不适用于中大型企业（基础设施不完善的除外，如本案例中位于当地郊区的储运部）。在工业互联网时代，中大型企业往往需要使用上行信道发送大量数据给许多用户，为了满足企业的需要，DSL 技术除 ADSL 外，还有以下几种技术：

1）对称 DSL（Symmetric DSL，SDSL）：它把带宽平均分配到下行和上行两个方向，很适合于企业使用，两个方向的速度分别为 384kbit/s 或 1.5Mbit/s，覆盖范围分别为 5.5km 或 3km。

2）高速 DSL（High speed DSL，HDSL）：使用一对线或两对线的对称 DSL，用来取代 T1 线路的高速数字用户线，数据传输速率可达 768kbit/s 或 1.5Mbit/s，覆盖范围为 2.7~3.6km。

3）超高速 DSL（Very high speed DSL，VDSL）：比 ADSL 更快的，适用于短距离传送（300~1800m），是 ADSL 的快速版本。VDSL 的下行速率达 50~55Mbit/s，上行速率是 1.5~2.5Mbit/s。在 2011 年，ITU-T 颁布了更高速率的 VDSL2（即第二代的 VDSL）的标准 G.993.2，VDSL2 能够提供的上行和下行速率都能够达到 100Mbit/s。目前最新的标准是 G.993.5。

2. 光纤同轴混合网

光纤同轴混合（Hybrid Fiber Coax，HFC）网是在覆盖面广的有线电视网的基础上开发的一种居民宽带接入网，除可传送电视节目外，还能提供电话、数据和其他宽带交互型业务。

（1）HFC 网的频带规划　原来的有线电视网的最高传输频率是 450MHz，并且仅用于电视信号的下行传输。HFC 网具有双向传输功能，而且扩展了传输频带。根据（GB/T

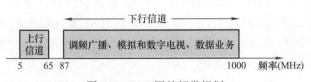

图 7-3　HFC 网的频带规划

17786—1999）《有线电视频率配置》标准，目前我国 HFC 网的频带规划如图 7-3 所示。

（2）HFC 组网　最早的有线电视网是树形拓扑结构的同轴电缆网络，它采用模拟技术中的频分复用技术对电视节目进行单向广播传输。为了提高传输的可靠性和电视信号的质量，HFC网把原有线电视网中的同轴电缆主干部分改换为光纤，在光纤节点光信号被转换为电信号，然后通过同轴电缆传送到每户家庭。HFC组网结构如图7-4所示。

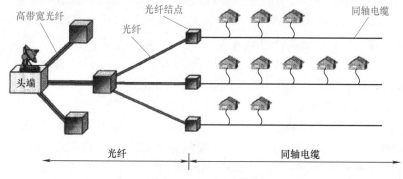

图7-4　HFC组网结构

用户使用HFC进行内部组网时与ADSL类似，组网方式如图7-5所示。

1）有线电视信号一分二放大器：与ADSL滤波器的功能相同。

2）电缆调制解调器（Cable Modem）：与ADSL调制解调器的功能相同。

3）机顶盒：全称为数字视频变换盒，它可以将压缩的数字信号转成电视节目，使用户能在现有电视机上观看数字电视节目，并通过网络进行交互式的数字化娱乐、教育和电子商务等活动。

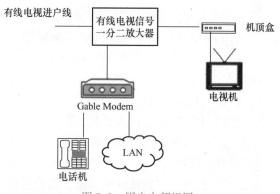

图7-5　用户内部组网

HFC组网方式与ADSL的不同之处如下：

1）电缆调制解调器使用共享信道，必须解决共享信道中可能出现的冲突问题；而使用ADSL调制解调器时，用户计算机所连接的用户电话线是该用户专用的。

2）使用HFC时，某个用户所能用的网络带宽大小取决于这段电缆上现在有多少个用户，最高数据传输速率是不确定的；而ADSL用户网络带宽是固定的，最高数据传输速率也是确定的，与其他ADSL用户是否在上网无关。

3）HFC适合于对网络稳定性要求不高的场合，不适合企业接入互联网。

3．FTTx

FTTx是指终端用户通过光纤连接到局端设备技术的统称，俗称光纤接入。光纤是宽带网络中多种传输媒介中最理想的一种，它的特点有传输容量大、传输质量好、损耗小、中继距离长等，是目前主流的接入技术。

根据接入方式的不同，光纤接入可以分为光纤到楼（Fiber To The Building，FTTB）、光纤到路边（Fiber To The Curb，FTTC）、光纤到小区（Fiber To The Zone，FTTZ）、光纤到办公室（Fiber To The Office，FTTO）、光纤到桌面（Fiber To The Desk，FTTD）等，这些方式

统称为 FTTx。

（1）FTTx 的分类　目前，信号在陆地上长距离的传输基本上都已经实现了光纤化，如 ADSL、HFC 宽带等接入方式中，用于远距离的传输介质也早都使用了光缆，只是到了"最后一公里"，才转为铜缆（电话的用户线和同轴电缆）。光纤接入网从技术上可分为两大类：有源光网络（Active Optical Network，AON）和无源光网络（Passive Optical Network，PON）。

1）有源光网络又可分为基于 PDH（准同步数字体系）、基于 SDH（同步数字体系）、基于 OTN（光传输网）等技术的 AON，适用于对带宽需求大、对通信保密性要求高的企事业单位的接入，主要应用于园区网、城域网或广域网的主干或骨干传输的宽带接入。

2）无源光网络的种类很多，但最流行的有以下两种：

① 以太网无源光网络（Ethernet PON，EPON）：在 2004 年 6 月形成了 IEEE 标准 802.3ah。在链路层使用以太网协议，利用 PON 的拓扑结构实现了以太网的接入。EPON 的优点是与现有以太网的兼容性好，且成本低、扩展性强、管理方便。

② 吉比特无源光网络（Gigabit PON，GPON）：其标准是 ITU 在 2003 年 1 月批准的 ITU - T G.984。GPON 采用通用封装方法（Generic Encapsulation Method，GEM），可承载多业务，对各种业务类型都能够提供服务质量保证，是很有潜力的宽带光纤接入技术。

（2）FTTx 组网　光纤接入能够确保向用户提供 10Mbit/s、100Mbit/s、1000Mbit/s，甚至更高速的带宽，可直接汇接到互联网骨干节点，适用于商业集团用户和智能化小区局域网的高速接入。目前市场占有率高的接入方式如下：

1）FTTx + LAN：以实现"千兆到小区、百兆到大楼、十兆到用户"为基础的光纤与五类或五类以上电缆的混合接入方式，更适合我国国情。它主要适用于用户相对集中的住宅小区、中小型企事业单位或学校等组织机构，为这些机构提供大带宽的宽带接入。

2）光纤直接接入：为有独享光纤高速上网需求的中大型企事业单位或集团用户提供的。根据用户群体对不同速率的需求，带宽可以达到千兆或更高，实现高速上网或企业局域网间的高速互连，尤其适合开展远程教学、远程医疗、视频会议、工业互联网等对外信息发布量较大的网上应用。

FTTx 组网如图 7-6 所示。

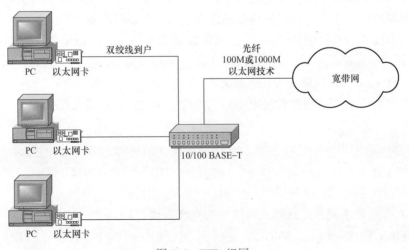

图 7-6　FTTx 组网

4．NAT 技术

网络地址转换（Network Address Translation，NAT）是在计算机网络中广泛使用的 IP 地址转换技术。

（1）工作机制 当局域网通过 ISP 提供的广域网接入时，就需要有公有地址才能连接到互联网上，而局域网通常具有私有地址，这时就需要路由器将私有地址转换为公有地址。NAT 实现了私有地址与公有地址之间的转换或隐藏、保护 IP 地址的功能，其工作机制如图 7-7 所示。

图 7-7 NAT 工作机制

1）客户端（Client）通过 NAT 主机访问互联网时，访问数据包头部的源 IP 地址为 192.168.1.100，NAT 主机收到访问数据包后，将 Client 的数据包源 IP 地址转换成 ppp0 的公有地址，这样 Client 就可以访问互联网了；同时，NAT 主机会"记住" Client 的访问请求。

2）由互联网传送回来的数据包，NAT 主机负责接收。当 NAT 主机收到回送的数据包时，会去查询记录信息，并将目标 IP 由 ppp0 改回原来的 192.168.1.100。

3）NAT 主机将该数据包传送给 Client。

（2）实现方式 NAT 的实现方式有三种，即静态 NAT、动态 NAT 和端口多路复用。

1）静态 NAT：是指将内部网络的私有 IP 地址转换为公有 IP 地址时，某个私有 IP 地址只转换为某个公有 IP 地址，是逐一对应的地址转换。借助于静态地址转换，可以实现外部网络对内部网络中某些特定设备（如服务器）的访问。

2）动态 NAT：是指将内部网络的私有 IP 地址转换为公有 IP 地址时，私有地址转换之后的公有 IP 地址是不确定的、随机分配的。动态 NAT 可以使用多个由 ISP 提供的公有地址集，当公有地址少于网络内部的计算机数量时，可以采用动态转换的方式。

3）端口多路复用（Port address Translation，PAT）：是指改变数据包的源端口并进行端口地址转换。采用端口多路复用方式，可以使内部网络的所有主机均共享一个公有地址，从而可以最大限度地节约 IP 地址资源。同时，又可隐藏网络内部的所有主机，有效地避免来自互联网的攻击。PAT 是目前网络中应用最多的方式。

（3）NAT 的不足

1）IP 地址结构模型的基础是每个 IP 地址均标识了一个网络的连接，NAT 使得很多主机可能在使用相同的地址，违反了 IP 地址结构模型的设计原则。

2）NAT 必须维护私有地址、公有地址以及端口号的映射关系，使得 IP 从无连接变成面向连接。

3）在传统的网络分层结构模型中，第 N 层是不能修改第 $N+1$ 层的报头内容的，而 NAT 破坏了这种各层独立的原则，违反了基本的网络分层结构模型的设计原则。

4）NAT 也让主机之间的通信变得复杂，导致了通信效率的降低。

7.4　能力拓展

近几年来，移动通信技术得到了飞速发展。2019 年 6 月 6 日，工信部正式向中国电信、中国移动、中国联通、中国广电发放 5G 商用牌照，并于同年 11 月 1 日正式上线 5G 商用套餐。据中国信通院发布的报告显示，截至 2020 年 6 月，国内市场 5G 手机累计出货量为 6359.7 万部。

2020 年 7 月 21 日，工信部发布了《2020 年上半年通信业经济运行情况》，电信企业的移动电话用户中的 4G 用户数为 12.83 亿户，2020 年上半年，移动互联网累计流量达 745 亿 GB，其中，通过手机上网的流量达到 720 亿 GB，同比增长 30.4%，占移动互联网总流量的 96.6%，无线接入正在逐步成为主流应用。

1. 无线局域网

无线局域网（WLAN）是使用无线电波或电场与磁场作为数据传送介质的局域网，覆盖范围一般只有几十米。无线局域网的主干网通常使用有线电缆。无线局域网用户通过一个或多个无线接入点接入无线局域网。目前，无线局域网已经广泛应用在商务区、大学、机场、家庭等区域。

（1）无线局域网的组成　企业级无线局域网通常由交换机和无线接入点混合组网构成，由局域网中的路由器连接至互联网，实现内部节点与互联网的互连互通，其拓扑结构如图 7-8 所示。

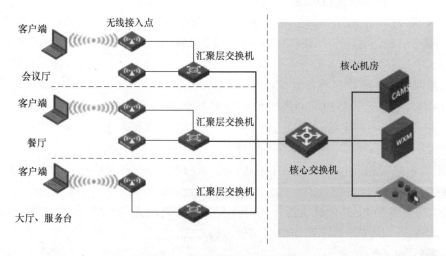

图 7-8　无线局域网的拓扑结构

1）无线 AP。无线接入点（Wireless Access Point，无线 AP）是一种连接无线网络至有线网络（以太网）的设备，又称为无线基站。它通常作为一个单独设备通过有线网络连接到路由器或局域网中的交换机。其作用如下：

① 作为无线局域网的中心点，使其他装有无线网卡的计算机通过它接入该无线局域网。

② 为有线局域网络提供无线连接接入，达到延伸网络范围的目的。

无线 AP 通常为企业局域网中的一部分，提供无线接入办公局域网。无线 AP 的管理是由无线局域网控制器负责的，内容包括自动调节射频功率、通道、身份验证和安全性等。此外，无线 AP 可以和控制器组合成一个无线移动集团，允许跨控制器漫游，实现 "WIFI 全覆盖、无缝迁移"，这样可以节省客户的时间和管理开销，因为它可以自动重新关联或重新验证。

如果 WLAN 是独立的网络，管理员将使用无线路由器来替代无线 AP。无线路由器与无线 AP 的区别如下：

① 功能不同：无线 AP 是无线网和有线网之间沟通的桥梁，是局域网的一部分；而无线路由器就是一个带路由功能的无线 AP，通过路由器功能可以组建一个独立的局域网。

② 应用不同：无线 AP 应用于企业级网络，所有接入终端都属于同一个网络，也方便网络管理员简单地实现网络控制和管理；而无线路由器一般应用于家庭和 SOHO（Small Office Home Office）环境网络，这种情况一般覆盖面积和使用用户数量都不大。

③ 连接方式不同：无线 AP 不能与互联网相连，需要通过局域网作为中介，才能接入互联网；而无线路由器可直接连接互联网，并且具有无线覆盖功能。

2）无线波段。无线波段提供符合 IEEE802.11n 标准的 2.4GHz 波段；而双波段接入点除提供 2.4GHz 波段外，还提供符合 IEEE802.11a 标准的 5.8GHz 波段。

3）覆盖范围。由单一的无线 AP 或无线路由器组建的小型无线局域网中，其最大覆盖可视范围为 300m 左右。

4）无线天线。当无线网络中各网络设备相距较远时，随着信号的减弱，传输速率会明显下降，以致无法实现无线网络的正常通信，此时就要借助无线天线对所接收或发送的信号进行增强。

5）无线网卡。无线网卡和有线网卡的作用基本相同，它作为无线局域网的接口，能够实现无线局域网各客户端间的连接与通信。目前，绝大多数便携式计算机出厂时已安装了无线网卡，而台式机、服务器等设备需要另行安装无线网卡。

（2）无线局域网的特点

1）灵活性和移动性：在有线网络中，网络设备的安放位置受网络位置的限制，而无线局域网在无线信号覆盖区域内的任何一个位置都可以接入网络，连接到无线局域网的用户可以移动且能同时与网络保持连接。

2）安装便捷：无线局域网可以免去或最大限度地减少网络布线的工作量，一般只要安装一个或多个接入点设备，就可建立覆盖整个区域的局域网络。

3）易于进行网络规划和调整：对于有线网络来说，办公地点或网络拓扑的改变通常意味着重新建网，无线局域网可以避免或减少这种情况的发生。

4）故障定位容易：有线网络一旦出现物理故障，往往很难查明，而且检修线路需要付出很大的代价，而无线网络则很容易定位故障，只需更换故障设备即可恢复网络连接。

5）易于扩展：无线局域网有多种配置方式，可以很快从只有几个用户的小型局域网扩展到上千用户的大型网络，并且能够提供节点间 "漫游" 等有线网络无法实现的特性。

无线局域网在能够给网络用户带来便捷和实用的同时，也存在着一些缺陷，主要体现在以下几个方面：

1）性能：无线局域网是依靠无线电波进行传输的，而建筑物、车辆、树木和其他障碍物都可能阻碍电磁波的传输，会影响网络的性能。

2）速率：无线信道的传输速率与有线信道相比要低得多，只适合个人终端和小规模网络应用。

3）安全性：无线电波本质上不要求建立物理的连接通道，无线信号是发散的。从理论上讲，很容易监听到无线电波广播范围内的任何信号，造成通信信息泄漏。

（3）无线局域网的标准 目前无线局域网的标准有两类，分别为 IEEE802.11 系列标准和中国的 WAPI 标准，各自的特点如下：

1）IEEE 802.11 系列标准：IEEE 802.11 系列标准是由 IEEE 协会定义的无线网络通信工业的通用标准，适用于大部分商业机构、企事业单位和个人用户。其特性如下：

① IEEE 802.11 系列标准定义了介质访问控制层（MAC 层）和物理层。物理层定义了工作在 2.4GHz 频段上的两种无线调频方式和一种红外传输方式，总数据传输速率最初设计为 2Mbit/s，目前的最高传输速率为 6.93Gbit/s。

② IEEE 802.11 系列标准定义了两个设备之间的通信可以自由、直接的方式进行，也可在基站（Base Station，BS）或者访问点（Access Point，AP）的协调下进行。为了在不同的通信环境下取得良好的通信品质，采用载波侦听多路访问/冲突避免（CSMA/CA）硬件沟通方式，安全认证时，采用单向加密认证和双向鉴别。

2）WAPI（Wireless LAN Authentication and Privacy Infrastructure，无线局域网鉴别与保密基础结构）标准：WAPI 标准是我国首个在计算机宽带无线网络通信领域自主创新并拥有知识产权的安全接入技术标准，而且是强制性的安全标准，在我国境内所有的国家机关、军队以及涉及国家秘密的商业机构和企事业单位必须严格执行。与 WiFi 的单向加密认证不同，WAPI 双向均需认证，从而保证传输的安全性。

WAPI 系统包含以下部分：

① WAI 鉴别及密钥管理：无线局域网鉴别基础结构（WAI）不仅具有更加安全的鉴别机制、更加灵活的密钥管理技术，而且实现了整个基础网络的集中用户管理，从而满足更多用户和更复杂的安全性要求。

② WPI 数据传输保护：无线局域网保密基础结构（WPI）对 MAC 子层的数据单元进行加/解密处理，分别用于 WLAN 设备的数字证书、密钥协商和传输数据的加/解密，从而实现设备的身份鉴别、链路验证、访问控制和用户信息在无线传输状态下的加密保护。

WAPI 从应用模式上分为单点式和集中式两种，可以彻底扭转目前 WLAN 多种安全机制并存且互不兼容的现状，从根本上解决了安全性问题和兼容性问题。所以，我国所有的国家机关、军队以及涉及国家秘密的商业机构和企事业单位必须严格执行 WAPI 标准，以便更有效地保护数据的安全。

2. 移动通信网

目前，移动通信网发展非常迅速，其信号的覆盖面相当广阔，要比无线局域网的覆盖面大得多。目前，应用最广泛的移动通信网是蜂窝移动通信，又称为小区制移动通信。这种通信的特点是把整个网络服务区划分成许多小区，俗称"蜂窝"，每个小区设置一个基站，负责本小区各个移动站的联络与控制，移动站的发送或接收都必须经过基站完成。

蜂窝移动通信自问世以来，历经第一代蜂窝移动通信（1G）、第二代蜂窝移动通信（2G）、第三代蜂窝移动通信（3G）、第四代蜂窝移动通信（4G）、第五代蜂窝移动通信

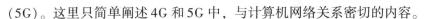

（5G）。这里只简单阐述 4G 和 5G 中，与计算机网络关系密切的内容。

（1）第四代蜂窝移动通信（4G）　2013 年 12 月，工信部正式发放 4G 牌照，宣告我国移动通信网络进入第四代（4G）。目前，我国的 4G 标准有我国自主知识产权的时分双工（TDD－LTE）和国际主流的频分双工（FDD－LTE）两种。

4G 移动网络能够以 100Mbit/s 以上的速度进行下载，比家用宽带 ADSL 快 25 倍，并能够满足几乎所有用户对于无线服务的要求。此外，4G 可以在 DSL 和有线电视调制解调器没有覆盖的地方部署，然后再扩展到整个地区。

4G 移动网络结构可分为三层：物理网络层、中间环境层和应用网络层。

1）物理网络层：提供接入和路由选择功能，由无线和核心网的融合完成。

2）中间环境层：提供 QoS 映射、地址变换和完全性管理等功能。

3）应用网络层：直接为应用进程提供服务，在实现多个系统应用进程相互通信的同时，完成一系列业务处理所需的服务。

物理网络层与中间环境层及其应用环境之间的接口是开放的，它使发展和提供新的应用及服务变得更为容易，提供无缝高数据传输速率的无线服务，并运行于多个频带。

4G 移动网络的核心网是一个基于全 IP 的网络，即计算机网络，同已有的移动网络相比具有以下优点：

1）可以实现不同网络间的无缝互连。核心网独立于各种具体的无线接入方案，能提供端到端的 IP 业务，能同已有的核心网和 PSTN 兼容。

2）核心网具有开放的结构，能允许各种空中接口接入核心网；同时，核心网能把业务、控制和传输等分开。

3）采用全 IP 化后，所采用的无线接入方式和协议与核心网络协议、链路层是分离独立的。IP 与多种无线接入协议兼容，因此在设计核心网络时具有很大的灵活性，不需要考虑无线接入究竟采用何种方式和协议。

（2）第五代蜂窝移动通信（5G）　第五代蜂窝移动通信网络（5G）是最新一代蜂窝移动通信技术，其性能目标是高数据传输速率、减少延迟、节省能源、降低成本、提高系统容量和大规模设备连接；其主要优势在于，数据传输速率远高于以前的蜂窝网络，最高可达 10Gbit/s，比 4G 快 100 倍。

5G 是网络连接技术的典型代表，推动无线连接向多元化、宽带化、综合化、智能化的方向发展，其低延时、高通量、高可靠技术、网络切片技术等弥补了通用网络技术难以完全满足工业性能和可靠性要求的技术短板，并通过灵活的部署方式，改变现有网络落地难的问题。

我国高度重视 5G 与工业互联网的融合发展，各省市也纷纷制定政策推进 "5G + 工业互联网" 的应用示范落地。国务院印发《关于深化 "互联网 + 先进制造业" 发展工业互联网的指导意见》，工业互联网产业联盟与 5G 应用产业方阵联合发布了《5G 与工业互联网融合应用发展白皮书》等，这一系列的指导意见均提出了将 5G 与工业互联网相融合，明确将 5G 列为工业互联网网络基础设施，并开展 5G 面向工业互联网应用的网络技术试验，协同推进 5G 在工业企业的应用部署。

5G 对工业互联网赋能作用主要体现在两个方面：

1）5G 低延时、高通量特点保证海量工业数据的实时回传，保证了工业数据的实时采集；同时，5G 网络标准带宽提高到 40MHz、80MHz，甚至更高，为海量工业数据的采集提供了基础保障。

2）5G 的网络切片技术能够有效满足不同工业场景连接需求，可实现独立定义网络架构、功能模块、网络能力（用户数、吞吐量等）和业务类型等，减小工业互联网平台及工业 APP 面向不同场景需求时的开发、部署、调试的复杂度，降低平台应用落地的技术门槛。

传统的 4G 网络只能服务于单一的移动终端，无法适用于多样化的物与物之间的连接。5G 时代将有数以千亿计的人和设备接入网络，不同类型业务对网络要求千差万别，运营商需要提供不同功能和 QoS（服务质量）的通信连接服务。网络切片将解决在一张物理网络设施上，满足不同业务对网络的 QoS 要求。

网络切片是 5G 网络中一种按需组网的技术，采用虚拟化和软件定义网络技术，可以让运营商在一个物理网络上切分出多个虚拟的、专用的、隔离的、按需定制的端到端网络，每个网络切片将从无线接入网、边缘/承载网，再到核心网上进行逻辑隔离，可满足不同场景，诸如工业控制、自动驾驶、远程医疗等各行业业务的差异化需求，以适配各种各样类型的应用，实现一网多用，不需要为每一个服务重复建设一个专用网络，极大降低了成本，如图 7-9 所示。

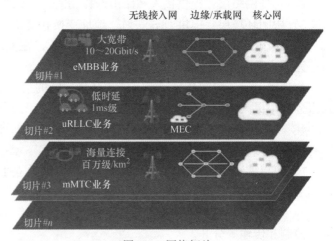

图 7-9　网络切片

网络切片技术的核心是网络功能虚拟化（NFV），将传统网络分离出硬件和软件部分，硬件由统一的服务器部署，软件由不同的网络功能承担，从而实现灵活组装业务的需求。其关键特征包括：

1）按需部署：5G 网络功能将会采用基于云的服务化架构，5G 核心网可以根据不同业务服务等级（SLA）的要求对网络功能进行自由组合和灵活编排，并且可以选择网络功能部署在不同层级的数据中心（DC）。

2）端到端 SLA 保障：网络的 SLA 指的是不同的网络能力要求，网络切片需要端到端网络共同进行 SLA 的保障。其中，无线接入网和边缘/承载网保障和调配资源，核心网为不同的业务提供差异化的网络能力和业务体验。

3）按需隔离：5G 网络切片是一个逻辑上隔离的网络，根据应用的不同，切片可以提供部分隔离以及逻辑隔离，也可以提供独立的物理隔离，需要根据行业特性，在综合考虑投资成本的基础上做出选择。

4）运维自动化：5G 网络中会存在很多个网络切片，管理维护会极其复杂，必须要具有全生命周期自动化运维的能力。

工作任务8

工 业 赋 能

1. 任务简介

某生产企业接入互联网后，信息部的工程师着手规划工业互联网服务平台，其目的是"以数据为核心驱动力，为工业赋能"。为保证服务平台不间断服务，工程师还规划了集群系统。规划结束后，结合"工作任务单8"提交该企业的服务平台规划文档。

2. 任务目的

1）知识目标：结合工业互联网服务平台的应用场景，能够掌握服务模式、集群系统、应用层协议等基本知识，强化对服务平台的基本认知。

2）能力目标：结合网络服务应用的相关知识，能够掌握工业赋能的应用场景，强化对工业赋能的基本认知。

3）素质目标：通过本任务的学习，提高团队合作、沟通协调等能力，强化逻辑思维、主动学习等能力，深化对服务对象岗位应用的理解能力，提高知识的更新能力。

3. 任务成果

提交该企业服务平台规划文档的工作任务单。

4. 实施方案

建议授课教师模拟企业信息部的工程师着手企业服务平台规划的工作场景，通过真实的"任务场景"使学生能够了解任务的应用场景；通过"任务解析"引出任务中的基本知识点；通过"能力储备"使学生掌握应知应会的基本知识；"能力拓展"则是针对部分能力较强的学生而设立的知识点，由授课教师自行掌握。

5. 所需学时

建议8学时，由授课教师按照教学进度自行掌握。

8.1 任务场景

某生产企业信息内网规划完毕后，开始进行企业服务平台的规划，该平台实现功能如下：

1）为企业提供多种媒体信息发布功能。

2）为用户提供信息查询功能。

3）为用户提供图纸、订单等资料上传和下载的功能。

4）服务器采用集群系统，实现不间断的服务支持。

5）可以为内部的计算机、智能装备等设备提供网络服务支持。

信息部的工程师遵循开放、标准等原则，依据以上实际情况，规划适合的企业服务平台方案，实现上述功能。

8.2　任务解析

用户通过客户/服务器（Client/Server，C/S）方式或者浏览器/服务器（Browser/Server，B/S）方式访问互联网的信息资源。

为实现提高服务器的计算能力、降低服务器成本、防止系统宕机等需求，通常采用集群系统来搭建服务系统，其主要优势如下：

1）提供高性能的计算资源，简化设计了大内存、高速网络，为用户提供强大的计算能力。

2）高 IOPS（Input/Output Operations Per Second，每秒进行读/写操作次数），支持链接克隆、精简置备、快照等功能的存储设备，为用户提供强大的存储能力。

3）为低成本、数据安全的存储设备提供数据存储空间。

服务系统能为用户提供的应用服务通常有：

1）HTTP 服务：超文本传输协议，用于实现互联网中的 WWW 服务，使用端口 80。

2）FTP 服务：文件传输协议，一般上传/下载用 FTP 服务，数据端口是 20，控制端口是 21。

3）DNS：域名解析服务，提供域名到 IP 地址之间的转换，使用端口 53。该协议既使用 TCP，同时也使用 UDP。

4）DHCP 服务：动态主机配置协议，该协议允许服务器向客户端动态分配 IP 地址和配置信息。

8.3　能力储备

1. 网络服务模式

用户通过互联网对信息资源进行访问，信息资源提供者通常被称为服务器端（Server），而访问信息资源的用户通常被称为客户端（Client）。

按照提供的方式，网络服务模式通常分为客户/服务器（C/S）方式和浏览器/服务器（B/S）方式。

（1）C/S　C/S 是用户在计算机上使用一个或多个用户的专用程序（Client，客户端）来访问服务系统（Server，服务器端）的专用服务，是计算机软件协同工作的一种模式。

1）工作机制：C/S 可以充分利用两端硬件环境的优势，将任务合理分配到客户端和服务器端，降低了系统的通信开销。目前大多数网络服务都是 C/S 形式的。例如微信、QQ 等应用软件，使用时必须安装相应的客户端才能使用。C/S 的工作机制如下：

① 客户端开始运行时，需要通过网络访问服务器端（如图 8-1 所示），进行客户身份鉴别，只有通过服务端的身份鉴别，客户端才可正常运行。

② 客户端正常工作时，绝大多数的业务逻辑和界面展示等功能需要在客户端实现，因

此客户端需要承受很大的压力,用来显示逻辑和进行事务处理。

③ 当客户端处理完相应的事务后,将处理结果上传至服务器端,通过与数据库的交互(通常是 SQL 或存储过程的实现)来达到数据持久化,以此满足实际项目的需要。

综上所述,在 C/S 模式中,大量的计算任务均在客户端完成,而服务器端仅保存相应的处理结果,因此 C/S 工作机制也可以看作是胖客户端/瘦服务器端的机制。

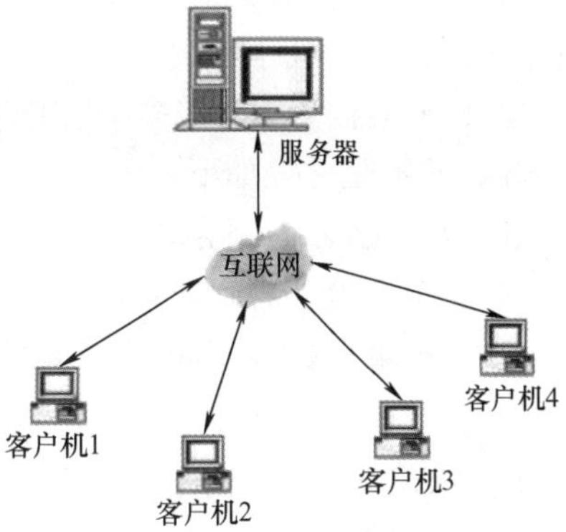

图 8-1　C/S 访问

2)C/S 特点:C/S 模式最早应用在局域网中,应用模式最为成熟,随着互联网的发展,C/S 模式依然可以应用在互联网上。其优势如下:

① C/S 模式的界面和操作可以很丰富。

② 安全性能可以很容易保证,保密性好,容易实现多层认证。

③ 由于只有一层交互,因此响应速度较快。

C/S 的不足之处如下:

① 适用面窄,客户端之间的数据不兼容。例如微信和 QQ,虽属同一家公司的两款产品,但在实际工作时,部分数据是不兼容的。

② 需要安装专用程序,并获得相应的身份认证后方可使用,因此用户群体相对固定。

③ 运维成本高,若做一次升级,则所有客户端的程序都需要改变。

(2)B/S　B/S 是随着互联网的兴起,对 C/S 的一种变化或者改进,用户在计算机上使用浏览器(Browser)软件来访问服务系统(Server)的服务。

1)工作机制:与 C/S 类似的是,B/S 模式同样需要一个浏览器这样的客户端应用程序才能访问服务资源。B/S 的工作机制如下:

① B/S 是随着互联网应用发展起来的,用户只需使用浏览器应用程序即可访问信息资源。

② B/S 通过客户端、Web 服务器端和数据库服务器端构成所谓的三层架构,才能实现资源访问,如图 8-2 所示。

③ 在 B/S 架构中,显示逻辑由浏览器处理,事务处理逻辑由 Web 服务器端处理。

综上所述,在 B/S 模式中,大量的计算任务均在服务器端完成,而客户端仅保存相应的处理结果,因此 B/S 工作机制也可以看作是瘦客户端/胖服务器端的机制。

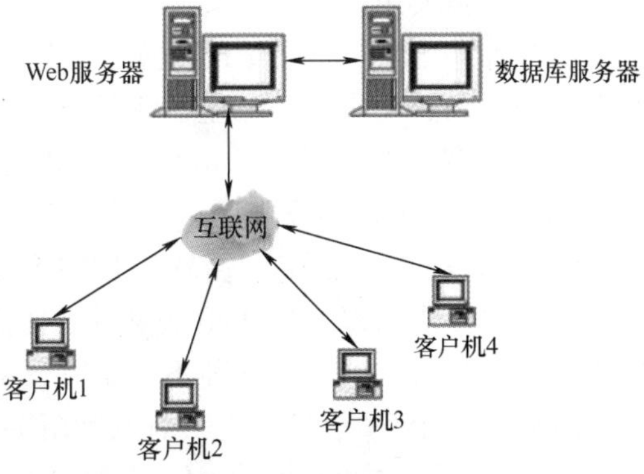

图 8-2　B/S 三层架构

2)B/S 特点:B/S 模式适用于互联网,也可适用于局域网。其优势如下:

① 客户端只需安装 Web 浏览器即可,尤其是 Windows 系列操作系统,浏览器是默认安装的。

② B/S 架构可以用于广域网上，通过一定的权限控制实现多客户访问的目的，交互性较强。

③ B/S 架构无须升级多个客户端，升级服务器即可。

B/S 的不足之处如下：

① 个性化特点明显降低，无法实现具有个性化的功能要求。

② 安全性差，需要花费巨大的设计成本。

③ 客户端/服务器端的交互是请求/响应模式，通常需要刷新页面。

2. 网络操作系统

网络操作系统是在网络环境下实现对网络资源的管理和控制的操作系统，是用户与网络资源之间的接口。可以把网络操作系统理解为网络环境的操作系统，管理网络资源。网络操作系统是建立在独立的操作系统之上，为网络用户提供使用网络系统资源的桥梁，协调和管理网络用户进程或程序与联机操作系统进行交互。

（1）网络操作系统的功能 作为网络用户和计算机网络之间的接口，一个典型的网络操作系统应具有以下功能：

1）网络管理功能：对整个网络的资源进行协调与管理，实现计算机之间高效、可靠的通信，提供各种网络服务和为网上用户提供便利的操作与管理平台等网络管理功能。

2）资源管理功能：通常情况下，网络操作系统以网络为基础，管理用户的相关资源，以满足用户需求为目的，如对数据文件、应用软件、硬盘等内部资源的管理，以及对打印机、调制解调器、扫描仪和传真机等外部资源的管理。

3）文件管理功能：可跟踪网络用户使用的每个文件，以确保一次只能一个用户对其进行编辑。

4）网络服务功能：网络操作系统还负责管理网络用户和网络服务之间的对应关系，以确保网络服务的连贯性和仿真性。

（2）典型的网络操作系统 目前，经常使用的网络操作系统大致分为 Windows 类、UNIX 类和 Linux 类等。

1）Windows 类：对于这类操作系统，使用计算机的人都不会陌生，这是微软公司研发的操作系统，需要用户付费购买。

这类操作系统在整个局域网配置中是最常见的，主要应用在 x86 架构的服务器上，具有图形化操作界面、操作简便、生态系统丰富、市场占有率高等优势；不足之处是内存消耗高、CPU 占用率高等。目前，市场占有率较高的是 Windows Server 2008 和 Windows Server 2012 R2 两种版本的网络操作系统，最新版本是 Windows Server 2019。

① Windows Server 2008：微软于 2008 年 2 月 27 日正式发布的服务器管理系统，专为强化下一代网络、应用程序和 Web 服务的功能而设计，支持 32 位/64 位计算。

Windows Server 2008 有五种不同版本，另外还有三种不支持 Windows Server Hyper – V（虚拟机技术）的版本，因此总共有八种版本。常用的几个版本如下：

Windows Server 2008 Standard：俗称标准版，其内置的强化 Web 和虚拟化功能是专为增加服务器基础架构的可靠性和弹性而设计，亦可节省时间并降低成本，支持网络负载平衡集群，但不支持故障转移集群。该版本的 32 位操作系统，最多支持 4GB 内存，在 SMP（对称多处理器技术）配置下最多支持 4 个 CPU；该版本的 64 位操作系统最多支持 32GB 内存，在 SMP 配置下最多支持 4 个 CPU。

Windows Server 2008 Enterprise：俗称企业版，可部署企业关键应用，其所具备的集群和热添加（Hot Add）处理器功能，可协助改善可用性；而整合的身份管理功能，可协助改善安全性；利用虚拟化授权权限整合应用程序，可减少基础架构的成本。该版本的 32 位操作系统最多支持 64GB 内存，在 SMP 配置下最多支持 8 个 CPU；64 位的操作系统最多支持 2TB 内存，在 SMP 配置下最多支持 8 个 CPU。

Windows Server 2008 Datacenter：俗称数据中心版，可部署在小型和大型服务器上，用于企业关键应用及大规模的虚拟化。其所具备的集群和动态硬件分割功能，支持故障转移集群和活动目录联合服务（ADFS）；无限制的虚拟映像使用权，可改善可用性；而通过无限制的虚拟化许可授权来巩固应用，可减少基础架构的成本。该版本的 32 位操作系统最多支持 64GB 内存，在 SMP 配置下最多支持 32 个 CPU；64 位的操作系统最多支持 2TB 内存，在 SMP 配置下最多支持 64 个 CPU。

Windows HPC Server 2008：俗称高性能计算（HPC）版，可提供企业级的工具给高生产力的 HPC 环境。由于其建立于 64 位计算的技术上，因此可有效地扩充至数以千计的处理器，并可提供集中管理控制台，协助网管人员主动监督和维护系统健康状况及稳定性。

② Windows Server 2012 R2：为用户提供企业级数据中心和混合云解决方案，易于部署，具有成本效益、以应用程序为重点、以用户为中心等特点，功能涵盖服务器虚拟化、存储、软件定义网络、服务器管理和自动化、Web 和应用程序平台、访问和信息保护、虚拟桌面基础结构等方面。

③ Windows Server 2019：微软公司针对更多云计算、大数据等需求推出的网络操作系统。该版本具有更先进的安全性，广泛支持容器基础，支持混合云扩展，提供低成本的超融合架构等。在 Windows Server 2019 中，加入了混合云场景，可以通过 Windows 管理中心将现有的 Windows Server 部署连接到微软云计算中心（Azure）。客户能够轻松集成微软云服务，享有备份、文件同步、灾难恢复等云服务，从而能够在不中断其应用程序和基础架构的情况下利用这些云服务。

2）UNIX 系统：UNIX 是一个强大的多用户、多任务操作系统，支持多种处理器架构。与 Windows 一样，也需要用户付费购买。

UNIX 源自 1969 年开始在美国 AT&T 公司的贝尔实验室开发的 AT&T UNIX。目前常用的 UNIX 系统的版本主要有 UNIX SUR、HP - UX、IBM 的 AIX、SUN 的 Solaris 等。

UNIX 支持网络文件系统服务，功能强大，但由于它多数是以命令方式进行操作的，不容易掌握，因此不适用于初级用户，一般用于大型的网站或大型的企、事业局域网中。其特点如下：

① UNIX 系统是一个多用户、多任务的分时操作系统。

② UNIX 的系统结构可分为：操作系统内核（是 UNIX 系统核心管理和控制中心）；系统调用（供程序开发者开发应用程序时调用系统组件，包括进程管理、文件管理、设备状态等）；应用程序（包括各种开发工具、编译器、网络通信处理程序等，所有应用程序都在 Shell 的管理和控制下为用户服务）。

③ UNIX 系统大部分是由 C 语言编写的，这使得系统易读、易修改、易移植。

④ UNIX 提供了丰富的、精心挑选的系统调用，整个系统的实现十分紧凑、简洁。

⑤ UNIX 提供了功能强大的可编程的 Shell 语言（外壳语言）作为用户界面，具有简洁、高效的特点。

⑥ UNIX 系统采用树状目录结构，具有良好的安全性、保密性和可维护性。

⑦ UNIX 系统采用进程交换（Swapping）的内存管理机制和请求调页的存储方式，实现了虚拟内存管理，大大提高了内存的使用效率。

⑧ UNIX 系统提供多种通信机制，如管道通信、软中断通信、消息通信、共享存储器通信、信号灯通信等通信机制。

3）Linux：这是一种新型的网络操作系统，最大的特点就是源代码开放，可以免费得到许多应用程序，无须用户付费购买。由于 Linux 属于开源项目，所以 Linux 版本非常多，比较常见的如 RedHat、CentOS 等。

Linux 在的安全性和稳定性方面与 UNIX 有许多类似之处，目前这类操作系统可运行在服务器和其他大型平台之上，如大型计算机和超级计算机，也广泛应用在嵌入式系统上，如智能手机、平板计算机、路由器、电视和电子游戏机等。

3. 集群系统

在信息技术应用的早期，计算机成本非常昂贵，数量受限，信息系统应用模式只能采用一台计算主机带数十台甚至数百台终端的用户模式，这台计算主机为网络提供资源服务，被称为服务器。

随着网络服务计算量的剧增，单台服务器无法快速完成某个任务的高速计算，集群系统应运而生。集群系统是通过局域网将一组相互独立的服务器连接起来，通过部署相应的软件，以实现服务器组之间高度紧密地协作完成计算工作，在网络中表现为单一的系统，并以单一系统的模式加以管理，为客户工作站提供高可靠性的服务集群系统（Cluster）如图 8-3 所示。

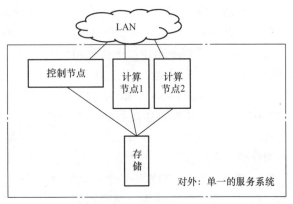

图 8-3　集群系统

随着新一代信息技术的发展，集群系统以其高效、快速、低成本的优势得到了迅速普及，尤其在边缘计算、云计算、大数据、人工智能等领域应用得越来越广泛。

（1）工作机制　为保证集群系统正常运行，其工作机制如下：

1）集群系统中的单台计算机通常称为节点，各节点的网络操作系统及应用系统的版本必须一致，并通过集群系统内部局域网相互通信。

2）集群系统通常都有自己的内部局域网，实现内部通信与对外服务相分离。并且集群系统中所有的节点对外都拥有一个共同的名称，通常以域名居多。

3）节点的应用程序文件存储在其各自的本地存储空间上，并共享公共存储空间的数据，以保持数据同步。

4）集群系统内任一节点上运行的服务可被所有的网络客户所使用。

5）集群系统必须可以协调管理各分离的组件的错误和失败，并可透明地向集群系统中加入组件。

6）当集群系统内各节点服务器中的某个节点发生故障，或一个应用服务发生故障时，该节点上所运行的应用程序将被其他节点自动接管。

（2）**工作模式**　如图8-3所示，集群系统是由集群中的控制节点（Controller）（作为管理者）统一协调、调度其他的计算节点（Node）（作为参与者），共同完成一个或多个给定任务，这些给定任务由控制节点统一进行任务的拆分和调度，其他的计算节点按照控制节点的统一部署进行各自的任务实施，最后将各自的任务结果反馈给控制节点进行汇总，由控制节点统一发布。

1）任务的拆分：任务拆分遵循的原则是尽量降低子任务之间的关联性，从而提高处理任务的并行度。最常见的关联性是任务处理的时间先后关系，例如，子任务 A 一定要在子任务 B 完成之后才能开始处理，即 B 任务的输出要作为 A 任务的输入。

拆分无关联的大型任务就很容易，这些子任务之间没有关联性，可以并行处理，最终把全部子任务的搜索结果合并起来即可。

2）任务的调度：任务的调度即如何把拆分出来的子任务合理地调度给集群节点，并让它们协同完成，这里的"合理"与任务的要求密切相关，最能满足任务要求的调度方法就是最合理的。

（3）**特点**　集群可以利用多个计算机进行并行计算从而获得高速计算，也可以用多个计算机做备份，从而使得某台机器若宕机也不会影响整个系统的正常运行。集群系统的特点如下：

1）提高性能：对于一些计算密集型应用，需要计算机有很强的运算处理能力，现有的技术，即使普通的大型机器也很难胜任。使用计算机集群技术，集中几十台甚至上百台计算机的运算能力来满足要求，提高处理性能一直是集群技术研究的一个重要目标之一。

2）降低成本：通常一套配置较好的超级计算机价值百万甚至千万美元，在达到同样性能的条件下，采用计算机集群比用同等计算能力的超级计算机具有更高的性价比。

3）提高可扩展性：用户若想扩展系统能力，不得不购买更高性能的服务器，才能获得额外所需的 CPU 和存储器。如果采用集群技术，则只需要将新的服务器加入集群即可，从客户角度来看，服务无论是连续性还是性能都几乎没有变化，好像系统在不知不觉中完成了升级。

4）增强可靠性：集群技术使系统在故障发生时仍可以继续工作，将系统停运时间减到最小，集群技术在提高系统的可靠性的同时，也大大减小了故障损失。

5）快速的故障处理：故障切换过程需要花费一定的时间，原则上根据应用的大小不同切换的时间也会不同，越大的应用切换的时间越长，而作为集群，可以在很短的时间内进行侦测并确认故障、后备服务器重新启动该应用、接管共享的数据区等故障切换过程，实现不间断、无差别的服务。

（4）**关键技术**　集群的最大优势在于对故障服务器的监控是基于应用的，即只要服务器的应用停止运行，其他的相关服务器就会接管这个应用。为实现这种无宕机的服务，集群系统使用的关键技术可以归属于四个层次，如图8-4所示。

1）网络层：关键技术有网络拓扑结构、通信协议、信号技术等，需要在网络层上构建冗余设备和链路。

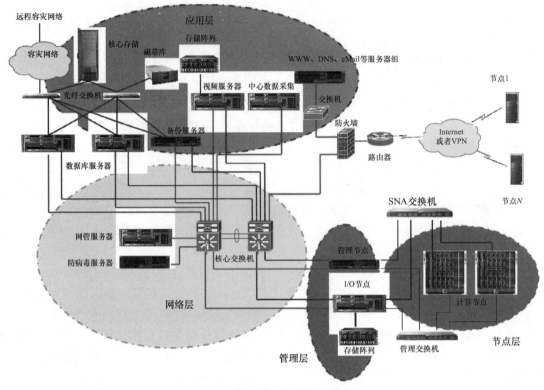

图 8-4   集群关键技术

2）节点层：关键技术有高性能客户机、分层或基于微内核的操作系统等，需要在节点上部署冗余的硬件，如电源、硬盘、内存等。

3）管理层：关键技术有资源管理、资源调度、负载平衡、并行 IPO、安全等，集群系统管理层的完善程度决定着集群系统的易用性、稳定性、可扩展性等诸多关键参数。

4）应用层：关键技术有并行程序开发环境、串行应用、并行应用等。

集群技术是以上四个层次的有机结合，所有的相关技术虽然解决的问题不同，但都有其不可或缺的重要性。

（5）分类   集群系统可为数据库、消息系统、文件与打印服务这些关键业务应用提供高可用性和可扩展性，在集群中的多个节点保持不间断的联系。按照应用范围，集群系统可分为如下几种：

1）高可用集群：高可用集群是指以减少服务中断时间为目的的服务器集群技术，通过保护用户的业务程序对外不间断提供的服务，把因软件/硬件/人为造成的故障对业务的影响降低到最小程度。此类集群实现的功能是保障用户的应用程序持久、不间断地提供服务。

2）负载均衡集群：负载均衡集群分为前端应用负载调度和后端节点两个部分。负载调度部分负责把前端应用的请求按照不同的策略分配给后端节点，而后端节点是真正提供应用程序服务的部分。与 HA 集群不同的是，负载均衡集群所有的后端节点都处于活动状态，它们都对外提供服务，分摊系统的工作负载。

3）科学计算集群（高性能计算集群），简称 HPC 集群。这类集群致力于提供强大计算能力，适用于数值计算和大数据处理等领域，并且倾向于追求综合性能。HPC 与超级计算类似，但是又有不同，超级计算追求的第一目标是计算速度，最快的速度、最大的存储、最庞大的体积代表了超级计算的特点；HPC 追求高性能的综合指标，即不只有计算速度，还要追求指标的多样性，如多媒体呈现能力。

4. 互联网的应用服务

从网络通信技术的观点看，互联网是一个以 TCP/IP 为基础的，连接各国家、各部门、各机构的计算机网络的数据通信网，是一个集各领域、各学科的各种资源为一体的、供网上用户共享的数据资源网。

用户使用互联网时，需要依靠 DNS、HTTP、FTP、DHCP 等几个非常重要的协议，才能通过互联网获得资源。

（1）DNS　上网时，首先需要知道资源主机的位置，而资源主机的位置通常是用 IP 地址来表示的。使用互联网的用户大多是非专业人员，很难理解或记住这种地址，为了方便人们使用互联网，除使用 IP 地址外，还在互联网中使用了许多的"域"（domain）来标识资源主机的逻辑空间位置，并且给这个"域"赋予了唯一的名字来表示此逻辑空间的唯一性，这个名字就是域名（Domain name）。

域名系统（Domain Name System，DNS）是互联网使用的命名系统，为互联网的各种网络应用提供了核心服务，以方便人们将使用的域名对应转换为 IP 地址，应用层软件使用域名系统就能使用户访问互联网资源。

1）工作机制：从理论上讲，整个互联网只使用一个域名服务器，就可以实现互联网上所有主机的域名与 IP 地址的查询，然而这种做法并不可取，因为互联网规模很大，这样的域名服务器会因过负荷而无法正常工作，而且一旦域名服务器出现故障，整个互联网就会瘫痪。

因此，早在 1983 年互联网就开始采用层次树状结构的命名方法，并使用分布式的域名系统，其工作机制如下：

① 互联网的域名系统基于分布式数据库架构，并采用 C/S 模式工作。

② 大多数域名都在本地进行解析，仅少量解析需要在互联网上通信，因此 DNS 系统的效率很高。由于 DNS 是分布式系统，即使某个系统出了故障，也不会影响整个系统的正常运行。

③ 域名对应 IP 地址的解析是由分布在互联网上的许多域名解析程序之间共同协作完成的，而人们也常把运行域名解析程序的服务器称为域名服务器。

④ DNS 查询按照工作方式分为正向查询和反向查询。

正向查询：已知目标主机的域名，通过 DNS 查询其 IP 地址的过程。这是大多数 DNS 使用的查询方式。

反向查询：已知目标主机的 IP 地址，通过 DNS 查询其域名的过程。

2）域名结构：早期的互联网使用了非等级的名字空间，其优点是名字简短，当互联网上的用户数急剧增加时，互联网就采用了层次树状结构的命名方法。采用这种命名方法，任何一个连接在互联网上的主机或路由器，都有一个唯一的层次结构的名字，用来表示主机在互联网上的逻辑标识，即域名。"域"（Domain）是一个可被管理的空间划分，可以按照域内组成部分的作用划分为若干子域，而子域还可继续划分为子域的子域，这样就形成了顶级域、二级域、三级域等，如图 8-5 所示。

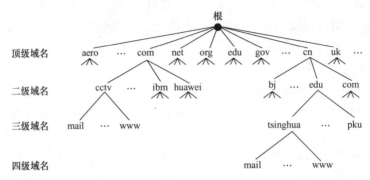

图 8-5　域名结构

顶级域名（Top Level Domain，TLD）共分为三大类：

① 国家顶级域名：采用 ISO 3166 的规定，如 cn 表示中国、us 表示美国、uk 表示英国等，国家顶级域名又常记为 ccTLD（cc 表示国家代码 Country-code）。hk（香港）、tw（台湾）、mo（澳门）虽然是国家顶级域名，但这三个地方都是中国领土不可分割的一部分，这是"一个中国"的原则。

② 通用顶级域名：最先确定的通用顶级域名有 7 个：com（公司企业）、net（网络服务机构）、org（非营利性组织）、int（国际组织）、edu（专用的教育机构）、gov（政府部门）、mil（军事部门）。后期又陆续增加了 13 个通用顶级域名：aero（航空运输企业）、asia（亚太地区）、biz（公司和企业）、cat（使用加泰隆人的语言和文化团体）、coop（合作团体）、infb（各种情况）、jobs（人力资源管理者）、mobi（移动产品与服务的用户和提供者）、museum（博物馆）、name（个人）、pro（有证书的专业人员）、tel（Telnic 股份有限公司）、travel（旅游业）。

③ 基础结构域名：这种顶级域名只有一个，即 ARPA，用于反向域名解析，因此又称为反向域名。

在国家顶级域名下注册的二级域名均由该国家自行确定。例如，国家顶级域名为 jp 的日本，将其教育和企业机构的二级域名定为 ac 和 co，而不用 edu 和 com。

我国把二级域名划分为类别域名和行政区域名两大类。

① "类别域名"共 7 个：ac（科研机构）、com（工、商、金融等企业）、edu（中国的教育机构）、gov（中国的政府机构）、mil（中国的国防机构）、net（提供互联网络服务的机构）、org（非营利性的组织）。

② "行政区域名"共 34 个，适用于我国的各省、自治区、直辖市。例如 bj（北京市）、js（江苏省）等。

DNS 规定域名中的标号都由英文字母和数字组成，具体规定如下：

① 每一个标号不超过 63 个字符，为了记忆方便，最好不要超过 12 个字符。不区分大小写字母。

② 标号中除连字符"."外不能使用其他的标点符号。

③ 级别最低的域名写在最左边，而级别最高的顶级域名则写在最右边。

④ 由多个标号组成的完整域名总共不超过 255 个字符。

⑤ DNS 既不规定一个域名需要包含多少个下级域名，也不规定每一级的域名代表什么意思。

⑥ 各级域名由其上一级的域名管理机构管理，而最高的顶级域名则由 ICANN（互联网名称与数字地址分配机构）进行管理。

这些规定可使每一个域名在整个互联网范围内是唯一的，并且也容易设计出一种查找域名的机制。

例 8-1：试分析 www. huawei. com/cn、mail. qq. com 这两个域名的含义。

答：域名用来表示主机在互联网上的逻辑标识，同一个域名中，级别最低的域名写在最左边，而级别最高的顶级域名则写在最右边。

① www. huawei. com/cn：www 是三级域名，表示为 www 服务，即网站服务；huawei 是二级域名，表示该组织的名称，即华为公司；com/cn 是顶级域名，即中国境内的工、商、金融等企业组织。

② mail. qq. com：mail 是三级域名，表示为电子邮件服务；qq 是二级域名，表示该组织的名称，即腾讯公司；com 是顶级域名，即工、商、金融等企业组织。

3）域名查询：也称为域名解析。域名体系使用分布在各地的域名服务器实现互联网上所有主机的域名与 IP 地址的逐一对应关系，采用"分区"的方案来提高域名查询的服务效率。

一个 DNS 服务器所负责管辖的（或有权限的）范围称为区（Zone），每个区设置相应的域名服务器（Domain Name Server），用来保存该区中的所有主机的域名与 IP 地址逐一对应的关系。

互联网上的域名服务器采用层次结构的方式构建，根据域名服务器所处的层次不同，可以把域名服务器划分为以下几种类型：

① 根域名服务器（Root Name Server）：根域名服务器是最高层次的域名服务器，也是最重要的域名服务器，其主要用来管理互联网的主目录。若所有的根域名服务器都瘫痪了，那么整个互联网的 DNS 系统就无法工作了。

在许多情况下，根域名服务器并不直接把待查询的域名转换成 IP 地址，而是告诉本地域名服务器下一步应当找哪一个顶级域名服务器进行查询。全世界只有 13 台 IPv4 根域名服务器，其中 10 台在美国，欧洲 2 台（分别位于英国和瑞典），亚洲 1 个（位于日本），其余的根域名服务器均为镜像服务器，用于防止根域名服务器因瘫痪而导致互联网崩溃。

2015 年 6 月，中国发布了"雪人计划"，首次提出并实践"一个命名体系，多种寻址方式"的下一代互联网根域名服务器技术方案，打破现有 13 个根服务器的运营者"神圣不可侵犯""数量不可改变"的教条，可以引入更多根域名服务器运营者，同时也能保证一个命名体系不被破坏，真正实现多方共治的"同一个世界、同一个互联网"的愿景。

"雪人计划"于 2016 年在美国、日本、印度、俄罗斯、德国、法国等全球 16 个国家完成 25 台 IPv6 根服务器的架设，事实上形成了 13 台原有根加 25 台 IPv6 根的新格局，为建立多边、民主、透明的国际互联网治理体系打下坚实的基础。中国部署了其中的 4 台，由 1 台主根域名服务器和 3 台辅根域名服务器组成，打破了中国过去没有根域名服务器的困境。

② 顶级域名服务器（TLD 服务器）：这些域名服务器负责管理在该顶级域名服务器注册的所有二级域名，当顶级域名服务器收到 DNS 查询请求时，就给出如下的反馈：可能是最后的查询结果，也可能是下一步应当找的域名服务器，包括它的 IP 地址。

③ 权限域名服务器（Authoritative Name Server）：是指负责一个区的域名服务器。当一个权限域名服务器还不能给出最后的查询结果时，就会给发出查询请求的 DNS 客户发出应答信息，告诉它下一步应当找哪一个权限域名服务器。

④ 本地域名服务器（Local Name Server）：本地域名服务器并不属于域名服务器层次结构中的一部分，但它对域名系统非常重要。当一台主机发出 DNS 查询请求时，这个查询请求报文就发送给本地域名服务器。本地域名服务器可部署在一个 ISP 或某个组织机构内，节约查询时间，提高上网速度，是目前比较节约时间的域名解析系统。这种域名服务器有时也称为默认域名服务器。

综上所述，根据某个组织的域名来查询该组织 IP 地址的过程如下：

① 递归查询：当某一个应用进程需要查询目标主机的 IP 地址时，该应用进程就调用 DNS 程序，并成为 DNS 的一个客户，把待解析的域名放在 DNS 请求报文中，按照本地域名服务器查询→根域名服务器查询→顶级域名服务器查询→权限域名服务器查询的顺序逐级查询。为了减少开销，使用 UDP（用户数据报）方式发给本地域名服务器。

本地域名服务器在查找域名后，若找到对应的 IP 地址，就将其放在回答报文中返回，应用进程获得目标主机的 IP 地址后即可进行通信。

② 迭代查询：若本地域名服务器不能回答该请求，本地域名服务器就代替该主机，以 DNS 客户的身份，采用迭代查询，向其他根域名服务器继续发出查询请求报文。当根域名服务器收到本地域名服务器发出的迭代查询请求报文时，反馈结果如下：

● 当根域名服务器已知要查询的 IP 地址时，将结果反馈给本地域名服务器。

● 当根域名服务器未知要查询的 IP 地址时，则告诉本地域名服务器下一步应当向哪一个域名服务器进行查询，然后让本地域名服务器进行后续的查询，而不是替本地域名服务器进行后续的查询。

● 依此类推，最后的结果是要么反馈要查询的 IP 地址，要么报错，查询结束。

例 8-2：如图 8-6 所示，某企业的域名为 m. xyz. com 的主机想知道域名为 y. abc. com 供应商主机的 IP 地址。试分析 DNS 迭代查询过程。

答：DNS 查询过程如下：

① 主机 m. xyz. com 先向其本地域名服务器 dns. xyz. com 进行递归查询。

② 本地域名服务器 dns. xyz. com 采用迭代查询，先向一个根域名服务器查询。

③ 根域名服务器告诉本地域名服务器，下一次应查询的顶级域名服务器 dns. com 的 IP 地址。

④ 本地域名服务器向顶级域名服务器 dns. com 进行查询。

⑤ 顶级域名服务器 dns. com 告诉本地域名服务器，下一次应查询的权限域名服务器 dns. abc. com 的 IP 地址。

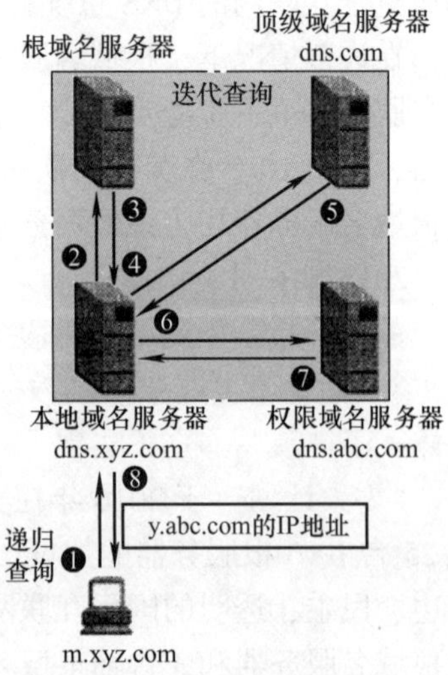

图 8-6 DNS 迭代查询过程

⑥ 本地域名服务器向权限域名服务器 dns. abc. com 进行查询。

⑦ 权限域名服务器 dns. abc. com 告诉本地域名服务器，所查询的主机的 IP 地址。

⑧ 本地域名服务器最后把查询结果告诉主机 m. xyz. com。

（2）HTTP HTTP（HyperText Transfer Protocol，超文本传输协议）是一种用于分布式、协作式和多媒体信息系统的应用层协议，是互联网数据通信的基础，也是互联网应用最为广泛的一种网络传输协议。

HTTP 是互联网上的异构环境下（客户端与服务器端的操作环境不同，如操作系统不同）可以传输信息的最佳途径，客户端仅需浏览器即可实现服务器端的多媒体信息共享服务。它不仅保证服务器端正确、快速地传输文本文档，还确定传输文档中的哪部分内容首先显示（如文本先于图形）等，还让浏览器的使用更加高效，使网络传输减少。

1）工作机制：HTTP 使用 TCP 提供的服务，使用指定端口（默认端口为 80）。一次 HTTP 操作称为一个事务。其工作过程可分为四步：建立连接、发送请求信息、返回响应信息、断开连接。工作过程如图 8-7 所示。

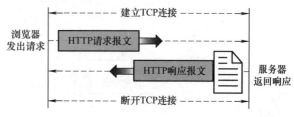

图 8-7 HTTP 的工作过程

① 建立连接：客户端使用浏览器与服务器建立连接，在浏览器的地址栏中输入某组织的域名，或在已打开的网页上单击某个超级链接，由 DNS 负责查询该组织的 IP 地址，并由 HTTP 自动建立连接。

② 发送请求：建立连接后，客户端发送一个请求给服务器，请求方式的格式使用统一资源标识符（Uniform Resource Locator，URL）。URL 的一般形式：

<协议>：//<主机域名或 IP 地址>：<端口>/<路径>

其中，标准的 http 访问使用默认的 80 端口，<端口>这项可以不用指定，如 http：// www. huawei. com/cn；其余非默认端口必须指定，如 http：//www. lenovo. com. cn：8080。

③ 返回响应：服务器接到请求后，给予相应的反馈信息。

④ 断开连接：客户端接收服务器所返回的信息并通过浏览器显示在用户的显示屏上，用户访问结束后，与服务器断开连接。

2）Web2. 0：Web 2. 0 始于 2004 年，又称为第二代互联网，指的是一个利用 Web 的平台，由用户主导而生成的内容互联网产品模式，更注重用户的交互作用。用户既是网站内容的浏览者，也是网站内容的制造者，如微博、论坛等，这无形中推动了大数据的发展。

Web2. 0 模式下的互联网应用具有以下显著特点：

① Web2. 0 更注重去中心化，显著特征是开放、共享等。

② Web2. 0 更强化用户分享模式下，可以不受时间和地域的限制分享各种观点，如微博、朋友圈分享等。

③ Web2. 0 更强化信息的聚合，使得信息在网络上不断积累，如百度文库等。

④ Web2. 0 强调以兴趣为聚合点，形成专项应用社区，在无形中产生了细分市场，如工业互联网、电子商务、外卖平台等。

（3）FTP 使用互联网的时候，除需要使用 HTTP 进行网站信息的浏览外，还需要使用 FTP（File Transfer Protocol，文件传输协议）进行文件的上传与下载。

FTP 是一个客户端和服务器端之间利用网络进行文件传输的应用层协议，由 FTP 服务器和 FTP 客户端两个部分组成，使用 TCP 指定端口（默认端口为 20、21）。客户端使用 21 端口与服务器建立连接，而服务器端使用 20 端口来发送数据。其工作过程如图 8-8 所示。

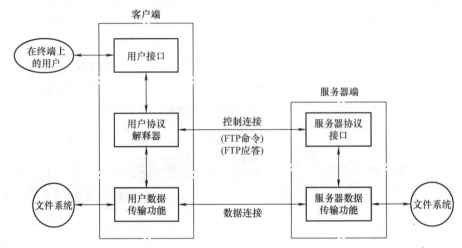

图 8-8　FTP 的工作过程

1）用户通过一个客户端程序，调用用户协议解释器，如 DNS，使用 TCP，通过默认的 21 端口，连接至在远程服务器端上运行的服务器程序。

2）为了用户文件的保密性，必须要有该 FTP 服务器授权的账号和口令才能登录 FTP 服务器，享受 FTP 服务器提供的服务。

互联网中有很大一部分 FTP 服务器被称为"匿名"（Anonymous）FTP 服务器，这类服务器的目的是向公众提供文件复制服务，无须用户事先在该服务器进行登记注册，即可享受 FTP 服务。

3）用户身份验证通过后，依照 FTP 提供服务，FTP 服务器使用 TCP，通过默认的 20 端口向用户进行文件传输。FTP 的传输有两种方式：ASCII 传输模式和二进制数据传输模式。

① ASCII 传输：适用于异构环境下的文本、程序、数据库、文字处理文件或者压缩文件等文件的传输。在文件传输时，FTP 通常会自动调整文件的内容以便把文件解释成客户端的文件格式。

② 二进制传输：适用于同构环境（客户端与服务器端的环境相同）下的文件传输。在二进制传输中，保存文件的位序，以便原始和复制的内容是逐位一一对应的。

（4）DHCP　DHCP（Dynamic Host Configuration Protocol，动态主机配置协议）是一个应用于局域网的网络协议，该协议允许服务器向客户端动态分配 IP 地址和配置信息，使用 UDP 工作，服务器接收请求消息默认为 68 端口，应答消息回送至主机的 67 端口。

1）DHCP 的用途：主要作用是集中的管理、分配 IP 地址，使网络环境中的主机动态地获得 IP 地址、网关地址、DNS 服务器地址等信息，并能够提升地址的使用率。主要表现在以下几方面：

① 用于内部网或网络服务供应商自动分配 IP 地址给用户。

② 是内部网管人员对所有计算机做集中管理的手段。

③ 用户端使用 VPN 等方式远程接入服务中心，可通过 DHCP 为其发放临时局域网地

址，可使其能像局域网用户一样，享受局域网提供的服务。

2）DHCP 的功能

① 保证任何 IP 地址在同一时刻只能被一台 DHCP 客户机所使用。

② DHCP 可以给用户分配永久固定的 IP 地址。

③ DHCP 可以同用其他方法获得 IP 地址的主机共存（如手工配置 IP 地址的主机）。

④ DHCP 服务器向现有的客户端提供服务。

3）DHCP 的分配机制

① 自动分配方式（Automatic Allocation）：DHCP 服务器为固定主机指定一个永久性的 IP 地址。一旦 DHCP 客户端第一次成功从 DHCP 服务器端租用到 IP 地址后，就可以永久性地使用该地址。该分配方式适于固定或长期的主机或智能终端使用。

② 动态分配方式（Dynamic Allocation）：DHCP 服务器给主机指定一个具有时间限制的 IP 地址，时间到期或主机明确表示放弃该地址时，该地址可以被其他主机使用。该分配方式适于不固定或短期的主机或智能终端使用。

③ 手工分配方式（Manual Allocation）：客户端的 IP 地址是由网管人员指定的，DHCP 服务器只是将指定的 IP 地址告诉客户端主机。

4）DHCP 的工作机制：DHCP 采用 C/S 模型，网络主机地址的动态分配任务由主机的操作系统自行驱动，当 DHCP 服务器接收到来自网络主机申请地址的信息时，才会向网络主机发送相关的地址配置等信息，以实现网络主机地址信息的动态配置。其工作机制如图 8-9 所示。

图 8-9　DHCP 的工作机制

① DHCP 的客户端以广播的方式发出 DHCP Discover 报文。

② 所有的 DHCP 服务器都能够接收到 DHCP 客户端发送的 DHCP Discover 报文；所有的 DHCP 服务器都会给出响应，向 DHCP 客户端发送一个 DHCP Offer 报文。

③ DHCP 客户端只能处理其中的一个 DHCP Offer 报文。一般的处理原则是处理最先收到的 DHCP Offer 报文。

④ DHCP 服务器收到 DHCP Request 报文后，判断选项字段中的 IP 地址是否与自己的地址相同。如果不相同，DHCP 服务器不做任何处理，只清除相应 IP 地址分配记录；如果相同，DHCP 服务器就会向 DHCP 客户端响应一个 DHCP ACK 报文，并在选项字段中增加 IP

地址的使用租期信息。

⑤ DHCP 客户端接收到 DHCP ACK 报文后，检查 DHCP 服务器分配的 IP 地址是否能够使用。如果可以使用，则 DHCP 客户端成功获得 IP 地址，并根据 IP 地址的使用租期自动启动续延过程；如果 DHCP 客户端发现分配的 IP 地址已经被使用，则 DHCP 客户端向 DHCP 服务器发出 DHCP Decline 报文，通知 DHCP 服务器禁用这个 IP 地址，然后 DHCP 客户端开始新的地址申请过程。

⑥ DHCP 客户端在成功获取 IP 地址后，随时可以通过发送 DHCP Release 报文释放自己的 IP 地址。DHCP 服务器收到 DHCP Release 报文后，会回收相应的 IP 地址并重新分配。

8.4 能力拓展

参照工业互联网产业联盟（AII）先后发布的《工业互联网体系架构（版本 1.0）》和《工业互联网体系架构（版本 2.0）》等文件中的有关建议，工业互联网平台作为连接 IT、OT、CT 核心的纽带，不仅连接人、数据、智能资产、设备等参与对象，而且融合了远程控制和大数据分析等模型算法，形成了以平台为基础、以数据为核心驱动力，重构全球工业生产关系、激发生产力的新型制造模式与产业生态。

1. 工业互联网平台功能体系

为实现数据优化闭环，驱动制造业智能化转型，工业互联网需要具备海量工业数据与各类工业模型管理、工业建模分析与智能决策、工业应用敏捷开发与创新、工业资源集聚与优化配置等一系列关键能力。实现工业赋能，正是工业互联网平台的核心。

参照《工业互联网体系架构（版本 2.0）》中的有关建议，工业互联网平台包括边缘层、PaaS 层和应用层三个关键功能组成部分，如图 8-10 所示。

（1）边缘层　边缘层提供海量工业数据接入、协议解析与数据预处理，以及边缘智能分析和应用部署与管理等功能。

1）工业数据接入：包括机器人、机床等智能工业设备数据接入，以及 ERP、MES、WMS 等信息系统数据接入，实现对各类工业数据的大范围、深层次的采集和连接。

2）协议解析与数据预处理：将采集连接的各类多源异构数据进行格式统一和语义解析，并在数据剔除、压缩、缓存等操作后传输至云端。

3）边缘智能分析和应用部署与管理：重点是面向实时应用场景，在边缘侧开展实时分析与反馈控制，并提供边缘应用开发所需的资源调度、运行维护、开发调试等各类功能。

（2）PaaS 层　PaaS 层提供通用 PaaS 平台资源部署与管理、工业数据管理与服务、工业数字化工具、工业模型管理与服务、工业应用开发环境、人机交互支持、平台间集成框架等功能。

1）通用 PaaS 平台资源部署与管理：包括通过云计算 PaaS 等技术对系统资源进行调度和运维管理，并集成 IoT 组件、边云协同、大数据、人工智能、微服务等各类框架，为上层业务功能实现提供支撑。

2）工业数据管理与服务：包括面向海量工业数据提供数据治理、数据共享、数据可视化等服务，为上层建模分析提供高质量数据源，以及进行工业模型的分类、标识、检索等集成管理。

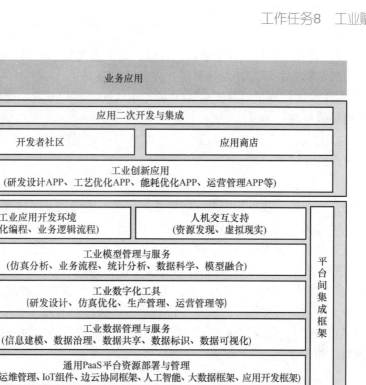

图 8-10 工业互联网平台功能体系

3）工业数字化工具：提供了研发设计、仿真优化、生产管理、运维管理等功能。

4）工业模型管理与服务：融合应用仿真分析、业务流程等工业机理建模方法和统计分析、大数据、人工智能等数据科学建模方法，实现工业数据价值的深度挖掘与分析。

5）工业应用开发环境：集成 CAD、CAE、ERP、MES 等研发设计、生产管理、运营管理已有的成熟工具。

6）人机交互支持：采用低代码开发、图形化编程等技术来降低开发门槛，支撑业务人员能够不依赖程序员而独立开展高效、灵活的工业应用创新，提升用户体验和实现平台间的互连互通。

7）平台间集成框架：提供了各平台之间接口框架，方便各平台之间的集成，使得各平台之间能够协调一致、同步工作等。

（3）应用层　应用层提供工业创新应用、开发者社区、应用商店、应用二次开发与集成等功能。

1）工业创新应用：针对研发设计、工艺优化、能耗优化、运营管理等智能化需求，构建各类工业 APP 应用解决方案，帮助企业实现提质、降本、增效。

2）开发者社区：打造开放的线上社区，提供各类资源工具、技术文档、学习交流等服务，吸引海量第三方开发者入驻平台开展应用创新。

3）应用商店：提供成熟工业 APP 的上架认证、展示分发、交易计费等服务，支撑实现工业应用价值变现。

4）应用二次开发集成：对已有工业 APP 进行定制化改造，以适配特定工业应用场景或满足用户个性化需求。

2. 工业互联网的数据互通

数据互通指的是数据和信息在各要素间、各系统间的无缝传递，使得异构系统在数据层面能相互"理解"，从而实现数据互操作与信息集成。

数据互通包括应用层通信、信息模型和语义互操作等功能，如图 8-11 所示。

1）应用层通信：通过标准协议，如统一架构协议（OPC－UA）、超文本文件传输协议（HTTP）、文件传输协议（FTP）等，实现数据信息传输安全通道的建立、维持、关闭，以及对支持工业数据资源模型的装备、传感器、远程终端单元、服务器等设备节点进行管理。

2）信息模型：是通过标准的、开放的协议，提供完备、统一的数据对象表达、描述和操作模型，如 TCP/IP、VPN 等。

3）语义互操作：通过标准的、开放的协议，实现工业数据信息的发现、采集、查询、存储、交互等功能，以及对工业数据信息的请求、响应、发布、订阅等功能，如在线协同办公、Web2.0 等。

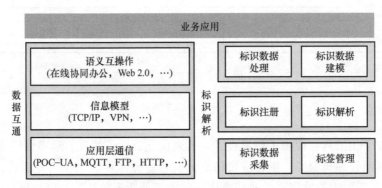

图 8-11　数据互通体系

随着人工智能、大数据的快速应用，工业企业对数据互通的需求越来越强烈，标准化、上通下达成为数据互通技术发展的趋势。

1）工业互联网对数据处理的主体更广泛，因此要求数据模型以及数据的存储传输更加的通用化与标准化。

2）借助云平台和大数据加强与云的连接，实现数据价值的深度挖掘和更大范围的数据互通。

3）打通现场设备层，强调与现场级设备的互通。通过现场数据的实时采集，实现企业内资源的垂直整合。

3. 工业互联网的标识解析

标识解析类似于 DNS 功能，提供标识数据采集、标签管理、标识注册、标识解析、标识数据处理和标识数据建模功能，如图8-11所示。

1）标识数据采集：主要定义了标识数据的采集和处理手段，包含标识读/写和数据传输两个功能，负责标识的识读和数据预处理。

2）标签管理：主要定义了标识的载体形式和标识编码的存储形式，负责完成载体数据信息的存储、管理和控制，针对不同行业、企业需要，提供符合要求的标识编码形式。

3）标识注册：是在信息系统中创建对象的标识注册数据，包括标识责任主体信息、解析服务寻址信息、对象应用数据信息等，并存储、管理、维护该注册数据。

4）标识解析：能够根据标识编码查询目标对象网络位置或者相关信息的系统装置，对机器和物品进行唯一性的定位和信息查询，如使用IPv6进行设备的地址管理，采用DNS进行地址解析等。标识解析能够实现全球供应链系统和企业生产系统的精准对接，是实现产品全生命周期管理和智能化服务的前提和基础。

5）标识数据处理：定义了对采集后的数据进行清洗、存储、检索、加工、变换和传输的过程，根据不同业务场景，依托数据模型来实现不同的数据处理过程。

6）标识数据建模：构建特定领域应用的标识数据服务模型，建立标识应用数据字典、知识图谱等，基于统一标识建立对象在不同信息系统之间的关联关系，提供对象信息服务。

随着工业互联网创新发展战略的深入贯彻实施，工业互联网标识解析应用探索的不断深入，工业互联网标识解析体系将呈现如下发展趋势：

1）基于标识解析的数据服务成为工业互联网应用的核心，闭环的私有标识及解析系统逐步向开环的公共标识及解析系统演进。

2）工业互联网标识解析安全机制成为工业互联网应用的基础，发展安全、高效的标识解析服务成为共识。针对工业互联网标识解析网络架构和行业应用的安全，建立一套高效的公共服务基础设施和信息共享机制，通过建设各级节点来分散标识解析压力，降低查询延迟和网络负载，提高解析性能，实现本地解析时延达到毫秒级。

3）逐步建立综合性安全保障体系，支持对标识体系运行过程中产生的数字证书和加密管道进行创建、维护和管理及加密，支持对标识体系的数据备份、故障恢复以及应急响应的信息灾备，对业务处理实施身份认证和权限管理的访问控制，逐步形成安全、高效的标识解析服务能力。

4. 区块链技术

区块链技术是数字加密技术、网络技术、计算技术等信息技术交织融合的产物，能够赋予数据难以篡改的特性，进而保障数据传输和信息交互的可信和透明，有效提升各制造环节生产要素的优化配置能力，加强不同制造主体之间的协作共享，以低成本建立互信的"机器共识"和"算法透明"，加速重构现有的业务逻辑和商业模式。

（1）区块链的本质　区块链（Blockchain）是借由密码学串接并保护内容的串联交易记录（又称区块），融合了分布式数据存储、点对点传输、共识机制、加密算法等计算机技术而产生的新型应用模式。其本质上是一个去中心化的数据库，使用一组密钥产生相关联的数据块，每一个数据块中包含了一批次的网络交易信息，用于验证其信息的有效性（防伪）并生成下一个区块。

（2）区块链的结构　区块链系统由数据层、网络层、共识层、激励层、合约层和应用层组成。

1）数据层：封装了底层数据区块以及相关的数据加密和时间戳等技术。

2）网络层：包括分布式组网机制、数据传播机制和数据验证机制等。

3）共识层：主要封装网络节点的各类共识算法。

4）激励层：将经济因素集成到区块链技术体系中来，主要包括经济激励的发行机制和分配机制等。

5）合约层：主要封装各类脚本、算法和智能合约，是区块链可编程特性的基础。

6）应用层：封装了区块链的各种应用场景和案例。在应用层中，基于时间戳的链式区块结构、分布式节点的共识机制、基于共识算力的经济激励和灵活可编程的智能合约是区块链技术最具代表性的创新点。

（3）区块链的部署　区块链技术尚处于发展初期，在工业互联网中部署如下：

1）能够解决工业产品的可追溯问题，如欧洲推出基于区块链的原材料认证，以保证在整个原材料价值链中，环境、社会和经济影响评估标准的一致性。

2）能够辅助制造业不同主体间高效协同，如波音公司基于区块链技术实现了多级供应商的全流程管理，供应链各环节能够无缝衔接，整体运转更高效、可靠，流程更可预期。

5. 数字孪生

数字孪生是制造技术、信息技术、融合性技术等交织融合的产物，将不同数据源进行实时同步，并高效整合多类建模方法和工具，实现多学科、多维度、多环境的统一建模和分析，是工业赋能重量级的产业推手，正在成为企业转型与创造价值的重要驱动力，可借助VR/AR等技术进行产品数字建模的可视化呈现。

（1）数字孪生的优势　数字孪生在物理世界和数字世界之间建立起实时联系，企业可以利用数字孪生实现产品的全生命周期管理，有助于企业快速发现和解决问题，加快新品的上市速度，提高产品质量，优化运营，并开发新的经营模式、提高收益。其优势如下：

1）缩短上市时间：减少产品设计、制造过程、系统规划和生产设施设计所需的时间，缩短上市时间。

2）减少产品质量问题：数字孪生模拟不同的"假设分析"现实场景，帮助组织理解产品潜在的影响，改进操作和流程，并区分产品质量问题。

3）降低维护成本：数字孪生通过捕获关于不同风险因素、操作场景和框架配置的数据的重建模型来预测维护故障。它们有助于节省开支，提高设备可靠性，减少停机时间，并延长设备使用寿命。

4）管理成本优化：制造业有望通过数字孪生，实现高效的设计开发和运营管理成本的优化。

（2）数字孪生的部署　数字孪生利用数字技术将物体、系统、流程等信息实时映射在数字化系统中，对产品、制造乃至工厂虚拟仿真，创造一个数字版的"克隆体"，实现物理实体的数字化镜像。目前，数字孪生技术在建筑业发展成熟，如 BIM 系统；在工业系统中，尚处于起步阶段。

伴随新一代信息技术与制造业深度融合发展，工业互联网成为制造业从"显"到"隐"的抓手，互联网从"虚"向"实"的载体，也正是在这一过程中，数字孪生助力工业互联网实现工业赋能，主要部署在以下几方面：

1）工业互联网延伸了数字孪生的价值链条和生命周期，凸显出数字孪生基于模型、数据、服务方面的优势和能力，打通了数字孪生应用和迭代优化的现实路径，正成为数字孪生的孵化床。

2）数字孪生作为边缘侧技术，可以有效连接设备层和网络层，成为工业互联网平台的知识萃取工具，以动态、实时的方式对建立的模型、收集的数据做出高度写实的分析，用于物理实体的监测、预测和优化。

3）数字孪生不断将工业系统中的碎片化知识传输到工业互联网平台中，不同成熟度的数字孪生体，将不同颗粒度的工业知识重新组装，通过工业 APP 进行调用。

4）在工业互联网平台中，数字孪生体位于 PaaS 层，以 API（应用程序接口）的形式出现，其除了将物理实体的运行数据进行简单采集联网外，还嵌入基于专业领域知识和生产管理经验的诊断、预测、决策模型，进而输出企业工艺优化方案和运行管理决策的解决方案。

综上所述，随着工业互联网的出现，网络的连通效用使得数字孪生在设备资产管理、产品生命周期管理和制造流程管理中开始发生关联、互相补充。工业互联网平台是数字孪生的孵化床，数字孪生是工业互联网平台的重要场景。

（3）工业赋能途径　工业互联网是企业数字化转型过程中的关键一环，数字孪生加速了 IT 和 OT 各要素的融合，是融合过程中最重要的黏结剂，为 IT 与 OT 提供了相应的接口，实现工业赋能，如图 8-12 所示。

数字孪生技术的工业赋能途径主要体现在以下几方面：

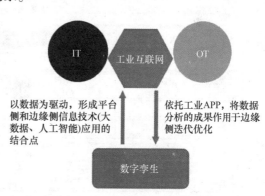

图 8-12　数字孪生实现工业赋能

1）打破企业的边界，以软件定义、数据驱动、模式创新的新生态，为融合发展提供所需的数据和技术的接口。

2）在产品设计中，数字孪生通过大量数据来获取有价值的知识，并进行产品创新，基于现有物理产品实现数字化的虚拟映射，可以进行展示、预测、分析数字模型和物理世界之间的互动过程。

3）在设计产品的功能结构和组件后，借助数字孪生，设计人员可以通过快速地模拟运行状况，完成虚拟设计和虚拟运行，测试设计质量和可行性。

4）可以借助工业 APP 和微服务解决不同供应商标准协议兼容、异构系统集成等问题，充分释放数字孪生的潜力，通过微服务，复杂虚拟模型数字孪生的每个组件都可以统一被管理、共享和使用。

5）数字孪生服务包括设备服务、技术服务、测试服务、模拟服务、数据服务、知识服务、模型服务、算法服务等。此外，还有许多辅助服务，如物流服务、运维服务、金融服务等。

综上所述，在工业互联网的数据功能实现中，数字孪生已经成为关键支撑，通过资产的数据采集、集成、分析和优化来满足业务需求，形成物理世界资产对象与数字空间业务应用的虚实映射，最终支撑各类业务应用的开发与实现。

6. "智慧"制造

以人工智能、5G 为代表的新技术加速融入工业互联网，不断拓展工业互联网的能力内涵和作用边界。工业互联网的发展已超出了单一学科和工程的范围，需要将独立技术联系起来构建成相互关联、各有侧重的新技术体系。

工业互联网的核心是通过更大范围、更深层次的连接实现对工业系统的全面感知，实现"智能"制造，并通过对获取的海量工业数据建模分析，形成智能化决策，推动工业互联网由"智能"升级为"智慧"的产业升级与迭代，最终实现"智慧"制造。

参照《工业互联网体系架构（版本2.0）》中的有关建议，未来的工业互联网"智慧"是制造技术、信息技术、融合技术的总体解决方案，其体系架构如图8-13所示。

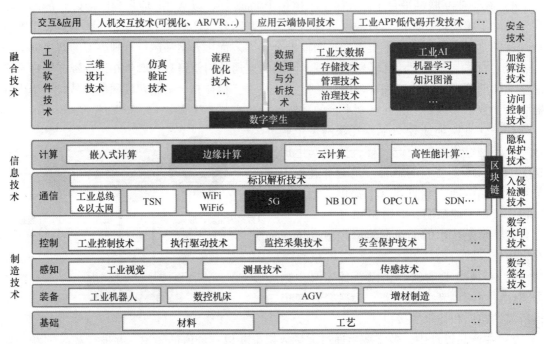

图8-13　工业互联网"智慧"体系架构

（1）制造技术　制造技术支撑构建了工业互联网的物理系统，集成了机械、电机、化工等基础技术，融入工业视觉、测量、传感等感知技术，以及工业控制、执行驱动、监控采集等控制技术，构成了多项工业智能装备技术，如工业机器人，广泛用于运输、加工、检测、装配、物流等实体行业。从"智慧"制造的视角看，制造技术重点体现在：

1）构建了专业领域技术和知识基础，指明了数据分析和知识积累的方向，成为设计网络、平台、安全等工业互联网功能的出发点。

2）构建了工业数字化应用优化闭环的起点和终点，工业数据源头绝大部分都产生于制造物理系统，数据分析结果的最终执行也均作用于制造物理系统，使其贯穿设备、边缘、企业、产业等各层工业互联网系统的实施落地。

（2）信息技术　新一代信息技术融入工业互联网，构筑了工业互联网的通信、计算、安全基础设施，促进了工业需求的二次开发，成为融合性技术发展的基石，主要体现在以下几方面：

1）在通信技术中，以5G、TSN（时间敏感网络）、SDN（软件定义网络）等为代表的新一代网络通信技术提供了更可靠、快捷、灵活的数据传输能力，为工业互联网提供了

"最强神经"。

2）标识解析技术使 IPv6 解析成为可能，为工业设备或算法工艺提供标识地址解析，保障工业数据的互连互通和精准可靠，为工业互联网提供了"最强翻译"。

3）边缘计算、云计算等计算技术为不同工业场景提供分布式、低成本数据计算能力，为工业互联网提供了"最强大脑"。

4）数据安全和权限管理等安全技术保障数据的安全、可靠、可信，为工业互联网提供了"免疫、防疫系统"。

（3）融合技术　融合技术驱动了制造技术和信息技术全面互连与深度协同，完善了应用场景。主要体现在以下几方面：

1）工业软件技术基于流程优化、仿真验证等核心技术将工业知识进一步显性化，支撑工厂/产线虚拟建模与仿真、多品种变批量任务动态排产等先进应用工业交互和应用技术。

2）基于 VR/AR 改变制造系统交互使用方式，通过云端协同和低代码开发技术改变工业软件的开发和集成模式，完善了数字孪生体系。

3）通过工业大数据和工业 AI，重新定义工业知识积累和使用的方式，提升制造技术优化发展的效率和效能，推动信息技术不断向工业核心环节渗透。

（4）安全技术　信息技术以区块链技术为接口，与加密算法技术、访问控制技术、隐私保护技术、入侵检测技术、数字签名技术等安全技术融合，保障数据的安全、可靠、可信，为工业互联网的融合技术、制造技术提供了"免疫、防疫系统"。

综上所述，随着 5G、边缘计算、区块链、工业人工智能、数字孪生等新一代信息技术的自身发展和面向工业场景的二次开发，"智能"制造正在逐步升级为"智慧"制造，这不仅要解决"做什么""在哪做""怎么做"的问题，而且还要重点推动新一代信息技术嵌入到工业互联网实施系统中，进而带动发挥工业赋能的作用。

工作任务9

工业互联网安全管理

1. 任务简介

某生产企业接入互联网后，信息部的工程师需要搭建工业互联网服务平台，依据国家相关的法律法规，采取相应的技术和管理措施，保障工业互联网的信息安全。结合"工作任务单9"提交该企业网络安全规划文档。

2. 任务目的

1）知识目标：通过学习信息安全基本知识，强化对信息安全的基本认知。

2）能力目标：通过学习网络安全等级保护基本知识，提高对信息安全的理解能力。

3）素质目标：通过本工作任务的学习，提高逻辑思维能力。

3. 任务成果

提交该企业网络安全规划的工作任务单。

4. 实施方案

建议授课教师模拟企业信息部的工程师策划企业网络安全规划的工作场景，通过真实的"任务场景"，使学生能够了解任务的应用场景；通过"任务解析"引出任务中的基本知识点；通过"能力储备"使学生掌握应知应会的基本知识；"能力拓展"则是针对部分能力较强的学生而设立的知识点，由授课教师自行掌握。

5. 所需学时

建议12学时，由授课教师按照教学进度自行掌握。

9.1 任务场景

某生产企业的工业互联网服务系统采用分布式计算、存储等方式进行，需要部署在公有云上，该系统涉及信息发布、电子商务、协同设计、生产跟踪、物流跟踪、工业控制等领域。随着流量的与日俱增，数据量呈爆发式增长，数据检索速度慢、时延长、比对精准度欠佳、黑客攻击等问题尤为突出。

信息部的技术工程师针对上述问题，结合《中华人民共和国网络安全法》《网络安全等级保护制度2.0标准》等相应的法律法规，进行信息安全的防护以及工业控制系统的安全防护，完善企业网络安全管理制度，实现网络及信息的可靠性、保密性、完整性、可用性、私密性和数据保护等功能。

9.2　任务解析

网络改变着人们的生活，给人们带来了新的学习、工作和娱乐方式。但由于网络世界倡导的"开放、包容、自由"的精神，使网络信息安全问题尤为突出，严重影响了网络健康、有序、正常的发展。

按照《中华人民共和国网络安全法》和《网络安全等级保护制度2.0标准》等法律法规的相关规定，网络安全涵盖通信线路和设备、计算机、软件、数据、用户以及任何接入网络的物体等要素交互构成的网络空间的安全，使得空间内数据、软件、硬件等受到保护，不能因偶然的或者恶意等因素而遭受到破坏、更改、泄露，实现系统连续、可靠、正常地运行，网络服务不中断，充分保障信息的保密性、完整性、可用性、可控性、可审查性等要求。

9.3　能力储备

1. 网络安全影响范围

网络安全从其本质上来说就是网络上的信息安全，它的影响范围相当广泛，渗透至网络及网络参与者的方方面面，主要有以下几方面：

1）从用户的角度看：他们希望涉及个人隐私及商业秘密的信息在传输时受到机密性、完整性和真实性的保护，避免他人或竞争对手利用窃听、篡改、抵赖等手段对用户的利益和隐私造成损害和侵权。

2）从网络管理者的角度看：应保护和控制本地网络信息的访问、读/写等操作，避免出现后门漏洞、病毒感染、非法存取、拒绝服务、网络资源非法占用、黑客攻击等行为。

3）从国家保密部门的角度看：涉及国家机密、违反国家法律等信息不能未经审批就通过网络传播，对国家、社会造成重大经济损失，国家安全受到危害，造成社会不稳定等。

4）从社会教育和意识形态的角度看：对影响社会稳定、违背社会公德及秩序、违反人类伦理道德等内容，必须进行控制。

目前，按照《中华人民共和国网络安全法》《网络安全等级保护制度2.0标准》等法律法规的相关规定，网络安全已经统一调整为网络空间安全。

2. 网络空间

网络空间是现代信息技术革命的产物，指通信线路和设备、计算机、软件、数据、用户以及任何接入网络的物体等要素交互形成的全新空间，涵盖物理设施、用户和内容逻辑等多个层面，它在生物、物体和自然空间之间建立起智能联系，是人类社会活动和财富创造的全新领域。

随着信息技术的不断创新发展，网络空间安全的范畴正不断扩大，网络空间安全是网络空间中所有要素和活动免受来自各种威胁的状态，成为非传统安全的重要组成部分，与国家、政治、社会、经济领域的安全密不可分，直接影响了人类社会的信息安全。

从网络信息技术的发展历程以及技术逻辑来看，网络空间安全可分为三大领域，分别为网络系统安全、网络内容安全和物理网络系统安全。

1）网络系统安全：包括信息基础设施、计算机系统、网络连接、用户数据等设备和信息的安全保障，需要抵御各种恶意攻击对信息和网络系统的入侵、渗透、中断、破坏，以及对用户数据的泄露、窃取。网络系统安全是保障网络和计算机系统稳定运行、保护用户数据和隐私的基础。

2）网络内容安全：指在网络环境中产生和流转的信息内容是否合法、准确和健康，是否会对政治、经济、社会和文化产生不良影响和危害。

3）物理网络系统安全：包括网络空间中任何与网络连接的物、人等物理要素的安全。随着物联网、脑机接口、机器人等技术的迅猛发展，网络空间的威胁已延伸到物理空间和现实世界，由此产生对资产、人身以及自然环境等要素的潜在安全威胁。

综上所述，网络空间安全威胁形势日趋严峻，网络系统安全、网络内容安全和物理网络系统安全相互影响、融合交织，构成了网络空间安全的基本内涵。与之对应的是网络安全专业人员的严重短缺，根据 McAfee 公司（全球最大的专业安全技术公司）调查显示，企业普遍认为他们至少需要增加 24% 的网络安全专业人员才能有效应对面临的网络威胁。

3. 网络空间安全功能体系

网络空间安全功能体系是保证网络空间的保密性、完整性、可用性、可控性和不可否认性的安全保护和防御过程的有机结合体，涵盖了实施安全保障的法制、组织管理和技术等层面，它要求加强对网络空间的保护，加强对信息安全事件和各种脆弱性的检测，提高应急反应能力和系统恢复能力。

参照《工业互联网体系架构（版本 2.0)》中的有关建议，为解决网络空间面临的网络攻击等新型风险，确保网络空间的健康、有序发展，建立健全安全功能体系时，要充分考虑信息安全、功能安全和物理安全，聚焦网络空间安全所具备的主要特征，包括可靠性、保密性、完整性、可用性以及隐私和数据保护等，如图 9-1 所示。

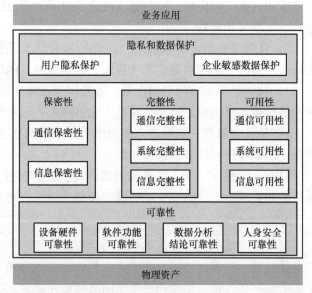

图 9-1　网络空间安全功能体系

（1）可靠性　可靠性指网络空间的业务在一定时间内、一定条件下无故障地执行指定功能的能力或可能性，主要包括：

1）设备硬件可靠性：指网络空间的业务中所涉及的设备、智能设备、计算机、服务器等在给定的操作环境与条件下，其硬件部分在一段规定的时间内正确执行要求功能的能力。

2）软件功能可靠性：指网络空间的业务中，各类软件产品在规定的条件下和时间区间内完成规定功能的能力。

3）数据分析结论可靠性：指网络空间的数据分析服务在特定业务场景下、一定时间内

156

能够得出正确的分析结论的能力。在数据分析过程中出现的数据缺失、输入错误、度量标准错误、编码不一致、上传不及时等情况，最终都可能对数据分析结论的可靠性造成影响。

4）人身安全可靠性：指对网络空间的业务运行过程中相关参与者的人身安全进行保护的能力。

（2）保密性　保密性指在网络空间业务中的信息按指定要求不泄漏给非授权用户加以利用的特性，即杜绝用户数据或信息泄漏给非授权用户，主要包括以下几方面：

1）通信保密性：指对要传送的信息内容采取特殊措施，从而隐蔽信息的真实内容，使非法截收者不能理解通信内容的含义。

2）信息保密性：指网络空间业务中的信息不被泄漏给非授权的用户和实体，只能以允许的方式供授权用户使用的特性。

（3）完整性　完整性指网络空间的用户、进程或者硬件组件具有能验证所发送的信息的准确性，并且进程或硬件组件不会被以任何方式改变的特性，主要包括以下几方面：

1）通信完整性：指对要传送的信息采取特殊措施，使得信息接收者能够对发送方所发送信息的准确性进行验证的特性。

2）系统完整性：指对网络空间的平台、控制系统、业务系统（如 ERP、MES）等加以防护，使得系统不能以任何方式被篡改，即保持准确的特性。

3）信息完整性：指对网络空间业务中的信息采取特殊措施，使得信息接收者能够对发送方所发送的准确性进行验证的特性。

（4）可用性　可用性指在某个考察期间内，网络空间的业务能够正常运行的概率或时间占有率期望值。可用性是衡量网络空间业务在投入使用后实际使用的效能，主要包括以下几方面：

1）通信可用性：指在某个考察期间内，网络空间业务中的通信双方能够正常与对方建立信道的概率或时间占有率期望值。

2）信息可用性：指在某个考察期间内，网络空间业务使用者能够正常对业务中的信息进行读取、编辑等操作的概率或时间占有率期望值。

3）系统可用性：指在某个考察期间内，网络空间的平台、控制系统、业务系统（如 ERP、MES）等正常运行的概率或时间占有率期望值。

（5）隐私和数据保护　隐私和数据保护指对网络空间的用户个人隐私数据或组织拥有的敏感数据等提供保护的能力，主要包括以下几方面：

1）用户隐私保护：指对与网络空间业务用户个人相关的隐私信息提供保护的能力。

2）企业敏感数据保护：指对参与网络空间业务运营组织所有的敏感数据进行保护的能力。

4. 网络空间安全威胁

网络空间面临的主要威胁是来自于网络的主动攻击和被动攻击。

（1）主动攻击　主动攻击泛指因网络攻击者的主观意愿，对目标网络空间主动发起攻击，致使目标网络空间的信息泄密或停止服务的行为。常见的主动攻击方式如图 9-2 所示。

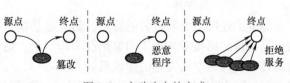

图9-2　主动攻击的方式

157

1）篡改：攻击者故意篡改网络上传送的报文或彻底中断传送的报文，甚至是把完全伪造的报文传送给接收方，这种攻击方式有时也称为更改报文流。

2）恶意程序：恶意程序泛指干扰或影响网络空间正常运行的程序。恶意程序种类繁多，对网络安全威胁较大的主要有以下几种：

① 计算机病毒（Computer Virus）：一种会"传染"其他程序的程序，"传染"是通过修改其他程序来把自身或自己的变种复制进去而完成的。

② 计算机蠕虫：一种通过网络的通信功能将自身从一个节点发送到另一个节点并自动启动运行的程序，计算机系统因"感染"蠕虫消耗大量的系统资源而导致运行变慢，甚至崩溃。

③ 木马程序：通常称为木马，是指潜伏在计算机中，可受外部用户控制以窃取本机信息或者控制权的程序，有时也称为特洛伊木马。

木马程序带来很多危害，例如占用系统资源，降低计算机效能，危害本机信息安全（如盗取 QQ 账号、游戏账号，甚至银行账号），将本机作为工具来攻击其他设备等。

④ 逻辑炸弹：在特定逻辑条件满足时，实施破坏的计算机程序，该程序触发后造成计算机数据丢失、计算机不能从硬盘或者外接存储介质引导，甚至会使整个系统瘫痪，并出现物理损坏的虚假现象。

逻辑炸弹引发时的症状与某些病毒的作用结果相似，并会对社会引发连带性的灾难。与病毒相比，它强调破坏作用本身，而实施破坏的程序不具有传染性。逻辑炸弹是一种程序，具有"冬眠"的特性，直到被一个具体的程序逻辑激活后，引发灾难性的后果。

⑤ 流氓软件：一种未经用户允许就在用户计算机上安装、运行并损害用户利益的软件。其典型特征是强制安装、难以卸载、浏览器劫持、弹出广告、恶意收集用户信息、恶意卸载、恶意捆绑等，现已成为互联网上最大的公害。

3）拒绝服务（Denial of Service，DoS）：指攻击者向互联网上的某个服务器不停地发送大量服务请求，使该服务器无法提供正常服务，甚至完全瘫痪。若互联网上的成百上千个网站集中攻击一个网站，则称为分布式拒绝服务（Distributed Denial of Service，DDoS），有时也把这种攻击称为网络带宽攻击或连通性攻击。

对于主动攻击，可以采取适当措施加以检测，但对于被动攻击，通常却是检测不出来的。

（2）被动攻击　被动攻击是指攻击者从网络上窃听他人的通信内容，通常把这类攻击称为截获，如图 9-3 所示。

在被动攻击中，攻击者只是观察和分析某一个协议数据单元（PDU）而不干扰信息流，同时，通过观察 PDU 的协议控制信息部分，了解正在通信的协议实体的地址和身份，研究 PDU 的长度和传输的频度，从而了解所交换数据的某种性质，因此，这种被动攻击又被称为流量分析。

图 9-3　被动攻击

5. 网络空间安全解决方案

结合上述网络空间威胁的特点，防止被动攻击可采用各种数据加密技术，而防止主动攻击，则需将加密技术与适当的鉴别技术相结合，更为重要的是要依法建立健全网络空间安全管理体系。网络空间安全的建设目标如下：

1）采用数据加密技术防止泄露报文内容和流量分析。

2）在传输层上防止恶意程序。

3）在网络层上使用相应的设备和技术，用于检测更改报文流和拒绝服务。

4）依法建立健全网络空间安全管理体系。

（1）数据加密　数据加密主要用于防止泄露报文内容和流量分析。数据加密属于密码学，它是一门历史悠久的技术，指通过加密算法和加密密钥将明文转变为密文，而解密则是通过解密算法和解密密钥将密文恢复为明文。加密算法是公开的，而密钥则是不公开的。

1）明文：原始的或未加密的数据。

2）密文：明文加密后的数据，是加密算法的输出信息。

3）密钥：某个用来完成加密、解密、完整性验证等密码学应用的秘密数据，本质上就是明文与密文互转的算法，俗称密码。

根据数据加密算法所使用的加密密钥和解密密钥是否相同，可将密码体制分为对称密码体制和非对称密码体制。

1）对称密钥密码体制：所谓对称密钥密码体制，即加密密钥与解密密钥是使用相同的密码体制，如图9-4所示。它最大的优势是加/解密速度快，适合对大数据量进行加密，但密钥管理困难。

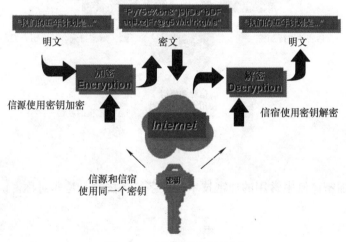

图9-4　对称密钥密码体制

目前比较流行的对称密钥密码体制是由IBM公司研发的DES数据加密标准，于1977年被美国定为联邦信息标准，ISO曾将DES作为数据加密标准。

DES是一种分组密码，其工作机制如下：

① 在加密前，先对整个明文进行分组，每一个组为64位长的二进制数据。

② 对每一个64位二进制数据进行加密处理，产生一组64位密文数据。

③ DES使用的密钥占有64位（实际密钥长度为56位，外加8位用于奇偶校验）。

④ 将各组密文串接起来，即得出整个密文。

DES的保密性仅取决于对密钥的保密，而算法是公开的。DES的最大问题是它的密钥长度，现在对于56位DES密钥的搜索已成常态，已不再被认为是安全的，由3DES所取代。

3DES是三重数据加密算法块密码的通称，它相当于对每个数据块应用三次DES加密算法，本质上就相当于用一个长为 168 位的密钥进行加密，如图 9-5 所示。

2）非对称密钥加密体制：非对称密钥加密系统又称为公开密钥密码体制，是由斯坦福大学的研究人员 Diffie 与 Hellman 于 1976 年提出的。非对称密钥加密系统使用不同的密钥实现信息加密和解密。一个公开发布，即公开密钥，俗称公钥；另一个由用户自己秘密保存，即私有密钥，俗称私钥。

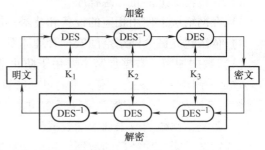

图 9-5　3DES 加密

在加密过程中，信源使用信宿的公钥去加密，而信宿则用自己的私钥去解密，如图 9-6 所示。非对称密钥加密体制灵活，但加密和解密速度要比对称密钥慢得多。

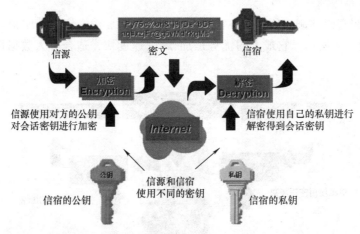

图 9-6　非对称密钥加密体制

非对称密钥加密体制中常用的加密技术是数字签名技术，是非对称密钥加密技术与数字摘要技术的应用。

数字签名技术又称公钥数字签名、电子签章，是一种类似写在纸上的普通的物理签名。通常定义两种互补的运算，一个用于签名，是加密的过程；另一个用于验证，是解密的过程。其工作机制如下：

1）信源使用数字签名技术将摘要信息用自己的私钥加密，与原文一起传送给信宿。

2）信宿只有用信源的公钥才能解密被加密的摘要信息，然后用 Hash 函数（哈希函数）对收到的原文产生一个摘要信息，与解密的摘要信息对比。

3）如果相同，则说明收到的信息是完整的，在传输过程中没有被修改；否则，说明信息被修改过。

因此，数字签名能够验证信息的完整性、认证发送者的身份、防止交易中的抵赖发生。

（2）传输层安全机制　在传输层上广泛使用的安全协议有两个：

1）安全套接字（Secure Socket Layer，SSL）协议：SSL 协议是 Netscape 公司在 1994 年开发的安全协议，广泛应用于基于互联网的各种网络应用。SSL 作用在应用层和传输层之间，在 TCP 基础之上建立起一个安全通道，为通过 TCP 传输的应用层数据提供安全保障。

2）传输层安全（Transport Layer Security，TLS）协议：1995 年，Netscape 公司把 SSL 转交给 IETF（互联网工程任务组），希望能够把 SSL 进行标准化。于是 IETF 在 SSL 3.0 的基础上设计了 TLS 协议，为所有基于 TCP 的网络应用提供安全数据传输服务。

传输层早期还有一个安全电子交易（Secure Electronic Transaction，SET）协议，是专门用于在互联网上进行安全信用卡交易的协议。最初是由两家著名信用卡公司 Visa 和 MasterCard 于 1996 年开发的，世界上许多具有领先技术的公司也参与了。然而，由于在 SET 交易中客户端要使用专门的软件，同时商家要支付的费用比使用 SSL 更加昂贵，因此 SET 在市场竞争中失败了。

现在很多浏览器都已使用了 SSL 和 TLS，使用 SSL 最多的就是 HTTP。但 SSL 并非仅用于 HTTP，而是可用于任何应用层的协议。

SSL 提供的安全服务可归纳为以下三种：

1）SSL 服务器鉴别：允许用户证实服务器的身份。支持 SSL 的客户端通过验证来自服务器的证书，来鉴别服务器的真实身份并获得服务器的公钥。

2）SSL 客户鉴别：SSL 的可选安全服务，允许服务器证实客户的身份。

3）加密的 SSL 会话：对客户端和服务器间发送的所有报文进行加密，并检测报文是否被篡改。

（3）VPN 技术　VPN（Virtual Private Network，虚拟专用网络）是维护信息安全而采用的技术。VPN 使用隧道作为传输通道，这个隧道是建立在公共网络或专用网络基础之上的，提供了一种通过公用网络安全地对企业内部专用网络进行远程访问的连接方式。VPN 由三部分组成：客户端、VPN 信道和服务器端。VPN 架构如图 9-7 所示。

图 9-7　VPN 架构

VPN 使用以下三种协议：

1）点对点隧道协议（PPTP）：PPTP 允许对 IP、IPX 或 NetBEUI 数据流进行加密，然后封装在 IP 包头中通过企业 IP 网络或公共互联网发送。

2）第 2 层隧道协议（L2TP）：L2TP 允许对 IP、IPX 或 NetBEUI 数据流进行加密，然后通过支持点对点数据报传递的任意网络发送，如 IP、X.25、帧中继或 ATM。

3）第三层隧道协议：使用互联网来封装和传输三层（网络层）协议（如 IP、IPX、AppleTalk 等），在隧道内传输的是网络层的分组，最常见的协议是 IPSec 协议。IPSec 协议允许对 IP 负载数据进行加密，然后封装在 IP 包头中通过企业 IP 网络或互联网发送。

VPN 的独特优势使得信息在传输过程中不易被截获，从而保证了信息安全。随着云计算的快速普及，信息安全越来越受重视。

（4）防火墙与入侵检测 恶意用户或软件通过网络对计算机系统的入侵或攻击已成为当今计算机安全最严重的威胁之一，主要表现如下：

① 用户入侵方式包括利用系统漏洞进行未授权登录，或者授权用户非法获取更高级别的权限等。

② 软件入侵方式包括通过网络传播病毒、蠕虫和特洛伊木马等方式。

③ 阻止合法用户正常使用服务的拒绝服务攻击等方式。

为有效地阻止非法用户对网络空间的入侵行为，除数据加密、使用 SSL 以及 VPN 技术外，通常还使用防火墙和入侵检测系统。由于防火墙不可能阻止所有入侵行为，需要结合入侵检测系统（Intrusion Detection System，IDS）对进入网络的分组进行深度分析与检测，发现疑似入侵行为的网络活动，并进行报警，以便进一步采取相应的措施。

1）防火墙：防火墙（Firewall）作为一种访问控制技术，通过严格控制进出网络边界的分组，禁止任何不必要的通信，从而减少潜在入侵的发生，尽可能降低这类安全威胁所带来的安全风险。

防火墙是一种特殊编程的路由器，部署在互联网和内部网络之间，目的是实施访问控制策略。这个访问控制策略是由使用防火墙的单位自行制定的。通常把内部网络称为可信的网络，而把互联网称为不可信的网络。防火墙技术一般分为以下两类：

① 分组过滤技术：也称为包过滤，根据过滤规则对进出内部网络的分组执行转发或者丢弃（即过滤）。过滤规则是基于分组的网络层或传输层首部的信息。

分组过滤技术的优点是简单、高效，且对用户来说是透明的，但不能对高层数据进行过滤，不能禁止某个用户对某个特定应用进行某个特定的操作，不支持应用层用户鉴别等。例如，在内部网络中，不能禁止 A 用户使用 QQ。分组过滤技术的这些功能需要使用应用网关技术来实现。

② 应用网关技术：也称为代理服务器（Proxy Server），它在应用层通信中扮演报文中继的角色，可以实现基于应用层数据的过滤和应用层用户鉴别。

所有进出网络的应用程序报文都必须通过应用网关，当某应用客户进程向服务器发送一份请求报文时，先发送给应用网关，应用网关在应用层打开该报文，查看该请求是否合法，如果请求合法，应用网关以客户进程的身份将请求报文转发给原始服务器，如果不合法，报文则被丢弃。

应用网关技术弥补了分组过滤技术的不足，而其不足之处如下：

● 每种应用都需要一个不同的应用网关。

● 在应用层转发和处理报文，处理负担较重。

● 对应用程序不透明，需要在应用程序客户端配置应用网关地址。

2）入侵检测系统（IDS）：防火墙试图在入侵行为发生之前阻止所有可疑的通信，IDS则对防火墙的阻止行为进行了必要补充。IDS 针对进入网络的所有分组执行深度检查，当检查到可疑分组时，就向网管人员发出告警或执行阻断操作。IDS 可用于检测多种网络攻击，包括网络映射、端口扫描、DoS 攻击、蠕虫和病毒、系统漏洞攻击等。入侵检测方法一般可以分为基于特征的入侵检测和基于异常的入侵检测两种。

① 基于特征的入侵检测：使用一个所有已知攻击标志性特征的数据库，每个特征是一个与某种入侵活动相关联的规则集，这些规则可能基于单个分组的首部字段值或数据中特定

比特串，或者与一系列分组有关。当发现有与某种攻击特征匹配的分组或分组序列时，则认为可能检测到某种入侵行为。这些特征和规则通常由网络安全专家生成，机构的网管人员定制并将其加入到数据库中。基于特征的 IDS 只能检测已知攻击，对于未知攻击则显得束手无策。

②基于异常的入侵检测：通过观察正常运行的网络流量，学习正常流量的统计特性和规律，当检测到网络中流量的某种规律不符合正常情况时，则认为可能发生了入侵行为。

目前，大多数部署的 IDS 是基于特征的，只有一些 IDS 包括了某些基于异常的特性。

6. 人工智能在网络安全的应用

随着网络空间内涵与外延的不断扩展，所面临的安全威胁无论从数量、来源、形态、程度和修复性上都超出了原本行之有效的分工和应对能力。人工智能不仅能解决当下的安全难题，而且通过在安全场景的深化应用和检验，还能发现网络空间的缺陷和不足。其优势如下：

（1）利用大数据提供"赋能"　大数据为机器学习和深度学习算法提供源动能，使人工智能保持良好的自我学习能力。升级的安全分析引擎，具有动态适应各种不确定环境的能力，有助于更好地针对大量模糊、非线性、异构数据，做出因地制宜的聚合、分类、序列化等分析处理，甚至实现对行为及动因的分析，大幅提升检测、识别已知和未知网络空间安全威胁的效率，升级精准度和自动化程度。

（2）利用深度学习算法提供"智慧"　人工智能的深度学习算法在发掘海量数据中的复杂关联方面表现突出，擅长综合定量分析相关安全性，有助于全面感知内、外部安全威胁。人工智能技术对各种网络安全要素和高维度的安全风险数据进行归并融合、关联分析，经过深度学习的综合理解、评估后，对安全威胁的发展趋势做出预测，还能够自主设立安全基线，达到精细度量网络安全性的效果，从而构建立体、动态、精准和自适应的网络安全威胁态势感知体系。

（3）强大的学习能力，提供快速高效的网络"问诊"能力　人工智能技术是让机器学会从认识物理世界到自主决策的过程，其内在逻辑是通过数据输入理解世界，或通过传感器来认知世界，然后运用模式识别实现数据的分类、聚类、回归等分析，并据此做出最优的决策推荐，因此，人工智能的"思考和行动"逻辑与安全防护的逻辑从本质上是自治的，网络空间安全天然是人工智能技术大显身手的领域。

（4）自我优化，提供主动"进化"能力　人工智能展现出强大的学习、思考和进化能力，能够从容应对未知、变化、激增的攻击行为，并结合当前威胁情报和现有安全策略形成适应性极高的安全智慧，主动、快速地选择与调整安全防护策略，并付诸实施，最终帮助构建全面感知、适应协同、智能防护、优化演进的主动安全防御体系。

综上所述，人工智能是研究、开发用于模拟、延伸和扩展人的智能的理论、方法、技术及应用系统的一门新的技术科学。自诞生以来，人工智能的理论和技术日益成熟，应用领域也不断扩大。可以设想，未来人工智能带来的网络安全产品，将会是人类智慧的"容器"，而现如今，它已经开始对猖獗多时的网络攻击问题重点发力，人工智能将重塑网络安全未来的图景。

7. 网络安全等级保护简介

网络安全等级保护简称等保，是指对网络和信息系统按照重要性等级，进行分级别保护的一种工作，是对国家机关、企事业单位等组织行使具有国家法律效力的保护措施。实施网络安全等级保护将对信息安全工作产生重大的影响。

2008 年，我国推行信息安全等级保护制度《信息安全技术　信息系统安全等级保护基本要求》（GB/T 22239—2008），对网络安全防护起到了非常重要的作用，被广泛用于各行业和领域，用于指导用户开展信息系统安全等级保护的建设整改、等级测评等工作。

2017 年开始实施的《中华人民共和国网络安全法》中规定，等级保护是我国信息安全保障的基本制度。网络运营者应当按安全等级保护制度的要求，履行下列安全保护义务：保障网络免受干扰、破坏或者未经授权的访问；防止网络数据泄露或者被窃取、篡改。

为了配合国家落实网络安全等级保护制度，《信息安全技术　信息系统安全等级保护基本要求》改为《信息安全技术　网络安全等级保护基本要求》（GB/T 22239—2019）（简称等保 2.0），并于 2019 年正式颁布实施。

等保 2.0 为适应云计算、大数据、移动互联接入、物联网和工业控制系统等新一代信息技术的应用发展和使用，分析并总结了新技术和新应用中的安全关注点和安全控制要素，完善了新技术、新应用的时效性、易用性、可操作性等要素。该标准明确指出：

1）等级保护对象由原来的信息系统调整为基础信息网络、信息系统（含采用移动互联技术的系统）、云计算（平台、系统）、大数据（应用、平台、资源）、物联网和工业控制系统等。

2）将原来各个级别的安全要求分为安全通用要求和安全扩展要求。

① 安全通用要求是不论等级保护对象原形态如何，必须满足的基本要求。

② 云计算、移动互连、物联网和工业控制系统提出的特殊要求称为安全扩展要求。

3）原来基本要求中，各级技术要求的"物理安全""网络安全""主机安全""应用安全"和"数据安全和备份与恢复"修订为"安全物理环境""安全通信网络""安全区域边界""安全计算环境"和"安全管理中心"。

4）原各级管理要求的"安全管理制度""安全管理机构""人员安全管理""系统建设管理"和"系统运维管理"修订为"安全管理制度""安全管理机构""安全管理员""安全建设管理"和"安全运维管理"。

5）云计算安全扩展要求针对云计算环境的特点提出，主要包括"基础设施的位置""虚拟化安全保护""镜像和快照保护""云计算环境管理"和"云服务商选择"等。

6）移动互联安全扩展要求针对移动互联的特点提出，主要包括"无线接入点的物理位置""移动终端管控""移动应用管控""移动应用软件采购"和"移动应用软件开发"等。

7）物联网安全扩展要求针对物联网的特点提出，主要包括"感知节点的物理防护""感知节点设备安全""网关节点设备安全""感知节点的管理"和"数据融合处理"等。

8）工业控制系统安全扩展要求针对工业控制系统的特点提出，主要包括"室外控制设备防护""工业控制系统网络架构安全""拨号使用控制""无线使用控制"和"控制设备安全"等。

综上所述，实施网络安全等级保护制度，是国家安全、社会秩序和公共利益的根本保障，是我国网络安全的基石，要建立健全"打、防、管、控"一体化的网络安全综合防御体系，全面提升国家网络安全整体防御能力，促进网络安全产业快速健康的发展。

8. 打击计算机犯罪

随着科技的进步，各种计算机技术、网络技术的飞速发展，互联网时代为我们带来巨大便利的同时，也产生了许多安全问题。目前，互联网安全愈演愈烈，入侵网络空间、非法获取计算机信息系统数据、非法控制计算机信息系统是计算机犯罪中极其严重的几种。

公安部计算机管理监察司给出的计算机犯罪的定义是：所谓计算机犯罪，就是在信息活动领域中，以计算机信息系统或计算机信息知识作为手段，或者针对计算机信息系统，对国家、团体或个人造成危害，依据法律规定，应当予以刑罚处罚的行为。在我国，计算机犯罪首次是在1997年的《中华人民共和国刑法》中被提到的，犯罪主体是指实施危害社会的行为、依法应当负刑事责任的自然人和单位。2011年9月1日起施行的《最高人民法院、最高人民检察院关于办理危害计算机信息系统安全刑事案件应用法律若干问题的解释》中对计算机犯罪的司法解释如下：

1）非法获取计算机信息系统数据或者非法控制计算机信息系统。

2）专门用于侵入、非法控制计算机信息系统的程序、工具。

3）提供侵入、非法控制计算机信息系统的程序、工具。

4）破坏计算机信息系统功能、数据或者应用程序。

5）故意制作、传播计算机病毒等破坏性程序，影响计算机系统正常运行。

6）明知是非法获取计算机信息系统数据犯罪所获取的数据、非法控制计算机信息系统犯罪所获取的计算机信息系统控制权，而予以转移、收购、代为销售或者以其他方法掩饰、隐瞒。

7）以单位名义或者单位形式实施危害计算机信息系统安全犯罪。

根据公安部给出的定义，计算机犯罪可分为计算机网络犯罪和计算机犯罪。

（1）计算机网络犯罪　计算机网络犯罪主要表现为以下几种类型：

1）危害计算机信息网络运行安全的犯罪，包括：侵入国家事务、国防建设、尖端科学技术的计算机信息系统；故意制造传播计算机病毒、攻击计算机网络系统，造成计算机网络不能正常运行等。

2）利用计算机网络危害国家安全和社会稳定的犯罪，包括：利用互联网造谣、诽谤或发表、传播其他有害信息，煽动颠覆国家政权、破坏国家统一；通过互联网窃取、泄露国家秘密、情报；利用互联网煽动民族仇恨、破坏民族团结，组织邪教、联络邪教成员举行非法活动等。

3）利用计算机网络系统危害社会经济秩序和管理的犯罪，包括：利用互联网销售假冒伪劣产品，对商品、服务做虚假宣传，在网上损害他人商业信誉和商品声誉，侵犯他人知识产权；利用互联网编造并传播影响证券、期货交易或其他扰乱金融秩序的虚假信息；在网上建立淫秽网站、网页，传播淫秽书刊、影片和图片等。

4）利用计算机网络危害自然人、法人及其他组织的人身、财产合法权益的犯罪，包括：在网上侮辱他人或捏造事实诽谤他人；非法截取、篡改、删除他人电子邮件或其他数据资料，侵犯公民通信自由，或利用互联网进行盗窃、诈骗、敲诈勒索等。

（2）计算机犯罪　计算机犯罪具体行为造成的后果，可以划分为五种类型：

1）破坏计算机罪：指利用外力或错误程序毁坏计算机设备或系统的行为，包括针对计算机外部设备所实施的砸、割、烧等暴力行为和编造计算病毒、"蠕虫"程序、设置逻辑炸弹、发送邮件炸弹等毁坏计算机系统及网络，致使计算机和计算机网络不能工作或不能正常工作的犯罪行为。

2）盗窃计算机数据罪：指窃取计算机内部信息资料等的犯罪行为。

3）滥用计算机罪：指利用计算机实行的财产犯罪（通常意义上所说的盗窃、诈骗、侵占、贪污、挪用等）及其他诸如侮辱诽谤罪、危害国家安全罪、传播淫秽物品罪、杀人罪、伤害罪等和在计算机系统中输入或者传播非法和虚假信息数据，造成严重后果的犯罪行为等。

4）窃用计算机服务罪：指无权使用计算机系统者擅自使用，或者计算机系统的合法用户在规定时间以外及超越服务权限使用计算机系统的犯罪行为。

5）非法侵入计算机系统罪：行为人以非法手段进入自己无权进入计算机系统的犯罪行为。

综上所述，根据我国《刑法》第285条"非法侵入计算机信息系统罪"、第286条"破坏计算机信息系统罪"和第287条"利用计算机实施金融诈骗、盗窃、贪污、挪用公款、窃取国家秘密或其他犯罪的，依照本法有关规定定罪处罚"中的有关规定，计算机犯罪的量刑标准如下：

1）非法侵入计算机信息系统罪：违反国家规定，侵入国家事务、国防建设、尖端科学技术领域的计算机信息系统的，处三年以下有期徒刑或者拘役。

2）破坏计算机信息系统罪：违反国家规定，对计算机信息系统功能进行删除、修改、增加、干扰，造成计算机信息系统不能正常运行，后果严重的，处五年以下有期徒刑或者拘役；后果特别严重的，处五年以上有期徒刑。

3）提供侵入、非法控制计算机信息系统程序、工具罪：提供专门用于侵入、非法控制计算机信息系统的程序、工具，或者明知他人实施侵入、非法控制计算机信息系统的违法犯罪行为而为其提供程序、工具，情节严重的，处三年以下有期徒刑或者拘役，并处或者单处罚金；情节特别严重的，处三年以上七年以下有期徒刑，并处罚金。

4）利用计算机实施金融诈骗以相应的金融诈骗罪定罪处罚，实施盗窃、贪污、挪用公款、窃取国家秘密或者其他犯罪的，分别被认定为盗窃罪、贪污罪、挪用公款罪、窃取国家秘密或者其他相应罪名，并参照《刑法》中有关规定量刑。

9.4 能力拓展

1.《中华人民共和国网络安全法》解读

《中华人民共和国网络安全法》（下面简称《网络安全法》）是我国第一部全面规范网络空间安全管理方面问题的基础性法律，是我国网络空间法治建设的重要里程碑，是依法治网、化解网络风险的法律重器，是让互联网在法治轨道上健康运行的重要保障。

《网络安全法》将近年来一些好的成熟做法制度化，并为将来可能的制度创新做了原则性规定，为网络安全工作提供切实法律保障。该法在以下几个方面值得特别关注：

（1）《网络安全法》的基本原则

1）网络空间主权原则。《网络安全法》第一条立法目的开宗明义，明确规定要维护我国网络空间主权，网络空间主权是国家主权在网络空间中的自然延伸和表现。

《网络安全法》第二条明确规定，《网络安全法》适用于我国境内建设、运营、维护和使用网络以及网络安全的监督管理。这是我国网络空间主权对内最高管辖权的具体体现。

2）网络安全与信息化发展并重原则。安全是发展的前提，发展是安全的保障，安全和发展要同步推进。网络安全和信息化是一体之两翼、驱动之双轮，必须统一谋划、统一部署、统一推进、统一实施。

《网络安全法》第三条明确规定，国家坚持网络安全与信息化发展并重，遵循积极利用、科学发展、依法管理、确保安全的方针，推进网络基础设施建设和互联互通，鼓励网络技术创新和应用，支持培养网络安全人才，建立健全网络安全保障体系，提高网络安全保护能力。

3）共同治理原则。网络空间安全仅仅依靠政府是无法实现的，需要政府、企业、社会组织、技术社群和公民等网络利益相关者的共同参与。

《网络安全法》坚持共同治理原则，要求采取措施鼓励全社会共同参与，政府部门、网络建设者、网络运营者、网络服务提供者、网络行业相关组织、高等院校、职业学校、社会公众等都应根据各自的角色参与网络安全治理工作。

（2）《网络安全法》的战略价值　《网络安全法》提出制定网络安全战略，明确网络空间治理目标，提高了我国网络安全政策的透明度。《网络安全法》第四条明确提出了我国网络安全战略的主要内容，即明确保障网络安全的基本要求和主要目标，提出重点领域的网络安全政策、工作任务和措施；第七条明确规定，我国致力于推动构建和平、安全、开放、合作的网络空间，建立多边、民主、透明的网络治理体系。这是我国第一次通过国家法律的形式向世界宣示网络空间治理目标，明确表达了我国的网络空间治理诉求。上述规定提高了我国网络治理公共政策的透明度，与我国的网络大国地位相称，有利于提升我国对网络空间的国际话语权和规则制定权，促成网络空间国际规则的出台。

（3）《网络安全法》明确职责，完善体制　《网络安全法》进一步明确了政府各部门的职责权限，完善了网络安全监管体制，将现行有效的网络安全监管体制法制化，明确了网信部门与其他相关网络监管部门的职责分工。《网络安全法》第八条规定，国家网信部门负责统筹协调网络安全工作和相关监督管理工作，国务院电信主管部门、公安部门和其他有关机关依照本法和有关法律、行政法规的规定，在各自职责范围内负责网络安全保护和监督管理工作。这种"1+X"的监管体制，符合当前互联网与现实社会全面融合的特点，符合我国监管需要。

（4）《网络安全法》强化了网络运行安全，重点保护关键信息基础设施　《网络安全法》第三章用了近三分之一的篇幅规范网络运行安全，特别强调要保障关键信息基础设施的运行安全。关键信息基础设施是指那些一旦遭到破坏、丧失功能或者数据泄露，可能严重危害国家安全、国计民生、公共利益的系统和设施。

网络运行安全是网络安全的重心，关键信息基础设施安全则是重中之重，与国家安全和社会公共利益息息相关。为此，《网络安全法》强调在网络安全等级保护制度（简称等保2.0）的基础上，对关键信息基础设施实行重点保护，明确关键信息基础设施的运营者负有更多的安全保护义务，并配以国家安全审查、重要数据强制本地存储等法律措施，确保关键信息基础设施的运行安全。

（5）《网络安全法》完善了网络安全义务和责任，加大了违法惩处力度　《网络安全法》将原来散见于各种法规、规章中的规定上升到法律层面，对网络运营者等主体的法律义务和责任做了全面规定，包括守法义务，遵守社会公德、商业道德义务，诚实信用义务，网络安全保护义务，接受监督义务，承担社会责任等，并在"网络运行安全""网络信息安全"

"监测预警与应急处置"等章节中进一步明确、细化。在"法律责任"中则提高了违法行为的处罚标准，加大了处罚力度，有利于保障《网络安全法》的实施。

（6）《网络安全法》将监测预警与应急处置措施制度化、法制化 《网络安全法》第五章将监测预警与应急处置工作制度化、法制化，明确国家建立网络安全监测预警和信息通报制度，建立网络安全风险评估和应急工作机制，制定网络安全事件应急预案并定期演练。这为建立统一、高效的网络安全风险报告机制、情报共享机制、研判处置机制提供了法律依据，为深化网络安全防护体系，实现全天候、全方位感知网络安全态势提供了法律保障。

2. 工业控制系统等级保护框架

工业控制系统（Industrial Control System，ICS）是指由计算机与工业过程控制部件组成的自动控制系统，它由控制器、传感器、传送器、执行器和输入/输出接口等部分组成。这些组成部分通过工业通信线路，按照一定的通信协议进行连接，形成一个具有自动控制功能的工业生产制造或加工系统。

工业控制系统根据保护对象业务性质分区，根据功能层次技术特点实施网络安全等级保护设计。工业控制系统等级保护框架如图9-8所示。

工业控制系统等级保护框架设计构建在安全管理中心支持下的计算环境、区域边界、通信网络三重防御体系，采用分层、分区的架构，结合工业控制系统总线协议复杂多样、实时性要求强、节点计算资源有限、设备可靠性要求高、故障恢复时间短、安全机制不能影响实时性等特点进行设计，以实现可信、可控、可管的系统安全互联、区域边界安全防护和计算环境安全。

工业控制系统纵向为4层，即0~3层，为工业控制系统等级保护的范畴，为方案设计框架覆盖的区域；横向是对工业控制系统进行安全区域的划分，根据工业控制系统中业务的重要性、实时性、业务的关联性、对现场受控设备的影响程度功能以及功能范围、资产属性等，形成不同的安全防护区域，系统都应置于相应的安全区域内，具体分区以工业现场实际情况为准，分区方式包括但不限于：第0~2层组成一个安全区域、第0~1层组成安全区域、同层中有不同的安全区域等。

分区原则是业务系统或其他功能模块的实时性、使用者、主要功能、设备使用场所、各业务系统间的相互关系、广域网通信方式以及对工业控制系统的影响程度等。对于额外的安全性和可靠性的要求，在主要的安全区还可以根据操作功能进一步划分成子区，将设备划分成不同的区域，有效地建立"纵深防御"策略。将具备相同功能和安全要求的、各系统的控制功能划分成不同的安全区域，并按照方便管理和控制的原则为各安全功能区域分配网段地址。

防护类别包括：

1）安全计算环境：包括对工业控制系统0~3层中的信息进行存储、处理及实施安全策略的相关部件。

2）安全区域边界：包括安全计算环境边界，以及安全计算环境与安全通信网络之间实现连接并实施安全策略的相关部件。

3）安全通信网络：包括安全计算环境和网络安全区域之间进行信息传输及实施安全策略的相关部件。

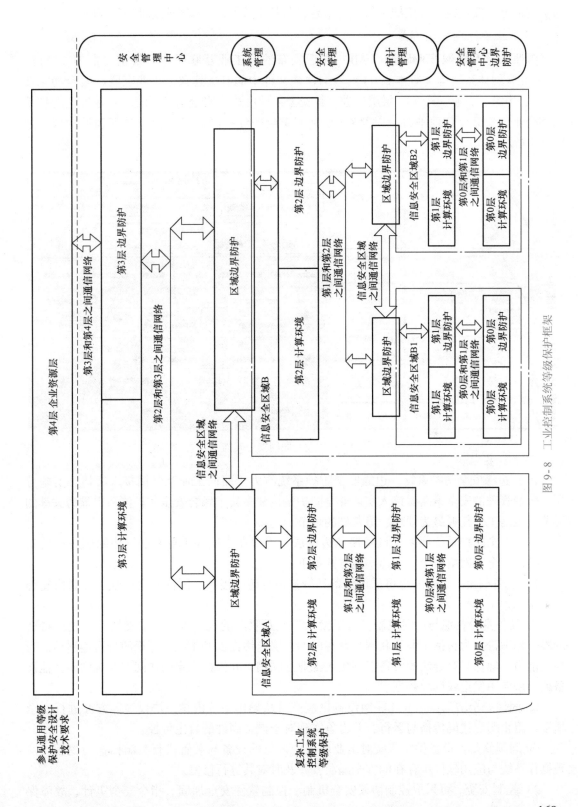

图 9-8　工业控制系统等级保护框架

4）安全管理中心：包括对等级系统的安全策略及安全计算环境、安全区域边界和安全通信网络上的安全机制实施统一管理的平台，包括系统管理、安全管理和审计管理三部分。

3. 工业互联网安全部署

参照工业互联网产业联盟（AII）先后发布的《工业互联网体系架构（版本1.0）》、《工业互联网体系架构（版本2.0）》等纲领性文件中的有关建议，工业互联网安全功能在"设备、边缘、企业、产业"层层递进，其安全架构由边缘安全防护系统、企业安全防护系统和企业安全综合管理平台，以及省/行业级安全平台和国家级安全平台等领域构成，如图9-9所示。

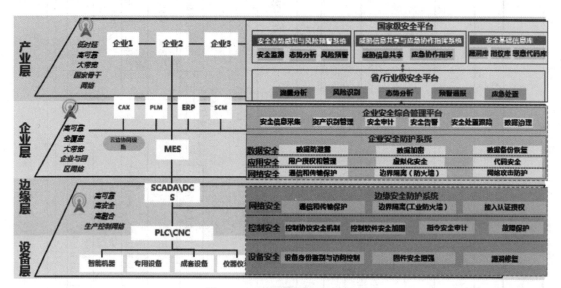

图 9-9　工业互联网安全架构

（1）边缘安全防护系统　边缘安全防护系统致力于面向工业互联网接入实体，实施分层、分域管理的安全策略。接入实体安全防护是构建多技术融合安全防护体系中最为关键的环节，也是工作任务最为烦琐、最基础的环节。

边缘安全防护系统部署于设备层和边缘层，关键在于确保工业互联网边缘侧的设备安全、控制安全和网络安全。具体实施方式如下：

1）设备安全。设备安全可采取设备身份鉴别与访问控制、固件安全增强、漏洞修复等安全策略。

① 设备身份鉴别与访问控制：对于接入工业互联网的现场设备，应支持基于硬件特征的唯一标识符，为包括工业互联网平台在内的上层应用提供基于硬件标识的身份鉴别与访问控制能力，确保只有合法的设备能够接入工业互联网，并根据既定的访问控制规则向其他设备或上层应用发送或读取数据。

② 固件安全增强：工业互联网设备供应商可从操作系统内核、协议栈等方面进行安全增强，阻止恶意代码传播与运行，并力争实现对于设备固件的自主可控。

③ 漏洞修复：设备供应商应对工业现场中常见的设备与装置进行漏洞扫描与挖掘，发现操作系统与应用软件中存在的安全漏洞，并及时对其进行修复。

2）控制安全。可采取控制协议安全机制、控制软件安全加固、指令安全审计、故障保护等安全策略。

① 控制协议安全机制：为了确保控制系统执行的控制命令来自合法用户，必须对使用系统的用户进行身份认证，未经认证的用户所发出的控制命令不被执行。建议从以下几方面进行建设：

- 在控制协议通信过程中，一定要加入认证方面的约束，避免攻击者通过截获报文获取合法地址建立会话，影响控制过程安全。
- 不同的操作类型需要不同权限的认证用户来操作，如果没有基于角色的访问机制，没有对用户权限进行划分，会导致任意用户可以执行任意功能。
- 在控制协议设计时，应根据具体情况，采用适当的加密措施，保证通信双方的信息不被第三方非法获取。

② 控制软件安全加固：控制软件的供应商应及时对控制软件中出现的漏洞进行修复或提供其他替代解决方案，如关闭可能被利用的端口等。

③ 指令安全审计：通过对控制软件进行安全监测、审计可及时发现网络安全事件，避免发生安全事故，并可以为安全事故的调查提供翔实的数据支持。

④ 故障保护：故障保护建议从以下几方面进行建设：

- 确定控制软件与其他设备或软件，以及与其他智能化系统之间相互作用所产生的危险状况和伤害事件，确定引发事故的事件类型。
- 明确操作人员在对智能化系统执行操作过程中可能产生的合理可预见的误用，以及智能化系统对于人员恶意攻击操作的防护能力。
- 智能化装备和智能化系统对于外界实物、电、磁场、辐射、火灾、地震等情况的抵抗或切断能力，以及在发生异常扰动或中断时的检测和处理能力。

3）网络安全。网络安全可采取通信和传输保护、边界隔离（工业防火墙）、接入认证授权等安全策略。

① 通信和传输保护：采用相关技术手段来保证通信过程中数据的机密性、完整性和有效性，防止数据在网络传输过程中被窃取或篡改，并保证合法用户对信息和资源的有效使用。

在实施通信和传输保护的同时，在标识解析体系的建设过程中，需要对解析节点中存储以及在解析过程中传输的数据进行安全保护。

② 边界隔离（工业防火墙）：在 OT 安全域之间采用网络边界控制设备（工业防火墙），以逻辑串联的方式进行部署，对安全域边界进行监视，实现可信网络与不可信网络的隔离，并识别边界上的入侵行为且进行有效阻断。

③ 接入认证授权：在工业互联网中，所有的接入网络设备与标识解析节点应该具有唯一性标识，可采用基于数字证书的身份认证等机制来实现接入设备与标识解析节点的身份认证，以确保合法接入和合法连接，对非法设备与标识解析节点的接入行为进行阻断与告警，形成网络可信接入机制。

（2）企业安全防护系统　企业安全防护系统是实施边缘安全防护系统管理的重要保障体系，主要致力于从防护技术策略角度出发，提升企业层面的安全防护水平，降低安全攻击风险。需要涵盖范围如下：

1）保障企业侧网络安全：通过采取通信和传输保护、边界隔离（防火墙）、网络攻击防护等安全策略，确保工厂外网安全、标识解析安全等。

2）保障应用安全：通过采取用户授权和管理、虚拟化安全、代码安全等安全策略，确保平台安全、本地应用安全、云化应用安全等。

3）保障数据安全：通过采取数据防泄漏、数据加密、数据备份恢复等安全策略，确保包括数据收集、传输、存储、处理、销毁、备份恢复等环节的安全。

企业安全防护系统部署于企业层，关键在于确保工业互联网企业侧的网络安全、应用安全、数据安全。

1）网络安全。可采取通信和传输保护、边界隔离（防火墙）、网络攻击防护等安全策略。

① 通信和传输保护：与边缘安全防护系统中的针对网络安全的通信和传输保护的具体策略一致。

② 边界隔离（防火墙）：在 IT 安全域之间采用网络边界控制设备（防火墙），以逻辑串联的方式进行部署，对安全域边界进行监视，实现可信网络与不可信网络的隔离，并识别边界上的入侵行为且进行有效阻断。

③ 网络攻击防护：为保障网络设备与标识解析节点正常运行，建议从以下几方面进行建设：

- 对登录网络设备与标识解析节点进行运维的用户进行身份鉴别，并确保身份鉴别信息不易被破解与冒用。
- 对远程登录网络设备与标识解析节点的源地址进行限制。
- 对网络设备与标识解析节点的登录过程采取完备的登录失败处理措施等。

2）应用安全。可采取用户授权和管理、虚拟化安全、代码安全等安全策略。

① 用户授权和管理：工业互联网平台用户分属不同企业，需要采取严格的认证授权机制保证不同用户能够访问不同的数据资产。同时，认证授权需要采用更加灵活的方式，确保用户间可以通过多种方式将数据资产分模块分享给不同的合作伙伴。

② 虚拟化安全：虚拟化是边缘计算和云计算的基础，为避免虚拟化影响上层平台的安全，在平台的安全防护中要充分考虑虚拟化安全。虚拟化安全的核心是实现不同层次及不同用户的有效隔离，其安全增强可以通过采用虚拟化加固等防护措施来实现。

③ 代码安全：主要通过代码审计检查源代码中的缺点和错误信息，分析并找到这些问题引发的安全漏洞，提供代码修订措施和建议。

3）数据安全。数据安全可采取数据防泄漏、数据加密、数据备份等安全策略。

① 数据防泄漏：为防止数据在传输过程中被窃听而泄露，工业互联网服务提供商应根据不同的数据类型以及业务部署情况，采用有效手段防止数据泄露，如通过 SSL 机制，保证网络传输数据信息的机密性、完整性与可用性，实现对工业互联网的数据安全传输，并为平台的维护管理提供数据加密通道，保障维护管理过程的数据传输安全。

② 数据加密：建议平台运营商按照国家密码管理有关规定使用和管理密码设施，并按规定生成、使用和管理密钥，采用分等级的加密存储措施（如不加密、部分加密、完全加密等），确保工业互联网平台运营商或任何第三方无法对客户的数据进行解密。

③ 数据备份：用户数据作为用户托管在工业互联网服务提供商的数据资产，服务提供商有妥善保管的义务，工业互联网服务提供商应当根据用户业务需求、与用户签订的服务协

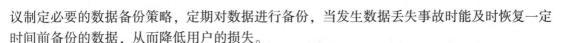

议制定必要的数据备份策略，定期对数据进行备份，当发生数据丢失事故时能及时恢复一定时间前备份的数据，从而降低用户的损失。

（3）企业安全综合管理平台　企业安全综合管理平台是实施企业安全防护系统、边缘安全防护系统的总体规划和部署的管理级平台，以安全风险可知、可视、可控作为安全防护体系建设的主要目标，强化企业综合安全管理能力。

企业安全综合管理平台系统部署于企业层，对企业网络入口及企业内安全风险进行监测，在平台网络出口建设流量探查，主要功能如下：

1）与省/行业级安全平台实现有效协同，将监测到的数据及时有效地上报给省/行业级安全平台。

2）保障企业内部安全管理有序进行，实现对企业的安全信息采集、资产识别管理、安全审计、安全告警、安全处置跟踪以及数据治理等功能。

① 安全信息采集指实时地对企业内部的安全动态信息进行有效采集，并进行有效汇总。

② 资产识别管理指通过平台网络出口的流量探针对企业内网进行扫描识别，发现并统计企业内网的资产并进行集中管理。

③ 安全审计指通过记录和分析历史操作事件及数据，发现能够改进系统性能和系统安全的地方，防止有意或无意的人为错误，防范和发现网络犯罪活动。

④ 安全告警指及时发现资产中的安全威胁，实时掌握资产的安全态势。

⑤ 安全处置跟踪指根据安全事件或安全资产溯源到相关责任人。

⑥ 数据治理指对收集到的相关数据进行分析统计，为企业做出相关研判提供依据。

（4）省/行业级安全平台　省/行业级安全平台通过接入本地移动网、固网（采样）数据，实现流量分析、风险识别、态势分析、预警通报、应急处置等功能。

在部署方式上，省/行业级安全平台主要位于产业层的下边缘，一方面保障本省/行业平台的安全运行，另一方面与国家级安全平台和企业安全综合管理平台实现对接，重点覆盖企业级工业互联网平台，实现企业基础数据管理、策略/指令下发、情报库共享、信息推送等功能。

（5）国家级安全平台　国家级安全平台实施需要涵盖产业层的上边缘，一方面保障国家级安全平台有序运行，建立安全态势感知与风险预警系统、威胁信息共享与应急协作指挥系统、安全基础信息库，全面提升国家级工业互联网安全综合管理和保障能力；另一方面与省/行业级安全平台的系统联动、数据共享、业务协作，形成国家整体安全综合保障能力。

1）建立安全态势感知与风险预警系统，开展全国范围内的安全监测、态势分析、风险预警和跨省协同工作，并与省/行业级安全平台对接。

2）建立威胁信息共享与应急协作指挥系统，实现对工业互联网威胁信息共享和应急协作指挥，具备综合研判、决策指挥和过程跟踪的能力，支持工业互联网安全风险上报、预警发布、事件响应等。

3）建立安全基础信息库，依托现有基础进行资源整合，建立安全基础信息库，具体包括工业互联网安全漏洞库、指纹库、恶意代码库等基础资源库。

参 考 文 献

［1］魏毅寅，柴旭东. 工业互联网技术与实践［M］. 北京：电子工业出版社，2017.

［2］王建伟. 工业赋能：深度剖析工业互联网时代的机遇和挑战［M］. 北京：人民邮电出版社，2018.

［3］谢希仁. 计算机网络［M］. 7 版. 北京：电子工业出版社，2017.

高等职业教育"互联网+"创新型系列教材

工业互联网技术与应用

工作手册

主　编　刘　昊　张玉萍
副主编　单振辉　贾若伦　潘　军
参　编　徐冠宇　郭虎锋　张鑫垚　范宏令
主　审　左晓英　姜　琳

机 械 工 业 出 版 社

目　录

工作任务单1　绘制工业互联网知识图谱

1. 任务简介

知识图谱（Knowledge Graph）又称科学知识图谱，是图书情报学领域的概念，用于绘制、分析和显示学科或学术研究主体之间的相互联系，是揭示科学知识发展进程与结构关系的可视化工具。在多数情况下，知识图谱采用图结构进行可视化表示，使用节点代表关键词，使用连线代表节点间的关系。

以工业互联网发展时间为主干，不同阶段为树枝，技术领域，如计算机、网络技术、通信技术、云计算、大数据、物联网等为树叶，绘制工业互联网的知识图谱。

2. 任务目标

1）知识领域：掌握工业互联网的发展史，掌握工业互联网知识图谱的制作方法，图谱应包含知识点、特点、实现方式等内容。

2）技能领域：结合工业互联网的应用场景，能够掌握技术领域图谱的制作方法，强化对工业互联网的基本认知。

3）素质领域：通过本工作任务的实施，提高逻辑思维能力、团队合作能力以及沟通协调能力，深化对服务对象岗位应用的理解能力。

3. 任务实施

建议以小组为单位，每小组至少3人，按照任务分工进行资料查找，并按照分工进行资料汇总。需要查找的内容如下：

1）工业互联网与计算机网络的关系。
2）工业互联网与云计算的关系。
3）工业互联网与大数据的关系。
4）工业互联网与物联网的关系。

接下来，在组长的组织下，进行工业互联网知识图谱的研讨，一人负责按照小组会议的结果进行绘制，重点锻炼团队合作能力、资料查找与汇总能力。工作流程如工作任务单图1-1所示。

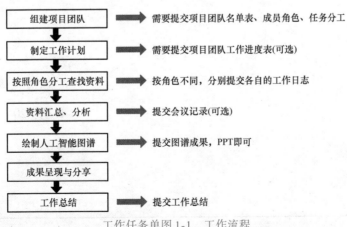

工作任务单图1-1　工作流程

4. 任务分工

任务分工表见工作任务单表1-1。

工作任务单表1-1　任务分工

序号	角色	姓名	任务分工

5. 工作日志

工作日志见工作任务单表1-2。

工作任务单表1-2　工作日志

日　期	工作内容	问题及解决方式

6. 工作总结

工　作　总　结

主题：绘制工业互联网知识图谱

签字：＿＿＿＿＿＿

日期：20　年　月　日

审核意见：

7. 任务考核

工业互联网知识图谱的绘制属于头脑风暴，故不设标准答案，但诚信是"立德树人"的根本，若成果雷同，则一票否决。工作任务考核表见工作任务单表1-3。

工作任务单表1-3 工作任务考核表

工单名称	绘制工业互联网知识图谱		评价教师	
质量监测点	评价标准	评价结果	改进方案
1. 工业互联网是以计算机网络技术为基础发展起来的 2. 以时间发展为主干 3. 时间层次清晰 4. 相关技术交叉合理	满分5分 1. 主要考察员工对IT技术历史的综合理解能力，由指导教师酌情处理 2. 小组之间资料雷同的，扣5分		
1. 开发文档的完整度 2. 开发文档的真实度 3. 开发文档的雷同度	满分5分 1. 主要考察学生对IT技术发展的综合理解能力，由指导教师酌情处理 2. 小组之间资料雷同的，扣5分		
		评价时间 年 月 日	

8. 成果展示

建议本次成果以小组汇报的形式进行展示，请指导教师自行安排。

工作任务单2　绘制某生产企业的网络拓扑结构图

1. 任务简介

结合图 1-2 工业互联网结构图和工作任务 2 的知识点，建议使用 Microsoft Visio 软件绘制某生产企业的工业互联网的网络拓扑结构图。具体要求如下：

1）图例自选。

2）重点绘制 OT 网络和 IT 网络的拓扑结构。

3）拓扑图属于发散性思维作品，不设标准答案。

4）参考案例如工作任务单图 2-1 所示。

工作任务单图 2-1　工业互联网参考案例

2. 任务目标

1）知识领域：通过了解 Microsoft Visio 软件，强化对 IT 与 OT 网络的基本认知。

2）技能领域：通过练习 Microsoft Visio 软件的绘图功能，提高对办公软件的使用能力。

3）素质领域：通过本工作任务的实施，提高逻辑思维能力、团队合作能力以及沟通协调能力，深化对服务对象岗位应用的理解能力。

3. 任务实施

1）了解 Microsoft Visio 软件的基础运行环境。

● 硬件环境：个人计算机的 CPU 为 i5，内存容量为 4GB，硬盘容量至少 40GB，网卡为 100/1000Mbit/s 自适应。

● 软件环境：Windows 7 或 Windows10 64 位。

2）熟悉 Microsoft Visio 软件的基本使用方法。

3）使用 Microsoft Visio 软件绘制网络拓扑图。

4）结合图 1-2 工业互联网结构图，绘制工业互联网的拓扑结构图。

5）使用自己的姓名命名文件。

4. 工作日志

工作日志见工作任务单表 2-1。

工作任务单表 2-1　工作日志

日　　期	工作内容	问题及解决方式

5. 工作总结

工　作　总　结

主题：绘制某生产企业的网络拓扑结构图

签字：＿＿＿＿＿＿

日期：20　　年　　月　　日

审核意见：

6. 任务考核

工作任务考核表见工作任务单表2-2。

工作任务单表2-2 工作任务考核表

工单名称	绘制工业互联网拓扑结构图		评价教师	
质量监测点	评价标准		评价结果	改进方案
1. 拓扑图的准确性 2. 拓扑图的完整性	满分5分 主要考察 Visio 的使用能力，由指导教师酌情处理			
1. 开发文档的完整度 2. 开发文档的真实度	满分5分 1. 缺少工作日志，扣1分 2. 缺少工作总结，扣1分 3. 缺少进度表，扣1分			
		评价时间	年 月 日	

7. 成果展示

诚信是"立德树人"的根本，若成果雷同，则一票否决，成果展示见工作任务单表2-3。

工作任务单表2-3 成果展示

成果展示				
主 题		日 期		
制作人		成 绩		
提交成果：（粘贴拓扑结构图）				
				年 月 日

工作任务单3　绘制本地光传输流程图

1. 任务简介

结合图3-4通信系统构成及工作过程、图3-36波分多路复用系统构成、图3-38 OTN层次结构图，以及波段划分和工作任务3的知识点，建议使用Microsoft Visio软件绘制企业的本地光传输流程图。具体要求如下：

1）图例自选。

2）重点绘制OTN网络的拓扑结构。

3）光传输流程图属于发散性思维作品，不设标准答案。

4）某生产企业的光传输网络拓扑如工作任务单图2-1所示，其中所有通信线路除无线传输外，其余线路均为光传输网络。

2. 任务目标

1）知识领域：通过了解Microsoft Visio软件，强化对光通信的基本认知。

2）技能领域：通过练习Microsoft Visio软件的绘图功能，提高对办公软件的使用能力。

3）素质领域：通过本工作任务的实施，提高逻辑思维能力、团队合作能力以及沟通协调能力，深化对服务对象岗位应用的理解能力。

3. 任务实施

1）了解Microsoft Visio软件的基础运行环境。

● 硬件环境：个人计算机的CPU为i5，内存容量为4GB，硬盘容量至少40GB，网卡为100/1000Mbit/s自适应。

● 软件环境：Windows 7或Windows10 64位。

2）熟悉Microsoft Visio软件的基本使用方法。

3）学会使用Microsoft Visio软件绘制网络拓扑图。

4）结合图3-4通信系统构成及工作过程、图3-36波分多路复用系统构成、图3-38 OTN层次结构图，以及波段划分和工作任务3的知识点，学会绘制光传输流程图。

5）使用自己的姓名命名文件。

4. 工作日志

工作日志见工作任务单表3-1。

工作任务单表3-1　工作日志

日　　期	工作内容	问题及解决方式

5. 工作总结

工 作 总 结

主题：绘制本地光传输流程图

签字：＿＿＿＿＿＿＿＿

日期：20 年 月 日

审核意见：

6. 任务考核

工作任务考核表见工作任务单表3-2。

工作任务单表3-2 工作任务考核表

工单名称	绘制光传输流程图		评价教师	
质量监测点	评价标准		评价结果	改进方案
1. 流程的准确性 2. 流程的完整性	满分5分 主要考察 Visio 的使用能力，由指导教师酌情处理			
1. 开发文档的完整度 2. 开发文档的真实度	满分5分 1. 缺少工作日志，扣1分 2. 缺少工作总结，扣1分 3. 缺少进度表，扣1分			
			评价时间	年 月 日

7. 成果展示

诚信是"立德树人"的根本，若成果雷同，则一票否决。成果展示见工作任务单表3-3。

工作任务单表 3-3　成果展示

成果展示			
主　题		日　期	
制作人		成　绩	
提交成果：（粘贴光传输流程图）			
			年　月　日

工作任务单4 某生产企业 IP 地址规划

1. 任务简介

某生产企业生产分厂共有1200台智能终端，分配 IP 地址段为 172.16.1.0/20，需要进行内部网建设，按照生产分厂内部工艺流程构成，准备划分12个子网，每个子网有100台终端。你若为一名运维人员将如何处理？建议使用电子表格软件编制 IP 地址规划。具体要求如下：

1）将指定 172.16.0.0/20 的 IP 地址段进行更为细化的子网划分。

2）规划表应至少包含子网 ID、主机数量、子网广播地址等重要信息。

3）做出子网划分过程。

2. 任务目标

1）知识领域：通过子网划分的场景化练习，强化对 TCP/IP 的基本认知。

2）技能领域：通过使用相应的电子表格软件，提高对办公软件的使用能力。

3）素质领域：通过本工作任务的实施，提高逻辑思维能力、团队合作能力以及沟通协调能力，深化对服务对象岗位应用的理解能力。

3. 任务实施

1）了解电子表格软件的基础运行环境。

- 硬件环境：个人计算机的 CPU 为 i5，内存容量为 4GB，硬盘容量至少 40GB，网卡为 100/1000Mbit/s 自适应。

- 软件环境：Windows 7 或 Windows10 64 位。

2）熟悉电子表格软件的基本使用方法。

3）学会使用电子表格软件进行规划，由授课教师结合学生实际情况，自行部署规划任务。

4）结合 OSI 及 TCP/IP 的相关知识点，学会子网划分的方法。

5）使用自己的姓名命名文件。

4. 工作日志

工作日志见工作任务单表4-1。

工作任务单表4-1 工作日志

日　　期	工作内容	问题及解决方式

5. 工作总结

工　作　总　结

主题：某生产企业 IP 地址规划

签字：_____

日期：20　年　月　日

审核意见：

6. 任务考核

工作任务考核表见工作任务单表4-2。

工作任务单表4-2　工作任务考核表

工单名称	编制子网规划表		评价教师	
质量监测点	评价标准		评价结果	改进方案
1. 子网划分的准确性 2. 子网划分的完整性	满分 5 分 主要考察 IP 地址的规划能力，由指导教师酌情处理			
1. 开发文档的完整度 2. 开发文档的真实度	满分 5 分 1. 缺少工作日志，扣 1 分 2. 缺少工作总结，扣 1 分 3. 缺少进度表，扣 1 分			
			评价时间　年　月　日	

7. 成果展示

诚信是"立德树人"的根本，若成果雷同，则一票否决。成果展示见工作任务单表4-3。

工作任务单表4-3　成果展示

成果展示			
主　题		日　期	
制作人		成　绩	
提交成果：(粘贴子网划分过程与规划表)			
			年　月　日

工作任务单 5　某生产企业 VLAN 规划

1. 任务简介

某生产企业生产分厂按工段为单位进行子网建设，工段 ID 为 1，2，3，…，依此类推，每个工段划分为一个子网，每个子网建设一个 VLAN，共计划分 12 个子网。按照企业信息部的统一规划，分配 IP 网段为 172.16.16.0/20 用于子网内终端设备使用。每个子网都有自己的 IP 地址段。你若为一名网络运维人员将如何处理？建议使用电子表格软件编制 IP 地址规划，具体要求如下：

1）使用指定 172.16.16.0/20 的 IP 网段进行细化的子网划分。

2）规划表应至少包含工段 ID、VLAN ID、网络地址、主机数量、广播地址等重要信息。

2. 任务目标

1）知识领域：通过子网划分的场景化练习，强化对 CSMA/CD、TCP/IP、VLAN 等协议的基本认知。

2）技能领域：通过使用相应的电子表格软件，提高对办公软件的使用能力。

3）素质领域：通过本工作任务的实施，提高逻辑思维能力、团队合作能力以及沟通协调能力，深化对服务对象岗位应用的理解能力。

3. 任务实施

1）了解电子表格软件的基础运行环境。

- 硬件环境：个人计算机的 CPU 为 i5，内存容量为 4GB，硬盘容量至少 40GB，网卡为 100/1000Mbit/s 自适应。
- 软件环境：Windows 7 或 Windows10 64 位。

2）熟悉电子表格软件的基本使用方法。

3）学会使用电子表格软件进行规划，由授课教师结合学生实际情况，自行部署规划任务。

4）结合 CSMA/CD、VLAN 等技术的相关知识点，学会子网划分的方法。

5）使用自己的姓名命名文件。

4. 工作日志

工作日志见工作任务单表 5-1。

工作任务单表 5-1　工作日志

日　　期	工作内容	问题及解决方式

5. 工作总结

工　作　总　结

主题：某生产企业 VLAN 规划

签字：＿＿＿＿＿＿＿＿

日期：20　年　月　日

审核意见：

6. 任务考核

工作任务考核表见工作任务单表 5-2。

工作任务单表 5-2　工作任务考核表

工单名称	编制 VLAN 及子网规划表		评价教师	
质量监测点	评价标准		评价结果	改进方案
1. VLAN 划分的准确性 2. VLAN 划分的完整性	满分 5 分 主要考察对 VLAN、IP 地址规划的能力，由指导教师酌情处理			
1. 开发文档的完整度 2. 开发文档的真实度	满分 5 分 1. 缺少工作日志，扣 1 分 2. 缺少工作总结，扣 1 分 3. 缺少进度表，扣 1 分			
			评价时间　年　月　日	

7. 成果展示

诚信是"立德树人"的根本，若成果雷同，则一票否决。成果展示见工作任务单表 5-3。

工作任务单表 5-3　成果展示

成果展示				
主　题		日　期		
制作人		成　绩		
提交成果：（粘贴子网规划过程及 VLAN 划分规划表）				
			年　月　日	

工作任务单6　某生产企业路由规划

1. 任务简介

某生产企业生产分厂以工段为单位进行子网建设，工段分为 1，2，3，…，12 工段，每个工段划为一个子网。按照信息部的统一规划，该分厂子网的 IP 为 172.16.16.0/24，结合 VLAN 规划、网络拓扑结构以及 IP 地址规划，进行内部路由规划，子网之间采用 RIP 作为路由协议。你若为一名运维人员将如何处理？建议使用电子表格软件编制路由规划，具体要求如下：

1）以图 6-7 中的路由表信息，以及工作任务单 5 中的 VLAN 规划为参考，对所有路由器的路由表进行规划。

2）规划表应至少包含工段 ID、网络地址、主机数量、广播地址、接口地址、下一跳地址等重要信息。

2. 任务目标

1）知识领域：通过路由规划的场景化练习，强化对路由功能、静态路由、动态路由等的基本认知。

2）技能领域：通过使用电子表格软件，提高对办公软件的使用能力。

3）素质领域：通过本工作任务的实施，提高逻辑思维能力、团队合作能力以及沟通协调能力，深化对服务对象岗位应用的理解能力。

3. 任务实施

1）了解电子表格软件的基础运行环境。

- 硬件环境：个人计算机的 CPU 为 i5，内存容量为 4GB，硬盘容量至少 40GB，网卡为 100/1000Mbit/s 自适应。
- 软件环境：Windows 7 或 Windows10 64 位。

2）熟悉电子表格软件的基本使用方法。

3）学会使用电子表格软件进行规划，由授课教师结合学生实际情况，自行部署规划任务。

4）结合路由功能、静态路由、动态路由等相关知识点，学会路由规划的方法。

5）使用自己的姓名命名文件。

4. 工作日志

工作日志见工作任务单表6-1。

工作任务单表6-1　工作日志

日　　期	工作内容	问题及解决方式

5. 工作总结

工 作 总 结

主题：某生产企业路由规划

签字：＿＿＿＿＿＿

日期：20　年　月　日

审核意见：

6. 任务考核

工作任务考核表见工作任务单表6-2。

工作任务单表6-2　工作任务考核表

工单名称	编制路由规划表		评价教师	
质量监测点	评价标准		评价结果	改进方案
1. 路由规划的准确性 2. 路由规划的完整性	满分5分 　主要考察路由的规划能力，由指导教师酌情处理			
1. 开发文档的完整度 2. 开发文档的真实度	满分5分 1. 缺少工作日志，扣1分 2. 缺少工作总结，扣1分 3. 缺少进度表，扣1分			
			评价时间　年　月　日	

7. 成果展示

诚信是"立德树人"的根本，若成果雷同，则一票否决。成果展示见工作任务单表6-3。

工作任务单表6-3　成果展示

成果展示			
主　题		日　期	
制作人		成　绩	
提交成果：（粘贴路由规划表）			
			年　月　日

工作任务单 7　某生产企业广域网接入规划

1. 任务简介

某生产企业的地理位置及当地接入运营商提供的接入方式分布如下：

1）储运部位于当地的郊区，电信运营商基础设施比较陈旧，办理了 ADSL 接入，申请了公有地址段 218.20.32.16/28，依据申请的公有地址自行规划路由器的接口地址与下一跳地址。

2）生产厂区位于当地的经济技术开发区，电信运营商基础设施完善，办理了光纤接入，申请了公有地址段 220.200.32.32/27，依据申请的公有地址自行规划路由器的接口地址与下一跳地址。

你若为一名运维人员将如何处理？需要提交广域网接入规划以及广域网接入拓扑图等文件，具体要求如下：

1）规划表应至少包含接入点信息、接入方式、广域网的网络地址、广播地址、接口地址、下一跳地址等重要信息。

2）以图 7-2 和图 7-6 为参照，绘制该企业统一规划的广域网接入拓扑图，ISP 用"云"的符号表示。

2. 任务目标

1）知识领域：通过广域网接入规划的场景化练习，强化常用的广域网接入方式等基本认知。

2）技能领域：通过使用电子表格等相应的软件，提高对办公软件的使用能力。

3）素质领域：通过本工作任务的实施，提高逻辑思维能力、团队合作能力以及沟通协调能力，深化对服务对象岗位应用的理解能力。

3. 任务实施

1）了解电子表格等相应软件的基础运行环境。

- 硬件环境：个人计算机的 CPU 为 i5，内存容量为 4GB，硬盘容量至少 40GB，网卡为 100/1000Mbit/s 自适应的。
- 软件环境：Windows 7 或 Windows10 64 位。

2）熟悉电子表格等相应软件的基本使用方法。

3）学会使用电子表格等相应的软件进行规划，由授课教师结合学生的实际情况，自行部署规划任务。

4）结合广域网接入等相关知识点，学会广域网接入的方法。

5）使用自己的姓名命名文件。

4. 工作日志

工作日志见工作任务单表 7-1。

工作任务单表7-1　工作日志

日　期	工作内容	问题及解决方式

5. 工作总结

工　作　总　结

主题：某生产企业广域网接入规划

签字：＿＿＿＿＿＿

日期：20　年　月　日

审核意见：

6. 任务考核

工作任务考核表见工作任务单表7-2。

工作任务单表7-2　工作任务考核表

工单名称	广域网接入规划		评价教师	
质量监测点	评价标准		评价结果	改进方案
1. 广域网接入的准确性 2. 广域网接入拓扑图的完整性	满分5分 主要考察广域网的规划能力，由指导教师酌情处理			
1. 开发文档的完整度 2. 开发文档的真实度	满分5分 1. 缺少工作日志，扣1分 2. 缺少工作总结，扣1分 3. 缺少进度表，扣1分			
	评价时间　　年　月　日			

7. 成果展示

诚信是"立德树人"的根本，若成果雷同，则一票否决。成果展示见工作任务单表7-3。

工作任务单表7-3　成果展示

成果展示			
主　题		日　期	
制作人		成　绩	
提交成果：（粘贴广域网接入规划文档）			
			年　月　日

工作任务单8 某生产企业网络服务规划

1. 任务简介

某生产企业借助工业互联网，为用户提供产品制造服务，需求如下：

1）部署网络操作系统，为工业互联网平台提供运行保障。

2）部署工业互联网平台，实现用户访问、发布产品信息、产品设计资料上传和下载等功能。

3）企业内部使用 IP 地址作为智能设备的标识，部署标识解析系统。

4）实现 IP 地址的统一管理。

你若为一名运维人员将如何处理？请提交网络服务文件，具体要求如下：

1）建议采用虚拟机模式，部署 64 位的 Windows Server 2008 企业版。

2）部署 IIS（含 FTP 服务）、DNS、DHCP 服务。

2. 任务目标

1）知识领域：通过网络服务的场景化练习，强化对常用的 HTTP、FTP、DNS、DHCP 等基本网络服务的基本认知。

2）技能领域：通过部署 IIS（含 FTP 服务）、DNS、DHCP 服务，提高对网络操作系统的使用能力。

3）素质领域：通过本工作任务的实施，提高逻辑思维能力、团队合作能力以及沟通协调能力，深化对服务对象岗位应用的理解能力。

3. 任务实施

1）了解 Windows Server 2008 企业版的基础运行环境。

● 硬件环境：个人计算机的 CPU 为 i5，内存容量为 4GB，硬盘容量至少 40GB，网卡为 100/1000Mbit/s 自适应。

● 软件环境：Windows 7 或 Windows10 64 位、VMware Workstation Pro v14.0 以上版本、Windows Server 2008 企业版。

2）熟悉 IIS（含 FTP 服务）、DNS、DHCP 服务基本使用方法。

3）学会使用电子表格等相应的软件进行网络服务的规划，由授课教师结合学生实际情况，自行部署规划任务。

4）使用自己的姓名命名文件。

4. 工作日志

工作日志见工作任务单表 8-1。

工作任务单表 8-1 工作日志

日　　期	工作内容	问题及解决方式

（续）

日　　期	工作内容	问题及解决方式

5. 工作总结

工　作　总　结

主题：某生产企业网络服务规划

签字：＿＿＿＿＿＿＿＿

日期：20　年　月　日

审核意见：

6. 任务考核

工作任务考核表见工作任务单表8-2。

工作任务单表8-2　工作任务考核表

工单名称	网络服务规划	评价教师	
质量监测点	评价标准	评价结果	改进方案
1. IIS 部署（含 FTP 服务）的准确性 2. DNS 部署的完整性（正向解析与反向解析） 3. DHCP 部署的完整性	满分 5 分 主要考察网络操作系统的使用能力，由指导教师酌情处理		
1. 开发文档的完整度 2. 开发文档的真实度	满分 5 分 1. 缺少工作日志，扣 1 分 2. 缺少工作总结，扣 1 分 3. 缺少进度表，扣 1 分		
		评价时间　　年 月 日	

7. 成果展示

诚信是"立德树人"的根本，若成果雷同，则一票否决。成果展示见工作任务单表8-3。

工作任务单表8-3　成果展示

成果展示			
主　题		日　期	
制作人		成　绩	
提交成果：（粘贴 IIS 部署（含 FTP 授权使用），DNS、DHCP 的成果截图） 年　月　日			

工作任务单9 编制某生产企业工业互联网安全管理制度

1. 任务简介

企业信息部的技术工程师针对互联网安全问题，结合《中华人民共和国网络安全法》、《网络安全等级保护制度2.0标准》等相应的法律法规，进行信息安全的防护以及工业控制系统的安全防护，完善企业网络安全管理制度，实现网络及信息的可靠性、保密性、完整性、可用性和隐私和数据保护等功能。

你若为一名运维人员将如何制定工业互联网安全管理制度？具体要求如下：

1）以工作任务9所讲述的网络空间安全相关内容为参考，编制企业网络安全管理制度。

2）所编制的制度必须符合《中华人民共和国网络安全法》和《网络安全等级保护制度2.0标准》等相关法律法规的规定，不得有与现行相关法律法规的规定相抵触的内容，如有冲突，以相应的法律法规为准。

3）凡是违反企业内网安全管理制度，并触及《中华人民共和国治安管理处罚法》和《中华人民共和国刑法》，造成一定后果的，建议移交司法机关处理，承担法律责任。

2. 任务目标

1）知识领域：通过编制企业网络安全管理制度的场景化练习，强化对网络空间安全法律法规的基本认知。

2）技能领域：通过编制企业网络安全管理制度，提高文档编辑等相应软件的使用能力。

3）素质领域：通过本工作任务的实施，提高逻辑思维能力、团队合作能力以及沟通协调能力，深化对服务对象岗位应用的理解能力。

3. 任务实施

1）了解文档编辑等相应软件的基础运行环境。

- 硬件环境：个人计算机的CPU为i5，内存容量为4GB，硬盘容量至少40GB，网卡为100/1000Mbit/s自适应。
- 软件环境：Windows 7或Windows10 64位。

2）熟悉文档编辑等相应软件的基本使用方法。

3）学会使用文档编辑等相应软件编制企业网络安全管理制度，由授课教师结合学生实际情况，自行部署任务。

4）结合本章节相关知识点，学会编制企业网络安全管理制度。

5）使用自己的姓名命名文件。

4. 工作日志

工作日志见工作任务单表9-1。

日　　期	工作内容	问题及解决方式

5. 工作总结

工　作　总　结

主题：编制某生产企业工业互联网安全管理制度

签字：＿＿＿＿＿＿＿

日期：20　年　月　日

审核意见：

6. 任务考核

工作任务考核评价表见工作任务单表 9-2。

工作任务单表 9-2　工作任务考核表

工单名称	编制企业网络安全管理制度		评价教师	
质量监测点	评价标准		评价结果	改进方案
1. 网络安全规划的准确性 2. 网络安全规划的完整性	满分 5 分 　主要考察网络安全规划的能力，由指导教师酌情处理			
1. 开发文档的完整度 2. 开发文档的真实度	满分 5 分 1. 缺少工作日志，扣 1 分 2. 缺少工作总结，扣 1 分 3. 缺少进度表，扣 1 分			
		评价时间	年　月　日	

7. 成果展示

诚信是"立德树人"的根本，若成果雷同，则一票否决。成果展示见工作任务单表9-3。

工作任务单表 9-3 成果展示

成果展示			
主　题		日　期	
制作人		成　绩	
提交成果：（粘贴企业网络安全管理制度）			
			年　月　日